교정
윤리

재소자의 몸과 관계윤리

교정윤리

1판 1쇄 발행 | 2017년 4월 28일

지은이 | 박연규
펴낸이 | 김경배
펴낸곳 | 시간여행
편　집 | 이진의
마케팅 | 강민정
본문 디자인 | 디자인 [연:우]

등　록 | 제313-210-125호 (2010년 4월 28일)
주　소 | 서울시 마포구 토정로 222 한국출판콘텐츠센터 419호
전　화 | 070-4032-3664
이메일 | sigan_pub@naver.com

종　이 | 화인페이퍼
인　쇄 | 한영문화사

ISBN 979-11-85346-47-2 (93190)

* 이 저서는 2012년 정부(교육부)의 재원으로 한국연구재단의 지원을 받아 수행된 연구이다.(2012S1A6A4020698)

이 도서의 국립중앙도서관 출판예정 도서목록(CIP)은 서지정보유통지원시스템 홈페이지(http://seoji.nl.go.kr)와 국가자료 공동목록시스템(http://www.nl.go.kr/kolisnet)에서 이용하실 수 있습니다. (CIP제어번호 : CIP2017009897)

교정 윤리

재소자의 몸과 관계윤리

박연규 지음

시간여행

| 머리말 |

삶의 관계 의미를 '남은 누구인가?'에서 찾고자 했다

교정윤리에 관심을 가지게 된 데는 같은 대학의 교정보호학과에 있는 이백철 교수의 도움이 컸다. 그와의 만남이 없었다면 이 책은 세상에 나올 수 없었을 것이다. 나는 그와 연구실을 이웃하면서 교정에 대해 조금씩 알아나갔고 관심도 깊어졌다. 교정에 대한 철학적 담론을 나누는 과정에서 교정 분야에 윤리라는 주제가 대단히 중요하다는 사실을 알게 되었고 그가 주재해 온 아시아교정포럼 일에 관여하고 그가 창간하고 이끌어왔던 《교정담론》 학술지에 교정윤리와 관련된 글을 게재하면서 교정에 대한 관심을 심화시켰다.

어느 날, 그는 나와 동료 교수들에게 수원 소재 구치소에서 함께 일일 체험을 할 것을 제안했다. 구치소 담당자들을 만나 인사를 나눈 뒤 재소자들과 똑같은 입소과정을 겪고 방에 한참을 갇혀 있었다. 작은 사건이었지만 그날 이후 교정의 윤리 문제에 대한 나의 관심은 더 커지게 되었고 본격적으로 글쓰기를 해봐야겠다는 다짐을 하게 되었다. 이 책은 그와의 그러한 만남과 대화의 산물이다.

철학을 전공하는 나의 관심을 가장 끈 부분은 사람이 어딘가에 갇힌다는 사실이 무엇을 의미하는가, 그리고 만약 나 자신이 교도소에 갇혀있다고 가정했을 때 한 인간으로서 무엇이 힘들고 어떤 것을 가장 요구할 것인가 하는 것이었다. 갇혀있다는 것은 자유가 속박되는 것이고, 비록 내가 죄를 지었고 일정한 구속 기간을 채우는 과정이라도 인간으로서 요구할 수 있는 정당한 무엇인가가 있을 것 같았다. 나는 이것을 윤리라는 관점에서 생각하게 되었고 특히 관계윤리라는 관점에서 고민을 하게 되었다. 이 책에서 이야기 하는 바는 언뜻 보면 교도관들에게 재소자들을 윤리적으로 대하라는 주문일 수 있겠고 실제로 책 전편에 걸쳐 많은 부분 그런 논의를 펼친 것도 사실이다. 그러나 뒤집어 보면 교도소에 갇힌 사람의 입장에서 자신을 이런 방식으로 대해 달라는 간절한 요청이기도 하다.

이 책을 쓸 즈음 나의 철학적 모든 관심은 관계에 집중되어 있었다. 인간의 정체성은 관계자아로 설명되어야 하고, 온전한 인간의 모습은 타인과의 관계라는 관점에서 이해해야 한다고 보았다. 나아가 제대로 된 인간관계는 타인에 대한 의식 수준에 비례한다는 생각이었다. 이 책을 관통하고 있는 사상도 한 개인은 타인들과의 관계윤리 속에서 그 정상성을 얻어낼 수 있다는 것이다. 이를 철학적으로 뒷받침한 인물은 프랑스 철학자인 에마누엘 레비나스이다.

그는 나는 누구인가, 라는 물음이 아니라 남은 누구인가, 라는 물음을 물으면서 삶의 관계 의미를 찾고자 했다. 그의 타자윤리학은 우리가 인간의 무엇을 보아야 할 것인가에 대해 다양한 관점을 열어주었다. 이 책의 어떤 부분에서는 명시적으로 레비나스를 언급하기도 하지만, 그렇지 않은 경우에도 그의 윤리학은 밑바탕에 깔려 있다. 진정한 의미에서 윤리는 사람과 사람 사이의 관계를 중시하는 관계윤리라는 데 있고 이러한 생각은《교정윤리》전체의 틀뿐만 아니라 3부의 구체적인 교정윤리 원칙이나 강령을 만드는 모든 곳에까지 미치지 않은 데가 없다.

이 책의 구성은 다음과 같다.

1부는 교정윤리의 일반적인 논의로 시작하여, 교도관이 재소자를 대함에 있어 그들의 몸의 의미를 충분히 이해하게 하고자 했다. 이는 단순히 재소자의 몸뿐만 아니라 인간의 몸이 우리들의 삶에 어떤 의미를 갖고 있는지를 이해하는 데 도움이 될 것이다. 몸의 이해는 재소자의 갇힘이 어떤 의미를 갖는 것인지 찾는 데서 시작할 것이다. 그리하여 교도소 안에서의 몸은 어떤 상태이며 그 몸이 무엇을 요구하는가를 알아보려고 한다.

몸은 우리가 생각하는 이상으로 구속이나 속박을 싫어한다. 갇힌 사람은 탈출하려 하고, 벗어나려 하고, 도움을 받으려 하고, 누군가에 기대려 한다. 재소자들은 어떤 식으로든 자신의 몸이 적절하게 취급되기를 원하고, 죗값을 치르면서도 그에 맞는 정당한 느낌을 가지려 한다. 그래서 탈출하려는 몸, 고통받는 몸, 힘들어하는 얼굴 모습 등의 다양한 모습을 설명하고 이야기하려 했다. 이 모든 몸에 대한 논의는 궁극적으로 교도관이 재소자를 어떤 관점에서 대해야 할 것인가에 대한 담론이다.

2부는 교도관이 재소자를 대함에 있어 관계윤리의 의미를 교도소 현장에서 어떤 식으로 구축할 것인지에 대한 논의이다. 교정공동체라든지 교정가족의 의의를 자세하게 논의하면서 관계윤리를 구조화하는 데 도움을 주고자 했다. 예를 들어 비록 죄를 지어 교도소에 갇힌 사람들이지만 따뜻한 말 한 마디와 같은 직접 대면 방식으로 관계를 회복하는 것이 중요하며, 그들에 대한 인간적인 처우가 교정의 본래 목적을 이루는 근간이 될 수 있음을 말하고자 했다.

이를 위해 교도관의 윤리교육과 재소자에 대한 인간적 접근과 이해 등이 중요하며 재소자가 형기를 마치고 무사히 사회에 복귀할 수 있도록 하는 것이 교정의 역할이라는 점을 새삼 강조했다. 이는 교정의 진정한 이상을 실현하고자 하는 회복적 정의의 기초를 쌓는 일이라 할 수 있다.

3부는 교정윤리 원칙과 강령을 어떻게 만들것인가에 대한 전문적인 논의로 이루어져 있다. 국내에 교정윤리에 대한 본격적인 연구가 거의 없는 상황에서 나 스스로 외국의 연구 성과와 상담이나 복지 쪽의 연구들을 비교하면서 글을 쓰다 보니 어떤 부분에서는 무리가 따르고, 충분하게 검증하지 못한 부분도 있다. 그러다 보니 교정직 종사자가 아닌 사람에게는 내용이 다소 어렵고 지루할 수도 있다. 그럼에도 교정 현장의 교도관에게는 윤리이론, 원칙, 규정, 강령 등과 같이 현장에서 직접 활용할 수 있는 기술적이고 전문적인 정보를 줄 수 있다고 본다. 즉, 교정윤리란 무엇인가에 대한 주춧돌을 놓는 심정으로 3부를 완성했다.

이 책에서 나는 교정윤리에 대한 교과서적인 설명을 하기보다는 교정윤리의 필요성과 당위성, 교정윤리의 정신과 방향이 무엇인지를 모색하고자 했다. 그리하여 교정윤리라는 새로운 주제를 통해 교정의 의의나 목적을 어디에 둘 것인가를 생각하는 기회를 갖고자 했다. 한편 이 책을 쓰는 내내 현장에서 오랫동안 종사하지도 않았고, 교정 전문가도 아닌 사람이 진단을 잘못하고 있는 것은 아닐까 걱정도 했다. 이런 우려를 불식시키기 위해 나름대로 그 동안의 교정에 대한 국내외 연구 성과를 참조하며 관련 전문가들과 충분한 대화를 하기 위하여 노력했다. 시대 흐름이 융합과 통섭의 시대인 만큼 인문학자의 눈으로 교정을 바라보는 것도 나름 의미가 있지 않을까 하면서 위로로 삼는다.

이 책이 나오기까지 이백철 교수를 비롯하여 교정담론의 인문학 독서모임 동료인 강원대의 전석환 교수, 경기대의 조극훈 교수와 한영선 교수, 형사정책연구원의 안성훈 연구위원, 교정연수원의 김영식 과장 등에게 많은 도움을 받았다. 그리고 학회 활동을 통해 만났던 백석대의 김안식 교수, 동국대의 박병식 교수, 한세대의 박선영 교수, 전북대의 최옥채 교수, 그리고 이언담 교수, 아시아교정포럼의 연성진 회장, 성결대의 신연희 교수, 경찰대학의 박정선 교수 등에게 고마움을 전하고자 한다. 마지막으로 사업을 하다 국내 IMF 외환위기 때 부도를 맞아 힘든 교도소 생활을 해야 했던 가형에게 진심으로 감사 드린다. 교도소 면회를 하면서 무엇 하나 제대로 도와 줄 수 없었던 안타까움을 관계윤리라는 감성으로 이 책 곳곳에 담아둘 수 있었다.

2017년 4월

광교산 언덕에서 박연규 씀

| 서문 |

죄는 미워하되 사람은 미워하지 말라

이 책은 근대 자유형을 전제로 교정에서의 몸에 대한 담론으로 시작한다. 사형이나 자격 상실, 자격 정지, 벌금, 과료, 몰수와 같은 재산형은 다루지 않는 대신, 신체의 자유를 구속하는 형벌의 성격이 무엇이며 그 처우 방식을 윤리라는 관점에서 바라보면서 자유형이 갖는 한 단면을 규명하고자 한다. 그리고 신체 자유의 구속에서 파생되는 철학적 논의를 끌어내어 관계윤리라는 관점에서 다양한 논의를 펼치고자 한다. 자유형은 범죄자의 신체 자유를 구속하는 형으로서 징역, 금고, 구류 등을 뜻한다. 교도소의 존재 목적이기도 하고 그 기능이기도 한 자유형의 집행에 있어서 최근 교도소 내에서는 재소자 처우에 대해 많은 변화가 이루어져왔다.

재소자의 관계윤리적 몸 담론은 재소자 처우에서 변화의 한 축을 담당하는 것으로서, 교정에서 그들의 몸을 어떻게 대할 것인가에 대한 논의이다. 이 책에서는 구치소나 교도소에 갇힌 사람들을 지칭하는 다양한 용어들인 수용자, 수형자, 재소자를 상황에 따라 적절하게 사용하고자 하며 특수한 경우를 제외하고는 재소자라는 용어로 대신한다. 재소자라는 용어가 적절하지 않을 때는 '갇힌 자' 또는 '구금된 자'라는 명칭을 겸용한다.

재소자의 처우는 교도소에서 재소자를 상대하는 모든 일을 일컫는 말로서 강제 노역이 동반된 징역과 직업훈련 교육까지도 포함한다. 교정은 "모든 재소자 한 사람 한 사람에게 바람직한 효과를 가져올 수 있도록 전개되어야 한다. 여기에 교정 처우의 과학성이 요구되는 것이다. 교정 처우는 재소자를 저마다의 개성과 소질과 능력에 따라 개별적으로 분류하고 그것을 바탕으로 개별 처우를 실시하여 올바른 생활 습관과 참인간의 실상으로 돌아가게 도와주는 과정이다."(이순길, 2003; 27-28) 인간다운 삶, 인격의 변화 등에 초점을 맞추는 것을 교정 처우의 중요한 것으로 보는 데에는 큰 문제가 없지만 인격의 변화를 어떻게 가져올 것인가가 중요하다.

이순길도 교정 처우의 과학성을 언급하고 있지만, 이 과학성과 연관된 담론이야말로 재소자에 대한 윤리적 처우의 바탕이 되는 길을 제시할 수 있다. 윤리적이라고 해서 도덕적이라든지 선하게 대하라는 상식적인 수준에서 머물러야 한다는 뜻은 아니다. 오히려 재소자와 교도관의 관계를 어떻게 설정할 것인가에 대한 방법론적인 처우, 즉 과학적 처우가 중요하다. 그런 면에서 윤리는 처우의 과학성 면에서 가장 최

일선에 있다고 할 수 있으며, 눈에 보이지 않는 추상적인 것이면서도 실질적으로 체감하게 하는 것이다. 교정의 윤리강령도 이러한 차원에서 만들어질 때 처우의 과학성을 입증할 수 있다. 이순길이 말하는 개별 처우는 일종의 맞춤식 처우라 할 수 있지만 이것은 어디까지나 표면에 드러난 부분이고 그 이면에는 재소자의 인격 존중에 초점이 맞추어져 있다. 재소자가 처한 환경을 충분히 고려하여 얼굴을 마주하며 애로사항을 들어주는 것만큼 윤리적인 것은 없다.

교정윤리는 교정의 모든 행정과 활동에 적용이 가능하다. 교도관과 재소자의 윤리적 관계에서 우선적으로 필요하겠지만 교정 활동 전반에 걸쳐서도 필요하다. 처우가 요구되는 곳에는 윤리적 관계가 개입할 수밖에 없고, 그런 점에서 교정윤리에 대한 이해가 요구된다. 교정은 재소자의 재사회화를 염두에 두고, 현장에서는 교화라는 이름으로 진행한다. 그러나 '재소자의 개선'이 윤리적 행위의 전부는 아니다. 개선은 윤리적 행위의 하위 개념이며 일부에 지나지 않는다.

개선이라는 말을 교정 현장에서는 기술적으로 사용하기 때문에 잠깐 언급하고 넘어갈 필요가 있다. 이순길이 지적하듯 "스스로 반성하고 개선하려고 노력하는 이들을 '개선 가능'으로, 교도관의 집중적인 교정, 교화로 개선의 희망이 있다고 생각되는 이들은 '개선 곤란'으로, 그리고 아무리 교정, 교화를 한다 해도 개선을 기대하기 어렵다고 판단되는 이들은 '개선 극란'으로" 분류하여 개선 관리를 한다(이순길, 2003; 110). 재소자들에게 일을 시키고 인성 변화를 위한 교정교육과 교화 프로그램을 실시하고 있지만, '개선 극란'으로 분류되는 전체 재소자의 1-2%에 불과한 이 부류는 교정, 교화가 어려운 것이 현실이다.

그러나 평소에 교도관이 재소자를 어떻게 대하는가가 중요하며 교도관의 일체 활동을 교육의 영역으로 봐야 한다. 즉 그들의 처우 자체를 모두 교육이라고 보는 것이 옳다. 개선 분류를 정하는 것이 일면 편리한 점이 있지만 사람을 한쪽으로 고정시켜 몰아버리는 문제가 있을 수 있다. 개선 극란의 재소자는 교정 현장에서 가장 기피되는 부류지만, 그렇다 하더라도 교화는 오히려 이들을 어떻게 대할 것인가를 고민하는 데 있을 것이다. 범죄 예방이나 재사회화는 진정으로 그들에게 필요하고 간절할 수 있기 때문이다.

교도관과 재소자들의 대면성과 인간적 관계, 그리고 그러한 관계를 통해 회복 정의와 재사회화를 실현하는 것이 교정윤리의 핵심이다. 관계윤리의 의의를 극명하게 보여주는 다음 말을 생각해보자. "재소자의 일과가 곧 교도관의 일과이다. 재소자가 움직일 때마다 교도관은 따라다녀야 하며 늘 함께 있어야 하기 때문이다. 반대로 말하면 교도관 없이는 재소자가 움직이지 못한다. 이것이 '계호'라고 하는 재소자에 대한 교도관의 감시이고 교도소의 보안이다. 이러한 보안 업무가 교도관의 주 업무이다."(이순길, 2003; 217) 이를 보면 재소자의 몸은 철저히 교도관의 감시와 보안 속에 있다. 재소자의 몸이 자유롭지 못한 것은 단순히 사동 안에 갇혀있다는 사실을 넘어 감시를 당하고 있기 때문이기도 하다. 동시에 교도관의 존재가 재소자에게 얼마나 중요한가를 알 수 있다. 그러한 교도관의 정신 상태나 인격의 영향은 재소자의 수감 생활에 지대한 영향을 미친다. 교도관은 재소자와 동일한 생활 리듬으로 움직인다. 관계윤리에서 봤을 때 교도관의 태도는 교정의 가장 기본이 된다고 할 수 있다.

교정 현장에서는 보안기능과 교화기능이 충돌하는 지점이 발생한다. "교도관이 항상 재소자를 경계하고 마음의 문을 열지 않는다면 재소자 역시 마음을 열지 않아 한 사람의 재소자도 감동받지 않을 것이다. 마음의 문을 열지 않는 재소자에게 교정 교육의 효과를 바랄 수는 없다."(이순길, 2003; 196) 비록 재소자를 경계하고 감시하는 것이 교도관의 역할이라고 하지만, 교도관은 재소자를 믿어야 한다. 재소자에 대한 믿음과 신뢰는 직접 대면의 관계윤리에서 기본이라 할 수 있고 교정윤리 원칙의 중요 덕목이다. 신뢰야말로 윤리적 의사결정의 바탕이다. 교도관의 윤리적 의사결정은 윤리원칙 중 하나이다. 문제는 이러한 신뢰가 보안기능의 약화로 이어지고 재소자의 배신이 교도관에게 피해를 준다는 것이다. 그럼에도 원칙을 지키면서 신뢰나 믿음이 작동할 수 있는 방법을 생각하는 자세가 필요하다. 특히 이 신뢰가 융통성이나 동정의 수준에서 작동하게 되면 오히려 문제가 될 수 있다. 신뢰는 기본적으로 원칙을 준수하는 가운데, 원칙에 어긋남이 없는 상황에서, 인격적 만남을 통해 작동할 수 있어야 한다. 믿고 신뢰하는 행위는 원칙에 어긋나게 편의를 봐주는 행위와는 다르다.

이 책에서 제대로 다루지는 못했지만 재소자의 인권 문제도 교정윤리에서 중요하게 다루어야 할 사항이다. 관계윤리로서 교정을 본다고 했을 때, 그 논의의 최종 귀착점은 재소자의 인권 문제로 돌아온다. 그러나 지금까지의 인권 문제 연구는 재소자를 법적 인간으로서만 바라보는 경향이 많고 윤리적 인간으로서 다루는 연구는 미흡했다. 특히, 인권을 논할 때는 재소자의 몸을 법적 대상으로 논하기 전에 윤리적 정체성을 가진 존재로 이해할 필요가 있다.

교정윤리가 제대로 성과를 낼 수 있다면 그것은 회복 정의의 지름길이 된다. 이순길이 지적하듯 "재소자 교정 교화사업이 성공을 거두기 위해서는 지역 주민들과의 관계가 필수적이다. 지역 주민들이 교정 교육에 관심을 가지고 재소자들을 이해하면서 그들을 수용, 내 가족 내 이웃으로 따뜻하게 맞이해야 한다. 그러지 않으면 그들이 형기를 마치고 가정과 사회로 돌아간다 하더라도 지역사회에서 함께 살아가는 데 적응하지 못하고 소외감을 느끼기 때문이다. 사회적 소외감은 범죄 악순환의 고리가 된다."(이순길, 2003; 238)

비록 그의 문제해결 방법이 추상적이긴 해도 재소자에 대한 지역사회의 관심은 교도소 인력의 교정 교화사업의 한계를 보완한다. 지역 유지, 교화 위원, 종교 위원과 같은 자원봉사자 등의 역할이 크다. 지역 치유 개념의 확대가 재사회화를 받쳐주는 버팀목이라 할 수 있다.

재사회화를 실질적으로 가능하게 하기 위하여 회복 정의에 대한 공감대가 마련되어야 한다. 자유형이 단순히 범죄에 대한 인신 구속이라는 형벌에만 머문다면 재사회화라는 말도 의미를 잃게 되고, 회복 정의를 펼칠 이론적 근거도 빈약해진다.

교정윤리는 교정의 여러 활동 중 일부에 지나지 않을 수 있지만 실질적 효과는 크다. 교도소 내에서 눈에 띄는 큰일도 아니고 단기적으로 성취를 보여주는 것도 아니지만, 실제 교정 현장의 밤낮을 가로질러 계속되어야 할 일이다. 죄는 미워하되 사람을 미워하지 말라는 말은 지은 죄만큼의 무게로 죄지은 사람을 정확하게 그리고 적절하게 대할 수 있음을 의미한다. 사람을 죄인으로 대하는 것이 아니라 그 사람이 지은 죄를 처리하는 것이다. 어떻게 보면 교정윤리에 대한 올바른 이해는 바로 죄지은 사람이 아닌 그 사람이 지은 죄를 처리하는 방법이다. 교정은 사람을 대하는 일이되 실제로는 그 사람의 죄에 대해 문제의식을 갖는 일이다. 교정윤리의 역할도 여기에 있다.

목차

머리말 삶의 관계 의미를 '남은 누구인가?'에서 찾고자 했다 4
서문 죄는 미워하되 사람은 미워하지 말라 10

1부 재소자의 몸

1장 몸과 관계자아 26

1 사회적 자아 29
2 몸의 겹 구조 34
3 타자로서의 몸; 거리두기와 낯설게 하기 37

2장 재소자의 몸 46

1 갇힘과 처벌 51
2 탈출과 수치심 57
3 몸 이야기 62

3장 재소자의 얼굴과 관계자아 75

1 교정 공동체 82
2 재소자의 얼굴 92
3 재소자와 교도관의 관계 107

2부 관계윤리와 회복 정의

1장 '교정가족'의 탄생 119

1 재소자와 교도관의 대면성 120
2 교정의 과학기술과 윤리 123
3 교정가족 133

2장 교정윤리와 인간관계 142

1 교도관의 윤리 148
2 교정윤리의 재교육화 153
3 교도관의 문화의식 156

3장 회복 정의와 관계윤리 175

1 회복 정의, 그리고 몸의 자율성과 관계윤리 176
2 찰스 콜슨과 하워드 제어의 교정 정의 189
3 레비나스의 책임 정의 203

3부 교정의 윤리원칙과 강령

1장 교정의 윤리원칙과 윤리적 의사결정 216

1 윤리적 의사결정 221
2 상담과 사회복지의 윤리적 의사결정 225
3 교정에서의 윤리적 의사결정 239

2장 교정윤리의 규정과 윤리 담론 250

1 교정윤리 규정의 사례와 분석 254
2 교정윤리의 적용 및 평가 260
3 국내 교정윤리 담론 271

3장 교정윤리 강령 274

1 교도관의 자율성과 책임 281
2 교정윤리 강령의 구성 289
3 교정윤리 강령의 요건 299

결론 304
참고문헌 313
찾아보기 320

1부
재소자의 몸

1장 몸과 관계자아

1 사회적 자아
2 몸의 겹 구조
3 타자로서의 몸: 거리두기와 낯설게 하기

2장 재소자의 몸

1 갇힘과 처벌
2 탈출과 수치심
3 몸 이야기

3장 재소자의 얼굴과 관계자아

1 교정 공동체
2 재소자의 얼굴
3 재소자와 교도관의 관계

지금 이 시대에 더 이상 죄수라는 말은 존재하지 않는다. 죄를 지어 감옥에 갇힌 자는 재소자, 수형자 등으로 지칭되고, 원초적으로 죄를 지은 자, 죄라는 실체를 영원히 낙인처럼 간직한, 그런 무게를 갖는 죄수는 없다.

재소자나 수형자는 비록 그가 죄를 지었음에도 그 처벌은 어디까지나 일정 기간의 유효 기간을 갖는 잠정적이고 한시적인 것이며, 모든 사회적 비난과 지탄을 받으며 자신을 참회하고 용서를 비는 그런 의미에서의 죄인은 아니다. 그런데도 굳이 죄수라는 말을 사용하는 이유는 무엇일까? 그것은 사회가 민주화되고, 죄를 보는 시각이 유연해지고 교도소나 구치소라는 공간이 바로 내 이웃에 자리하고 있음에도, 마음 한편으로는 죄에 대한 실체적이고 원초적인 감정에서 벗어날 수 없기 때문이다. 우리 모두 범법 행위를 저지르면 죄수의 신세로 전락할 수 있기 때문이다.

현대사회에 사는 우리는 너무 쉽게 범죄 행위의 당사자가 될 수 있다. 경쟁적으로 이익을 추구하는 자본주의 사회, 익명의 도시 사회 생활에 적응하는 개인은 생각 외로 쉽게 법 위반의 주체가 될 수 있다. 하지만 법을 위반하여 갇히거나 징역형을 받게 되어도 우리는 죄인이라는 말의 무게를 그대로 인정하려 하지 않는다. 그러나 교도소에 자신의 몸이 던져져 있다면 죄를 지은 자는 자신의 처지를 심각하게 생각할 것이다. 일시적으로 구금되더라에도 죄인이라는 차원에서 자신을 돌아본다. 한편 누구든지 교도소에 가면 죄를 지은 자로서 그를 보게 되는 것 또한 자연스러운 일이다. 즉 재소자라는 지금의 일상적 표현을 넘어 죄를 지은 자로서의 죄수라는 말을 동시에 떠올리게 된다.

이 책 전편에서 재소자라는 말로 통일해서 사용하겠지만, 굳이 이 말 대신에 죄수라는 표현으로 시작하는 이유는 재소자나 수형자로 부를 때의 가치 중립적인 표현의 속성을 제대로 짚어보기 위함이다. 재소자나 수형자를 죄수라고 부를 때, 그 어둡고 칙칙한 본래의 모습을 더 잘 드러낼 수 있고, '죄를 지은 자' 라는 원초적인 의미를 더 실감할 수 있다. 물론 현행 사용하는 표현을 무시하고 죄수라는 말을 계속 사용하지는 않는다.

재소자의 몸이나 수형자의 몸이라고 했을 때, 그의 도덕적 심리적 속성과 몸이 뚜렷하게 대별되지 않는 면이 있다. 그러나 '죄수의 몸'이라고 하면 단순하고 표피적인 차원에서 벗어나, 죄를 지은 자와 그의 몸의 차이를 뚜렷하게 구분할 수 있다. 또한, 죄의 행위와 그러한 행위를 하게 된 주체, 즉 범죄 행위로 구금된 제반 물적 조건들과의 대치구조가 분명하게 드러난다. 범죄 행위와 심리 상태는 그의 것임이 분명하지만 그런 행위를 한 그의 몸은 자신에게 완전하게 소속되어 있다기보다는 일정 정도의 사회적 특성을 갖는다. 즉, 그의 몸은 단순한 신체적 특성 이외에 자식, 반려자, 부모, 친구, 직장 동료처럼 사회적인 물적 조건을 갖는다.

이는 신체가 철저하게 자신의 생리 기관의 합이라고 한다면, 몸이라고 했을 때는 그러한 신체가 만들어진 조건, 행위를 하는 방식, 사회적 행동까지 포함하기 때문이다. 분노, 미안함, 부끄러움 등은 신체 이상의 것으로서 몸의 사회적 특성을 보여준다.

죄수의 몸은 단순히 죄를 지은 자의 신체 너머의 것이다. 이 말은 죄라는 것과 그의 몸을 동일시할 수 없다는 의미이다. 비록 일차적으로는 신체로 구성된 몸이지만 그의 몸은 신체 너머 사회적 상관물로서 작용하기 때문에, 그의 죄를 그의 몸에 귀속시키는 데에는 문제가 있다.

물론 신체형의 대상이 되는 몸은 죄의 속성과 일정 정도 동일시되는 것이므로 신체형은 합법적이라고 할 수 있다. 그러나 그의 신체는 사회적 몸이기도 해서 신체형에는 신중함이 필요하다. 신체형이 몸에 대한 형벌과 일치되어서는 안 되기 때문이다. 죄수의 몸은 그의 것이기도 하지만 동시에 사회의 것이기도 하다. 이는 일반적으로 나의 몸이 나의 것이기도 하지만 내 몸이 갖는 여러 가지 위상은 순전히 나의 것이라고 할 수 없기 때문이다.

이제 재소자의 몸에 대한 논의를 좀 더 자세히 살펴보기 위해서 몸에 대한 일반적인 논의로 시작할 것이다. 단 몸의 개인적 속성이 아닌 사회적 속성에 초점을 맞추어 논의를 전개하고자 한다. 그다음으로 형벌과 구금과 관련하여 만들어져온, 전통적인 의미에서 죄수의 몸을 벤담과 푸코를 통해 알아보고 마지막으로 구금의 의미를 탈출과 수감생활의 이야기를 통해 살펴보고자 한다.

재소자의 특징은 그가 갇혀있다는 사실이다. 이러한 특징은 앞으로 계속 논의될 교도소에서의 관계윤리 정립을 위해 필요하다. 몸의 담론을 통해 관계자아의 특성이 무엇인지를 알아보면서 교도관이 재소자를 대하는 방식이 어떻게 전개되어야 하는지 생각해보자.

*1*장

CORRECTIONAL ETHICS

몸과 관계자아

이 장에서는 재소자의 몸 문제를 관계자아라는 관점에서 살펴보면서 몸의 윤리적 행위는 무엇인가를 생각해본다. 1절에서는 몸이 개인적 자아에서 사회적 자아로 변화해야 하는 의미, 2절에서는 닫힌 몸에서 열린 몸으로의 전개 과정에서의 몸의 겹 구조의 특징과 관계자아의 기능적인 면과 사회적 면을 알아본다. 3절에서는 이러한 관점을 재소자의 몸에 적용하여 타자로서의 몸을 제대로 이해하기 위한 윤리적 장치로서 거리두기와 낯설게 하기의 의의를 알아본다.

몸을 하나의 주체로 인식하고 또 몸을 관계자아가 기능하는 것으로 이해하기 위해서는 몸에 대한 이해를 새롭게 할 필요가 있다. 근대 이전에는 몸을 마음과 분리된 것, 정신보다는 열등한 것, 의도나 의지에

도구적으로 작동하는 데 지나지 않는 생물적이고 기계적인 것으로 보았다. 그러나 현대에 들어오면서 몸에 대한 이해는 새롭게 전개되고 있다. 정신과 하나된 것으로서의 몸, 사회적인 몸으로 이해되면서 몸을 이해하는 방식이 달라지고 있다.

강신익은 이러한 몸의 의미를 짧지만 명확하게 표현한다. "나는 내 몸을 갖는 것이 아니라 내 몸과 친해지며, 몸으로 살아갈 뿐이다. 나는 몸속에 세상을 새겨 넣음으로써 세상을 알고, 몸을 통해 세상을 만나며, 몸과 더불어 세상을 살아간다. 곧 나는 몸인 것"이다(강신익, 2013; 12-13). "내가 곧 몸이다."라는 말만큼이나 현대적인 몸 담론을 명쾌하게 표현하기는 쉽지 않다. 몸은 항상 나라는 주체의 배경으로만 있었지 주체를 설명하는 전면에 나서 본 적이 없었기 때문이다. 앞으로 전개될 교정윤리에 대한 많은 변론에서 재소자의 몸을 매개로 한 교도관과의 관계윤리를 논의하면서 "내가 곧 몸이다."라는 명제는 중요한 역할을 한다.

동양의학에서 사람의 몸은 '도덕의 공간'이고, 서양의학에서는 '부활의 대상'이다(강신익, 2013; 35). 보이는 현상 그 자체로 몸을 보거나 해부학적 발전으로 몸을 열어 보아 객체로서 취급하는 것은 위의 명제에 대한 발전이라고 볼 수도 있겠지만, 몸이 도덕 공간이 될 수 있고 부활 공간이 될 수 있다는 것은 현대적 몸 담론에 중요한 실마리를 제공한다.

우리의 몸이 이제는 더 이상 비밀스럽지 않고, 타인과 공유하거나 이전할 수 있는 대상이 된 것은 과학의 발전에 힘입은 바가 크다. 몸은 이제는 신성불가침의 영역이 아니며 변형, 대체, 보충, 재생할 수 있다. 한편으로, 예전과 다름없이 여전히 강력하게 작동하는 몸의 역할은 사회에 긴밀하게 연결될 수 있다는 데 있다.

몸은 타자와의 관계의 총합이라 할 수 있다. 몸을 마음을 담는 그릇 정도로 보는 수준으로는 이러한 몸의 관계적 특성을 이해할 수가 없다. 몸은 상당 부분 타자와의 다양한 관계 속에서 만들어진 사회적인 것이다. 최근 면역학의 발전은 이러한 몸의 사회 관계적 특성을 잘 말해준다. 첫째, 나라는 존재는 처음부터 정해진 것이 아니고 외부와의 접촉을 통해 관계를 형성한다. 둘째, 내 정체성은 나를 끊임없이 바꿈으로써 지켜나갈 수 있다. 셋째, 몸은 나와 남과의 수많은 관계로 구성되며 이러한 관계를 통해 정체성을 만들어간다(강신익, 2013; 86). 몸이 자신의 어떤 것이라는 사유 방식에서 탈피하여, 몸은 자기 주위의 만남의 모든 것을 담아내고 표현하는 것이라는 사유의 전환이 필요하다. 한마디로 말해 관계적 자아로서의 몸이다.

교정윤리의 대표 속성을 관계윤리로 정의하고자 할 때는 몸의 이러한 사회적 특징이 기본적으로 전제된다. 재소자의 몸을 대하는 교도관의 시선에도 이러한 관점이 놓여 있다. 몸을 죄를 지은 한 개인으로 대할 때는 죄의 원인을 그에게서 찾을 수밖에 없지만, 몸을 사회적인 측면에서 보면 그것을 대하는 방식의 폭이 넓고 깊어진다. 앞으로 전개하는 몸 담론, 그리고 관계윤리에 대한 모든 논의는 재소자의 몸을 사회적 몸, 즉 사회적인 자아로 보는 데서 출발한다.

1. 사회적 자아

현대 사상의 가장 두드러진 현상 중 하나는 형이상학의 해체이다. 그중에서도 자아나 인식의 근거가 되는 주체나 자아의 정체성이 해체의 제일 큰 대상이다. 이 과정에서 전통적 형이상학에서 강고한 신념 체계로 존재하던 자아는 이제 설 자리가 없게 되었다.

그 원인은 대체로 두 가지인데 하나는 사회적 의식의 발달 때문이다. 즉, 인간을 이해하는 설명 방식이 단일 개체로서의 개인이 아니라 개인의 집합인 사회적 개인으로 전이되었기 때문이다. 사회적 자아로서 인간을 설명하는 방식이 인간을 제대로 인식하는 것이라는 시대정신이 작용한 탓이다. 다른 하나는 과학과 기술의 발전 때문이다. 뇌 과학이나 생명공학의 발전과 더불어 컴퓨터와 로봇의 기술적 발전에 따라 인간의 의식을 기존의 방식으로 이해하는 관점은 한계를 드러냈다. 예를 들어 현대의 로봇기술은 뇌가 몸에 직접 붙어 있지 않아도 네트워크 방식으로 몸을 구성하는 데까지 발달되었다. 이는 개인의 정신과 주체만으로 인간을 설명하는 것에 한계가 드러났다는 뜻이기도 하다. 한편 세계적으로는 문화적 상대주의가 일어나고 나라마다 민주주의 의식이 발달하면서 인간을 이해하는 시각이 달라졌다. 사적이고 개인적인 자아가 아니라 공적이고 사회적인 자아로 인간을 이해함으로써 문화 다원론적 민주주의 사회를 살아가야 하는 인간을 설명하기가 더 쉬워진 것이다.

근대에 들어 이미 이러한 인간 유형을 설명하기 위한 철학적 담론이 있어 왔다. 하이데거를 비롯하여 아도르노가 이야기하는 관계적 자아가 그 대표적인 예이다. 그들은 인간존재를 소외되고 개별화된 것으로 보지 않는다. 그들은 존재의 성격 자체를 인간과 인간 사이의 지점에 두고 있다. 존재양식의 변화가 일어난 것이다. 이러한 존재양식의 변화에 따르면 이제 더는 의식과 뇌 자체를 구분할 수 없다. 그들 사이의 경계를 명확하게 그을 수도 없다. 인간을 정의 내림에 있어 개인성과 사회성의 경계를 어디에 둘 것인가도 새로운 이슈로 떠올랐다. 결론은 이 몸과 몸 사이의 경계선상에 바로 우리의 몸이 있다는 사실이다. 즉 의식과 뇌의 경계로서의 몸, 개인과 사회 경계로서의 몸이 인식과 존재의 출발점이 된 것이다.

몸과 관련된 철학 방식의 새로움이나 실존적 논의가 우리 인간을 정의하는 방식까지 근본적으로 변화시킬 수는 없다. 몸을 이야기하면서도 우리는 여전히 나의 의식이 나의 몸을 지배하고 있다는 느낌을 강하게 받으며 정신과 관념이 자신 안에 있는 듯한 느낌을 지울 수 없다. 이것이 인간 지성의 미개함인지 아니면 철학적 오류인지 알 수 없다. 자아를 관계적 자아로 보는 태도가 시대정신이 될 수도 있지만 어쩌면 자아를 개인에게서 찾아내지 못하고 성급하게 사회화된 특성으로 규정해버린 것일 수도 있다. 그러나 이 모든 오류나 성급함에도 지금 이 시대의 정신과 담론에 충실할 필요가 있다.

'사회적 자아'라는 용어는 개인적 자아와 대칭되는 개념으로서 공동체적 자아 또는 관계적 자아로 사용되기도 한다. 공동체나 관계라는 것은 사회적 자아의 구성요건이며 단순히 사회적 자아라고 표현했을 때 일어날 수 있는 개인과 사회의 이원적이고 일대일 대립적인 한계를 완화한다. 개인적 자아라는 관념은 소외라든지 타자에 대한 '악적 지향성', 즉 타자를 객관화 또는 도구화하는 경향을 보이는 문제가 있다. 이에 반해 개인적 자아가 공동체성이나 관계성을 갖는 사회적 자아로 진행되어 나가면 자기로부터는 소외가 아닌 자유, 타자에게서는 차별이 아닌 차이로 관계 설정을 할 수 있는 조건이 만들어질 수 있다.

개인적 자아가 자기 형식적이고 철학 내적 자아라고 한다면 사회적 자아는 넓은 의미에서의 윤리적 자아이다. 자기를 중심으로 자아의 문제를 해결하려는 기존의 모든 시도는 자기 형식적이며 자기충족적이다. 자아의 발생론적 단계나 그것을 문제화하는 철학적 단계는 항상 자아를 자신에게 가두어 놓았다. 이 경우에는 나 이외 다른 사람이나 사물을 고려하지 않는다. 이러한 의식과 철학적 물음은 세상이 모조리 없어지고 나만 홀로 살아남아도 끝까지 물어볼 수 있다. 즉, 남을 의식할 필요가 전혀 없고 "나는 누구인가"라는 물음에 그 어떤 외부 상황을 고려할 필요가 없는 경우이다. 이러한 문제의식을 적극적으로 끌고 나간다는 것은 자기 안으로 더 깊숙이 들어가게 됨을 의미하며 철학적으로는 더 깊이 내적인 나를 찾게 되는 위험이 있다.

사회적 자아는 내 주위의 상황을 적극적으로 가져와 묻는 물음이다. 나를 낳아준 사람은 누구인가, 지금의 나를 형성하게 한 사람들은 누구이며 사회적 조건은 무엇인가, 그리하여 자아가 나에게는 주관화되어 의식하지만, 남들에게는 객관화되거나 대상화되는 주체의 문제가 긍정적인 윤리 의식으로 발전한다. 즉, 주체이면서 객체가 되는 나에 대한 의식이다. 그러므로 사회적 자아는 관계적 자아이다. 이에 따라 나는 누구인가에 대한 물음은 항상 나 주변의 상황이나 조건과의 관계를 통해 만들어진다.

이처럼 나를 이해하기 위해 남을 의식하는 것이 단순히 남을 위한다든지 남에게 의존하는 것을 의미하지는 않는다. 이는 개인적 자아의식보다 한발 더 나아간 성숙한 윤리의식의 단계이다.

지금까지의 내용을 도식화하면 [표 1]과 같다.

[표 1] 개인적 자아와 사회적 자아

개인적 자아	사회적 자아
자기 형식적, 자기충족적	관계적
형이상학적(근대성에 근거한)	윤리적(해체성에 근거한)
정적(static; 개인의 내적 탐구에 의한)	동적(dynamic; 개인의 외적 탐구에 의한)
원자적/이기적 자아	공동체 및 관계적 자아

사회적 몸은 타자로 '나아가기' 위한 윤리적인 몸이다. 타자에게로 나아감이란 타자와 나 사이에 주체를 설정하는 것으로서 '사이 자아'로 불릴 수 있다. 이는 개인과 개인의 사이, 즉 관계를 지정해준다. 도덕적 개인은 엄밀한 의미에서 이 관계적 자아로 나아가기 위한 기초 단계이다. 즉 개인의 도덕성이 관계자아를 형성하기 위한 선결 조건이다.

물론 실체적인 의미에서 자아는 개인에서 출발할 수밖에 없고 사회적 자아를 의식하는 나가 없을 수 없다. 문제는 자아가 실체적으로 존재하느냐 않느냐의 단순 명제가 아니라 자아를 어떻게 기술하고 해석하느냐의 문제이다.

몸은 생리적이고 혈연적인 것에서 출발하여 도덕적이고 사회 언어적인 몸으로 변한다. 자기를 낮추는 행위, 남을 높이는 행위, 남을 내 몸처럼 이해하는 행위 모두가 '몸의 사회화' 과정의 하나이다. 몸은 윤리적으로 '만들어지는' 몸이다. 도덕적 윤리적 행위는 단순한 몸의 장식이 아니라 몸을 실질적으로 몸이 되게 한다. 그리하여 완전하고 적용 가능한 형태의 몸이 이루어진다. 그러므로 이때의 몸의 윤리는 나 자신의 정체성을 규정하면서 '사람 만들기'의 적극적 양식으로서 타인을 전제로 한 사회윤리가 된다.

몸에는 경계성의 문제가 있다. 사실 몸 경계를 어떻게 둘 것인지는 모호하다. 예를 들어 부모와 나 사이에 놓여 있는 몸을 누구의 몸이라고 할 것인가. 내 몸은 내 것인가 내 것이 아닌가, 내 몸은 너무 사소한가 아니면 공적인가와 같은 물음들은 실존적이며 윤리적 경계로서의 내 몸에 대한 논의이며, 몸 안과 몸 밖과의 윤리적 소통 관계를 어떻게 설정할 것인가의 문제이다. 이러한 몸의 경계에 대한 '윤리적 불안'은 타인들과의 관계 속에서 만들어진다. 윤리적 불안은 사람들과의 관계에서 생성되는 불안이기 때문이다. 다른 경계에 있는 나만의 고유한 생리적 활동적 자리에서 안주하지 못하고 끊임없이 도덕적으로 요구되는 요청 앞에서 만들어지는 불안이기도 하다.

그러므로 타인과는 일련의 인위적인 거리두기로서 관계 맺기가 있어야 한다. 생리적이고 혈연적인 몸의 한계에서 벗어나 자기를 개별 존재로 강하게 의식하게 하는 타자와의 거리두기, 동시에 그러한 개별 존재가 자기 불안에서 벗어나 다른 사람과 안정적이고 적절한 관계를 어떻게 맺게 할 것인가에 대한 자기반성이 필요하다.

타자와의 윤리적 거리두기에는 일종의 '몸의 예의적 장치의 유효성'을 담보할 수 있는 사회적 합의가 마련되어야 한다. 일종의 공동체적 합의 또는 계약인 것이다. 단순히 몸 자체에 빠진 개인주의적 주체가 아니라 타인이나 타자를 전제로 한 사회 윤리적 계약이 있어야 한다. 자아는 단순히 몸 자체에 빠진 개인주의적 자아가 아니며 타자를 전제로 한 사회 윤리적 자아이다. 자신의 몸을 사회적으로 운용하기 위해서는 나와 가까운 사람들에 대해서도 그들을 타인처럼 여길 수 있는 '관계적 전환'이 필요하다. 이러한 관계적 전환을 통해 진정한 의미에서의 자아정체성 의미를 발견할 수 있다.

2. 몸의 겹 구조

몸의 공동체성의 한 양식으로서 몸의 겹 구조에 주목하여 철학적 희망 하나를 제시해보자. 철학적 희망은 철학함에 있어 아마추어리즘의 산물일 수도 있지만, 꼭 그렇게 생각하지 않는다. 희망은 철학함의 의의가 되기도 하고 연구의 방향이 되기 때문이다. 그러한 희망이 자기

계몽에 빠지는 것이 문제이지 희망 자체가 철학적 논의에 있어 금기는 아니다. 나는 이 책의 논의를 "닫힌 몸에서 열린 몸으로"라는 희망의 문구로 요약한다. 이는 몸이 단선적이거나 평면적이지 않고 순환적이며 입체적이라는 의미이다.

내가 내 몸을 의식한 순간 친근했던 내 주위 세계가 낯설어진다. 자기 몸이 세계에서 차지하는 공간이 절대화되고 내 몸으로 인해 소외가 발생한다. 자아는 나 아닌 것들에 대한 부정적 의식을 통해 자기의 긍정성을 강렬하게 의식한다. 타자와의 긴장감이 증대되고 자기 몸에 대한 소유의식이 일어나면서 자의식이 시작되는 것이다.

자의식은 인격적 삶을 습득하기 위한 자기화 과정이다. 만약 이러한 자기화를 만들지 못하면 우리는 누군가에게 쉽게 종속되고 억압되어 말 그대로 자기를 지켜내지 못한다. 그러므로 자의식에는 강렬한 자기 보존의 욕구와 자신을 삼킬 듯한 소유의식이 동반된다. 생존하기 위한, 그리고 나의 생명을 지키기 위한 실존적 몸부림이 발생하는 것이다. 문제는 이러한 실존적 몸부림이 사회성의 세례를 받지 못하고 생긴 그대로 세상을 뚫고 나올 때이다.

몸은 자의식을 만들어내는 제일 원인이며 동시에 개인의 실존을 정당화하고 생존 차원에서 이기심을 이데올로기화하는 바탕이 되었다. 그러나 이런 방식의 몸은 타인들과 관계를 맺고 사회생활을 꾸려나가는 데 한계가 있다. 같이 살기 위해서는 내 몸이 좀 더 유연해져야 한다. 겸손의 몸짓도 나와야 하고 미안함의 몸짓도 나와야 한다. 사적이고 개인적인 몸을 안에 감추고 밖으로는 사회적이고 공적인 몸으로의 변화가 이루어져야 한다. 굳이 말한다면 우리의 몸은 홑 구조가 아닌 겹 구조이다. 자기만을 위해서만 쓰던 몸이 마치 허물을 벗듯 전혀 다른 모습이 되어, 닫혀있고 부정적이었던 몸이 열리게 된다. 이것이 개인이 사회화되고 윤리화되는 과정이다.

가장 아름다운 몸은 사회성을 띠며 타인들과의 관계를 의식하는 몸이다. 생리적이고 혈연적인 수준의 관계를 넘어 도덕적이고 사회 언어적이 되고자 하는 몸이다. 즉 자기를 낮추거나 높이거나 하면서 끊임없이 내 몸을 사람들 속에서 어울리게 하는 '몸의 사회화' 과정이다. 도덕적 윤리적 몸짓은 단순히 장식이 아니라 이런저런 우리 삶의 장면마다 적절함을 준다. 그렇다면 몸을 위치시키는 지점은 어디일까. 자신의 몸을 남들과의 사이 중간 어디쯤 절묘하게 놓아두면서 내 몸을 내 안에 가두지 않고 약간 느슨하게 열어두는 '도덕적 기교'가 필요하다. 자기를 낮추는 행위, 남을 높이는 행위, 남을 내 몸처럼 이해하는 행위 모두 '몸의 사회화' 과정이다. 그러므로 몸을 이해할 때는 이러한 몸의 겹 구조를 잘 파악해야 한다.

자아 또는 자기 정체성의 바람직한 모습은 몸을 개인으로 남겨두지 않고 사회적 관계를 전제하는 데 있다. 개인은 특정한 사회나 문화적 조건에서 '만들어지는 존재'이다. 그것은 단순한 몸의 장식이 아니라 몸을 실질적으로 구성하는 요소이다.

몸을 구성하는 요소들의 의미는 몸을 치장하는 데에 있지 않고 몸을 온전하게 하고 인간관계에 적용 가능한 형태로 만들어가는 데 있다. 이를 가장 적극적으로 표현하는 삶의 방식이 윤리이고 그러한 윤리가 우리 자신의 정체성을 규정한다. 자신을 '소외하는 윤리'가 아닌 '전체화 하는(holistic) 윤리'이자 '사람 만들기'의 적극적 형태로서의 윤리인 것이다. 자아는 단순히 몸 자체에 빠진 개인주의적 자아가 아니며 타인을 전제로 한 사회 윤리적 자아로 의미를 갖는다.

몸의 구체성과 전체성 그리고 부정성과 긍정성, 이 둘의 특성은 사회와 관계를 맺어나감에 있어 입체적인 성격을 갖는다. 이 서로 다른 몸의 이해는 인간의 감성을 존중할 때도 있었고 반대로 이성을 강조할 때도 있었다. 서양 철학사에서 끊임없이 다양한 모습을 띠고 나타나는 모더니즘적 또는 포스트 모더니즘적 접근은 몸을 어떻게 이해하느냐에 따른 것이라 할 수 있으며, 개인주의와 자본주의의 한쪽과 사회주의와 공동체주의 다른 한쪽도 몸을 어떻게 이해하느냐에 따라 서로 다른 모습을 만들어낸 것이라 할 수 있다. 몸은 일종의 '경계'에 놓여 있는 몸이다. 몸을 '경계의 상태'로 둘 때 우리는 몸 안과 몸 밖과의 윤리적 소통 관계인 사회적 연결고리를 발견한다. 사람과 사람 사이의 경계에 선 몸, 이것이 관계윤리가 되기 위한 전제 조건이라 할 수 있다.

3. 타자로서의 몸;
거리두기와 낯설게 하기

몸의 겹 구조를 제대로 이해하기 위해서는 몸의 친숙성에서 떠나야 한다. 이 문제를 깊이 있게 논의한 바 있는 철학자는 에마누엘 레비나스이다. 그는 친숙함에서 발생할 수 있는 문제점을 일차적으로는 타자와의 다름의 발견에서 찾고 이어서 타자에게로 다시 다가감이라는 과정을 통해 해결하고자 했다. "나는 처음부터 다른 사람에 대해 존재한다."(레비나스, 2005; 125)라는 그의 주장은 자신의 존재 이유를 자신 안에서 찾지 않고 타인이라는 외재성에서 발견해야 함을 의미한다. "어떻게 자기로부터 탈출할 수 있는가?"(박영옥, 2008; 155)라는 물음은 타인을 윤리적으로 만나는 시작이다.

일상적인 친숙함은 자기동일성을 불러일으킨다. 다시 말하면 타인의 존재를 자신과 동일시하게 함으로써 그를 자신으로 환원시킨다. 그것은 강력한 소유의식으로 인해 자아의 팽창, 남을 포함한 자기 밖의 세계를 자신의 전체성으로 수렴하는 문제점을 갖는다. 그러므로 타자와의 분리가 중요하며 그들과의 분리 과정을 통해 자기동일성의 폐해를 없앨 수 있다.

레비나스의 타자윤리학 핵심은 타자와의 분리에 있으며 그 성공은 친숙함에 잠재한 지나친 소유의식을 해결하는 데 달려 있다. 거리두기의 의미도 관계성을 강화하기 위한 것으로 레비나스가 제기한 분리의 의미와 일치한다. 거리두기는 일종의 인위적이고 의도적인 관계 맺기의 하나이다. 분리가 자기동일성에서 벗어나 타자와의 차이 또는 다름을 인식하는 과정이라고 한다면 거리두기는 친숙함을 낯섦으로 변화시키는 윤리적 장치라 할 수 있다.[2]

2 '거리두기'라는 용어는 유교의 경(敬) 사상을 연구하는 과정에서 착안한 개념이다. 경에서의 존중과 공경

역설적이긴 하지만 친숙성이 있으려면 거리가 필요하다. 가까운 사이는 친숙성을 전제로 하고 있으며 이러한 친숙성이 오히려 자기 동일화를 가져와 사람들 사이에 불화를 만든다. 그래서 친함을 오래 유지하기 위해서는 가까운 사이에서 적절한 거리 둠이 필요하다. 이것을 이솝의 황금알을 낳는 우화에서 살펴보자.

욕심이 많은 한 노부부가 장에 나가서 암컷 거위를 사 왔다. 그런데 다음날 그 거위가 알을 낳았는데 알에서 황금빛이 나는 게 아닌가. 혹시나 하고 알을 보았더니 진짜 황금으로 된 알이다. 그리고 그다음 날에도 거위는 황금알을 낳았고 또 그다음 날에도 황금알을 낳았다. 그렇게 매일 황금알을 낳는 거위 덕분에 노부부는 곧 부자가 되었다. 그러던 어느 날, 노부부는 황금알을 낳는 거위의 배를 가르면 훨씬 더 많은 알이 쏟아져 나오겠지 하고 거위를 잡아 배를 가른다. 그러나 잔뜩 기대하고 가른 거위의 배는 보통 거위와 다를 것이 전혀 없었다.

이 노부부처럼 매일 황금알 꺼내기가 적절한 거리유지의 상태라면 거위의 배를 가르는 행위는 거리유지가 깨어진 상태이다. 친숙함이 악화되어 지나친 소유욕이 발현된 결과이다. 우리는 "자신과 다른 것을 통해서, 다른 것과의 분리를 통해서, 또한 자기와의 분리를 통해 다른 것과 윤리적 관계로 나아가는 존재자"이다(김민영, 2007; 49). 서로의 닮은 점을 이해하고 공유하는 것이 아니라 다름을 아는 것이 윤리적 조건이 된다. 그러므로 "타자를 이해하는 것이 아니라 타자가 나와 다름을

은 타인을 대하는 윤리적 방식으로 유교의 사람됨의 과정, 즉 자기 수양의 과정이다. 레비나스의 분리 개념은 존재론적 관점에서 자기동일성에서 벗어나고자 하는 태도에서 출발했고, 경에서의 거리두기는 윤리적 관계 맺음의 태도에서 시작되었지만 궁극적으로 추구하는 목표는 같다고 할 수 있다.

이해하는 것"(김민영, 2007; 49)의 의미는 사람들의 윤리적 관계는 닮은 점의 공유가 아닌, 즉 친숙함의 상태에 만족하는 것이 아닌, 친숙함에서 벗어나 서로의 차이점이나 다른 점을 발견하는 데 있다. 이것이 분리로 나타나고 거리두기로 나타나는 것이다.

자기 동일화, 타인을 자신으로 환원하는 태도는 비윤리적이다. 오히려 타인을 자신과 분리하여 차이점을 선명하게 자각하는 것이야말로 윤리적이다. 자기 동일화가 실현되면 궁극적으로 한 사람의 정체성밖에 남지 않게 되며 이렇게 되면 윤리는 성립할 수 없다. 물론 사람들 사이의 분리, 자기 동일화에서의 탈출은 일반적인 사람 사이의 관계에서도 적용할 수 있지만, 친숙함에서의 탈출이라는 차원에서는 이러한 과정이 더 절실하게 요구된다.

레비나스는 분리가 되지 않는 상태의 비유로 불면을 예로 든다. 불면은 내가 있으면서도 나를 강하게 의식하지 못하는 상태이다. 주위 사물에 대한 분명한 초점이 없고, 극단적으로는 자신조차도 제대로 인식하지 못한다. 자기가 존재하고 있음에도 존재를 의식하지 못하는 상태이다. "불면의 상태는 깨어 있으나 깨어 있음에 강요당하고 있으며, 우리가 어떤 목적을 갖고 깨어 있는 것이 아니다."(김민영, 2007; 54; 재인용) 즉, 다름이나 차이를 강렬하게 느끼지 못하는 상태가 계속되며 분리가 이루어지지 않고 있다. 정상적인 잠에서 깨어날 때는 잠과 깨어남의 분명한 분리가 있고, 무의식 상태에서 의식 상태로 돌아왔다는 확신이 있다. 그러나 불면은 의식의 상태가 지속하고 있음에도 자신과 주위를 강하게 의식하지 못한다. 분리가 정상적으로 이루어지지 않는다. 그러므로 잠과 깨어남이라는 분명한 "단절의 순간이 없다면 의식은 깨어 있는 것으로 자신을 의식할 수 없다." (김민영, 2007; 54-55)

잠이 깨어남의 장소성이고 내가 깨어남의 의식 주체라고 한다면, 분리가 이루어지지 않은 친숙함의 상태는 마치 불면과 같다. 가까움과 친밀함이 오히려 우리 자신을 불면의 상태에 두게 하며 자신이나 자신의 주위에 의식적인 초점을 만들어주지 못하게 된다. 친숙함에 놓인 타인은 불면의 상태로서, 그대로 두면 자기동일성에 갇힌다. 친숙함이라는 불면의 상태에서 벗어나려면 분리가 필요하고 정상적인 잠의 상태로 타인을 돌려놓아야 한다. 레비나스가 불면의 상태를 "존재자가 없는 존재의 모습"이라고 규정할 때의 의미가 바로 그것이다(김민영, 2007; 55).

레비나스가 분리를 강조하는 이유는 타인과 나의 서로 다름을 정립하기 위함이다. 그리고 좀 더 절실한 목적은 분리를 통해 "타인에게로 향해 초월하는 것, 나의 고유성을 간직하면서도 타인의 타자성에 접근할 가능성을 확립하는 것"에 있다(김민영, 2007; 54). 온전한 주체성의 확보는 분리를 시작으로 하여 이루어지기 때문이다. 타인과 분리되지 않으면, 특히 친숙성에서 분리되지 않으면 타인으로 향해 나아갈 수 있는 기반을 상실하게 되며 결과적으로 윤리적 방향성을 잃어버린다. 타인에게 말을 걸고 관심을 두고 접촉하고자 하는 이유는 윤리적 기대와 지향 때문인데 분리가 되지 않은 상태에서는 이러한 향함이 불가능하다. 그러므로 타인에게로 갈 수 있음, 그를 만날 수 있음은 나와 타인과의 분명한 경계가 있고 난 뒤에 가능하다.

타인의 발견에 관한 이야기는 이렇다. 사람들은 먼저 자기가 이 세상에 태어나 살아가고 있다는 사실이 신비롭고 놀랍다. 그러나 이보다 더 큰 놀라움은 자기 주위에 자신과 다른 그러나 똑같은 인간으로서 존재하는 타인이 있다는 사실을 알 때이다. 타인의 출현, 나와 다른 얼굴을 한 사람들이 주위에 있다는 것은 자신의 인생 의미를 발견하는 만큼 신비하다. 흔히 타인은 우리의 일상에 널려 있어서 우리는 그들이 존재한다는 사실에 무감해져 있고 당연시한다. 우리는 자신만이 세상을 살아가고 나머지 다른 사람이나 사물은 마치 자기를 위해 있는 것처럼 생각한다. 마찬가지로 남들도 그렇게 생각한다. 그들 또한 나처럼 그렇게 세상을 살아간다. 이 세상 각각의 모든 사람이 이렇게 생각하며 살아간다. 마치 자기가 세계의 모든 것인 양 살아가는 것이다.

레비나스가 타인에게서 발견한 것은 진정한 '낯섦' 즉 절대 타자이다. 나와 같은 생각을 하는 사람들이 내 주위에 있고 그런데도 그들은 분명 내가 아닌 존재로 있다. 그들은 나와 같은 인간의 얼굴을 하면서도 나와는 완전히 다른 얼굴을 하고 있다. 그들은 나에게 완전한 낯섦이다. 타인을 자세히 들여다보면 거기에는 내가 아니면서도 나와 같은 불안을 지닌 존재가 있다. 약하고 연약한 상처투성이의 모습을 한 내가 거기에 있고, 가끔은 나의 관심과 보살핌이 필요한 모습이 있다. 삶에 대한 불안을 그들도 가지고 있음을 비밀스럽게 알 수 있다. 그리하여 그들의 상처가 마치 나의 상처처럼 느껴지면서 나의 불안이 나의 불안만이 아니라는 사실을 알게 된다. 그리고 나의 불안을 나 혼자서는 해결할 수 없다는 것을 알고, 그들의 도움을 받아 나의 문제를 해결할 수 있는 실마리를 발견한다.

사람들은 자신을 중심으로 하여 타인을 자기와 동일시해서 이해하려 한다. 이러한 방식, 세계와 타인을 내 의식과 동일시하는 것이야말로, 또 그러한 시도야말로 타인을 만남에 있어 모든 부정성이 연출되는 시작이다. 이러한 문제 때문에 레비나스는 '외재성'이라는 개념을 가져온다. 외재성은 철저한 놓아둠, 있는 그대로 둠을 의미하는 것으로 타인은 절대 나의 의식으로 가져올 수 없음을 의미한다. 타인을 나의 의식으로 끌어 오지 않고 오히려 내버려두는 것은 존재를 있는 사실 그대로 인식하는 방식이며 동시에 그렇게 해야만 하는 당위의 문제이기도 하다. 타인의 의식을 억압하고 강요해서 내 것으로 가져오는 행위, 한편으로는 그의 육체를 가짐으로써 내 것으로 하고자 하는 욕망이나 소유욕 모두 타인을 잘못 이해한 탓이다.

건전한 만남은 타인을 타인으로 곁에 둘 뿐, 결코 내 것으로 만드는 것이 아니라는 데에서 출발해야 한다. 나에게 있어 너는 '나 너머의 존재'로서 육체 너머의 존재이고 감각 너머의 존재이다. 여기에는 타인을 나에게 가져와 하나로 만드는 동일시가 없다. 주관과 객관의 일치도 없다. 너는 너일 뿐이다. 너는 절대 내가 될 수 없다. 그러므로 나는 너를 소유할 수 없고, 대상화할 수 없고, 지배할 수 없다. 오히려 나는 너의 있음으로 인해 나의 존재를 확인해야 하는 존재이다. 만남은 '존재의 타자화' 과정이다. 나의 존재가 만남에 근거한다. 나는 타인을 만남으로써 시작되고, 그러한 만남은 타인에 대한 책임을 동반함으로 완성된다. 나라고 강하게 의식하는 주체도 타인으로부터 나에게로 온다.

그러므로 진정한 만남은 타인에 대해 응답하고 반응하는 과정에서 만들어진다.

타인은 내가 될 수 없고 그의 것은 나의 것이 될 수 없다. 나의 것으로 동일화나 소유화가 안 되는 이유는 내가 그에게서 하나의 개체로서 인간을 발견하기 때문이다. 그의 얼굴을 통해 그의 인간적 어려움과 고통을 옆에서 가까이에서 보기 때문이다. 이때의 가까움은 나와 그가 동일시되는 접촉이 아니라 '옆에 있음'이다.

사람과의 만남에서 익숙해짐이나 친해짐 등은 가까이 있다는 뜻이지 그가 내가 되거나 나의 소유가 되는 것을 의미하지는 않는다. 만남이 나에게 주는 가장 큰 메시지는, 나의 주체성을 나의 의식으로부터 출발시킴으로써 발생하는 모든 비극적이고 부정적인 인간관계를 제거하는 데 있다. 만남으로 인해 책임의 감수성을 일깨우며, 개별적이고 구체적인 '나'가 추상화되고 객관화되는 것을 방지할 수 있다. 만남은 나를 살아있게 하고 구체적인 장소와 시간에 있게 한다. 이때 타인에 대한 책임은 단순히 그의 일을 대행하는 수준이 아니다. 그로 인해 나를 존재하게 하는 긍정적인 역할을 수행한다. 만남이 없으면 나도 존재할 수 없다.

레비나스가 "불안은 존재하지 않을 수 없다는 두려움에서 기인한다."(마리 안느 레스쿠레, 2006; 527)고 했을 때 이 말은 상당히 역설적으로 들릴 수 있다. 그러나 권태, 지루함, 지겨움에 대한 걱정, (죽음을 앞에 두고) 살아있음을 걱정할 때 충분히 이해할 수 있는 부분이다. 그리고 무엇보다도 이러한 걱정은 존재라는 거대한 흐름에 익명으로 빠져들 때,

고독이나 불안의 형태로 엄습한다. 그런 면에서 우리는 "결코 다른 사람에게서 벗어날 수 없음"(레비나스, 2005; 135)을 생각해야 한다.

지금까지 레비나스가 말하는 몸에 대한 논의를 보면서 교도소에 갇힌 재소자의 몸에 대해서도 같은 관점에서 생각해볼 수 있다. 즉 교도관이 재소자를 대하는 방식도 그와 같이 몸의 관계성을 고려해야 한다. 그들이 비록 교도소 공간에 들어와 감시의 대상으로 전락했다 하여 그들을 나의 것인 양 대해서는 안 된다. 그들은 교도관의 소유가 아니다. 몸을 사유화하거나 통제할 것이 아니라 관계윤리라는 차원에서 사회화 과정을 밟아나가도록 해야 하는 것이다. 교도관은 재소자를 대함에 있어 긍정적이고 적극적인 수준에서 거리두기와 낯설게 하기의 윤리적 장치가 작동할 수 있도록 해야 한다. 즉 교도관의 건전한 관계윤리적 처우로 재소자들이 자신을 다시 되돌아 보는 기회가 만들어져야 한다. 다음 장에서는 재소자들의 이러한 몸의 상태가 어떤 모습을 띠고 있는가를 실제 사례를 통해 자세히 살펴보자.

2장

CORRECTIONAL ETHICS

재소자의 몸

지금까지 몸의 의미와 관계자아의 특성을 살펴봤다. 몸은 철저하게 타인과의 관계 속에서 그 본래의 의미를 찾을 수 있다는 것이 핵심이다. 타인과 어떤 관련을 맺어 가느냐에 따라 몸의 현재성이 의미를 발휘할 수 있다. 재소자의 몸도 죄를 지은 몸으로서 이해할 것이 아니라 남들과의 관계 속에서 그 의미를 찾아야 한다. 그 속에서 자신의 자아를 어떻게 구성해왔는가를 함께 보아야 그들을 제대로 이해할 수 있다.

1절에서는 재소자의 몸을 갇힘이라는 차원에서 접근하면서 감옥 또는 교도소로 통칭하는 공간의 의미를 살펴본다. 이때, 교도소라는 특수 공간이 몸의 갇힘에 어떤 성격을 부여하는지를 아는 것이 중요하다. 교도소는 사회와 사람들과의 관계가 단절되고 일정 기간 사람들에게 잊히는 공간이다. 2절과 3절에서는 그들의 몸이 특정 상황에서 탈출하고 벗어나려는 모습과 몸의 변화가 어떻게 이루어지는지 살펴본다.

구금형의 특징은 관계 맺기가 상실됨을 의미한다. 우리는 이를 갇혀 있다고 표현할 수 있으며 구속되었다고 한다.[2] 실제로 사회생활에서 타인들과 적절한 관계를 맺지 못한다면 그것은 자신을 교도소와 같이 폐쇄 공간에 가두는 결과를 낳는다. 남들과의 관계가 원만하지 못하다면 자신은 어느 한 공간에 갇혀있는 것과 다를 바가 없다.

교도소의 대표적 상징은 사람을 지정된 폐쇄 공간에 가두는 데 있다. 감금을 통해 위법행위를 공식화하는 것이다. 교도소 밖의 사회에서 보자면 이러한 공간은 '사회적 배제'를 의미하며 은유적으로는 범죄자로 낙인된 사람들의 공간이다(최정기, 2000; 81). 심영희는 '감옥은 무엇을 가두는 것인가'라는 질문에 대한 대답으로 선택성과 배제성 두 가지를 지적한다. "선택성이란 일정한 행위가 통제의 대상으로 조직화하는 것을 말하고, 배제성이란 일정 유형의 범죄가 통제를 벗어나게 되는 것"을 말한다(최정기, 2000; 82, 재인용). 즉 통제의 대상을 선택하여 사회로부터 배제하는 곳이 교도소이다. 비이성적인 것들, 위법행위, 무질서 등의 사회 구성 요건에 적절하지 않은 사항들을 선택적으로 배제하는 것이다. 이런 면에서 최정기는 범죄에 대해 말하길, "범죄는 정의(justice)와 불의(injustice)의 구별이라기보다 위법과 합법 사이의 금

2 한인섭은 〈그의 자본주의 국가의 감옥과 사회통제에 관한 연구〉에서 감옥과 자유형을 근대국가의 가장 중요한 형벌형태로 보고 있으며, 비록 이전과는 다르지만, 오늘날의 감옥을 "형벌로써 일정 기간 자유가 박탈된 자를 가두는 시설"로 보고 있다(최정기의 〈감옥: 규율 권력의 길들이기와 욕망의 탈주〉 79쪽에서 재인용.).

긋기이며, 그러한 경계 설정을 통해 정상적인 활동과 생활방식을 정의하는 것"이라고 한다(최정기, 2000; 83). 이쪽과 저쪽, 합법과 위법 사이의 금긋기 과정에 교도소가 존재한다.

위법의 저쪽인 교도소에 가두는 것은 무엇인가. 근대 사회는 '개인의 탄생'에 주목하여 자유와 민주주의 체제를 얘기하고 있으며 이러한 개인은 이성을 가진 개인이어야 한다. 동시에 사회도 이러한 이성을 가진 개인의 집합체가 작동하는 것을 정상으로 간주한다. 이러한 정상성에 포함되지 못하는 것들을 교도소라는 공간에 두게 된다. 교도소는 형식적으로는 범죄자를 가두는 곳이지만 내용으로 보면 이러한 비정상성을 가두는 곳이다. 비정상의 가둠 공간인 교도소 체제의 작동에는 '열등 처우의 원칙'이 적용된다. "사회적으로 열악한 집단을 사회질서에 순응하게 해야 한다는 대전제에 따라 재소자에 대한 처우는 일반사회의 최하층 독립노동자의 처우보다 한 단계 낮을 수밖에 없다. 이 때문에 감금의 특성이 부정적으로 만들어지게 되었다"(최정기, 2000; 83, 재인용). 다시 말해 낮은 단계의 처우를 전제로 하여 교도소를 운영하기 때문에 갇힘, 또는 가둠이 부정적으로 나타날 수밖에 없다. 물론 처우 수준의 좋고 나쁜 상태를 떠나 구금형이 갖는 부정적 특성은 신체의 자유를 속박하는 데 있기 때문에 이러한 낮은 단계의 처우가 갇힘의 부정성의 모든 것이라 할 수는 없다. 어쨌든 이러한 낮은 처우 단계에서 ①감옥은 일상적 감시와 통제를 통해 수형자의 행동이나 사고방식 등 내면적인 것마저 구속한다. ②수형자의 시간이 반복되는 일상과 정해진 계획대로 움직임으로 인해 그들의 시간은 개인의 것이라기보다는 통제에 의한 외부적인 것이 된다. 이로 인해 수형자들이 시간을 이용하는 것이 아니라 시간이 수형자에게 외부로부터 제공된다. ③신체의 자유를 구속한다는 말에서 보다시피 수형자의 몸에 대한 통제와 지배로 인해 수형자의 인격이 무시될 수밖에 없다.

교도소를 사회의 비정상성을 일정 시공간에 가두는 곳이라고 규정한다면 그 안에 갇히는 사람들이 할 수 있는 일은 그러한 시공간에 적응하는 것과 아니면 탈주하는 것 말고는 없다. 탈주는 일반적으로 탈옥을 생각할 수도 있겠으나 이것은 통상적인 일이 아니다. 교도소 밖으로 나오기 위해선 여러 가지 합법적인 절차를 따라야 가능하다. 구치소의 수용자나 교도소의 재소자들이 하루라도 빨리 감옥에서 빠져나올 수 있는 합법적인 절차는 다양하다. 구치소에서는 반성문 작성을 통해서 2심을 기다리면서 형 집행을 취소할 수 있다. 모범수 생활을 통해 사면 등의 방식으로 형기를 단축할 수도 있다. 탈출은 이 모든 합법적 수단이 무효가 될 때 재소자들이 취할 수 있는 마지막 방법이다. 그렇지 않으면 표준적인 인간성 박탈을 감수해야 하고 좌절에 순응해야 하며, 자유로운 자기 정체성 파괴를 어느 정도 받아들여야 한다. 그리고 교도소 문화에 적응하고 익숙해져야 한다.

교도소 공간의 폐쇄성을 세 가지로 나누어 생각해 볼 수 있다. 첫째, 두꺼운 벽, 거친 철문, 창살로 된 좁은 창문 등의 물질적인 것이다. 이러한 물질성이 재소자에게는 바깥 세계와 차단 역할을 한다는 의미에서 상징하는 바가 크다. 물질성이 만들어내는 비물질적인 파생 효과, 철문이 닫히는 소리, 좁은 창문으로 보이는 밖의 풍경 등도 폐쇄성의 확대로 볼 수 있다. 소리와 빛을 재소자 스스로 통제할 수 없음은 자신이 갇혀있다는 사실을 실감 하게 한다. 이것을 총체적으로 교도소 공간이 갖는 물질적 특성이라고 한다.

둘째, 사회적 특성이다. 통제와 감시의 주체인 교도관과 피 주체인 재소자와의 거리로서 지시받고 호출을 받는 대상이라는 재소자의 처지에서 만들어지는 공간이다. 이 공간은 앞의 물질적 공간과는 다른 방식으로 공간의 차별성을 느끼게 한다. "감옥 안의 공간은 낮은 곳이고 감옥 바깥의 공간은 높은 곳이다. 감옥 공간은 감옥 바깥 공간의 지배를 받는다."라는 지배와 피지배의 관점에서 설명할 수 있다(홍창수, 2010; 492). 갇힌다는 말은 단순히 벽과 철문, 철창 등으로 갇힌다는 것 외에 이러한 통제 시스템에 갇히는 것을 의미하며 사회적 공간에 갇힘을 의미한다. 사회적 공간의 거리는 복도 안과 밖의 물질적 거리보다 심각하게 다가올 수 있다.

셋째, 물질적 그리고 사회적 공간에 더해 심리적 교도소 공간을 생각할 수 있다. 흔히 탈옥은 죄지은 자들의 본능이라고 한다. 탈출 욕망은 자기가 현재 사는 곳이 '집'이 아님을 인식할 때에 일어난다. 집이라는 익숙하고 안정된 공간이 아니라는 사실을 인지하고 집이 갖는 충족 요건을 만족하지 못할 때 탈출 욕구가 일어난다. 익숙하지 않음에서 익숙함으로 돌아가려는 이 욕구는 눈에 보이지는 않지만 '갇혀있다'는 사실을 인정하고 싶지 않기 때문에 앞에서의 물질적 또는 사회적 특성보다 더 치명적일 수 있다. 익숙하지 않은 공간에서 벗어나려는 욕구, 익숙했던 밖의 생활에 대한 희망, 그런데도 어쩔 수 없이 머물러야만 하는 현실, 서로 상충하는 감정들이 섞여서 발생할 때 혼란이 가중된다.

위의 세 가지 서로 다른 교도소 공간의 특성 중 어느 하나도 무시할 수 없다. 갇힌 사람들의 성향에 따라 어떤 하나는 강조되고 다른 하나는 축소될 수 있지만, 몸의 갇힘은 이러한 세 가지 서로 다른 특성의 공간을 고려하면서 접근해야 갇힌 자의 처우를 적절하게 살피는 데 도움이 될 것이다.

1. 갇힘과 처벌

교도소에 갇혀있음을 적나라하게 보여주는 책으로 벤담의《파놉티콘》이 있다. 이책은 어떻게 재소자를 가두어 잘 감시할 것인가에 대한 논의가 중심이지만, 이는 동시에 갇힘의 성격을 이해하는 데 도움을 준다.

파놉티콘(Panopticon)에서 죄수의 가둠은 다음과 같은 공리성의 원칙에 근거한다. "만약 다수의 사람에게 일어나는 일을 모두 파악할 수 있는, 그리고 우리가 원하는 방식으로 이끌 수 있도록 그들을 에워쌀 수 있는, 그들의 행동과 관계, 생활환경 전체를 확인하고 그 어느 것도 우리의 감시에서 벗어나거나 의도에 어긋나지 않도록 할 수 있는 수단이 있다면, 이것은 국가가 여러 주요 목적에 사용할 수 있는 정말 유용하고 효력 있는 도구임이 틀림없다."(벤담, 2007; 19) 이러한 파놉티콘은 교도소와 같은 곳에서 진행되는 모든 일을 한눈에 파악할 수 있으며 수감자뿐만 아니라 하위 감독관까지 감시할 수 있다.

파놉티콘 감옥시설의 목적은 고통의 본보기를 통한 범죄모방 불식, 수감자의 무례함 예방, 수감자 사이의 예의 유지, 수감자의 거주지 청결과 건강관리, 올바른 습관 형성, 부당한 대우로부터의 보호, 처벌의 목적에 어긋나지 않는 한도 내에서 복지 제공에 있다. 그리고 이러한 모든 것은 경제적이고 성과 지향적인 행정 방식으로 대중 감시 하의 관리책임자나 그 책임자의 지배 아래 고용인들을 두는 내부 감시 형태로 이루어져야 한다(벤담, 2007; 35-6).

파놉티콘의 건축 구조는 한눈에 바라볼 수 있는 감시를 하기에 적절하다. 여기에서 감시의 대상은 죄지은 자들의 몸이다. 특히 그들의 몸이 다른 재소자와 관계를 맺는 것을 원천적으로 차단하는, 몸의 건전한 사회성이 일어나지 못하도록 감시하는 것이다. 갇혀있는 상태는 자신이 타인의 몸으로 이동하는 것 자체가 금지되어 있음을 의미한다. 감시의 성격 자체도 이런 몸 이동의 단절에서 쉽게 찾아볼 수 있다. 자유와 능력, 감정, 안도감, 우정, 인격. 이러한 다양한 사회적 요소들이 금지되어 있다는 것은 사회성 단절 또는 망각을 장치함을 의미한다.

푸코는《감시와 처벌: 감옥의 탄생》3장에서 벤담의 이러한 파놉티콘 감시체제를 잘 설명하고 있다. 예를 들어 페스트 발생 시 엄격한 공간적 분할의 행정 조치가 어떻게 이루어지고 있는지 살펴보자. "폐쇄되고, 세분되고, 통제되며, 모든 사건이 기록되고, 기록 작업은 중심부와 주변부를 연결한다. 개인의 활동은 기록되고, 검사되며, 생존자, 병자, 사망자로 구분한다."(푸코, 2003; 306) 개인에 대한 감시는 궁극적으로 죄수의 몸에 관한 사회적 관계성에 대한 감시이다. 분리되고 격리되고 그의 일상사가 기록된다는 것은 이 건축물에 수용된 사람의 사회성을 철저하게 배제한다.

재소자의 몸이 교도소라는 건축물 속에서 어떻게 감시되는가를 보면 이러한 상황을 좀 더 자세히 알 수 있다. 파놉티콘에서는 중앙에 감시탑이 있고 그 주위에 원형으로 독방이 설치되어 있으며, 독방과 독방은 연락할 수 없는 원형감옥으로 되어 있다. 시선의 비대칭성이 일어나 재소자들은 교도관을 볼 수 없는 채 항상 보이기만 하고, 교도관은 보이지 않은 채 항상 모든 재소자를 감시할 수 있는 상황이다. "그는 보이긴 해도 볼 수는 없다. 그는 정보의 대상이긴 해도, 정보 소통의 주체가 되지는 못한다."(푸코, 2003; 310) 파놉티콘에 수용된 재소자는 보이지 않는 곳에서 항상 자신을 감시하고 있을 교도관의 시선 때문에 규율에서 벗어나는 행동을 하지 못하다가 점차 이 규율 권력을 '내면화'하여 스스로 자신을 감시하게 된다. 일종의 자기검열이다. 감시는 보편적이고 영구적이고 포괄적이며 이러한 의미에서 파놉티콘은 감시의 원리를 체화한 "자동기계"와 같다. 파놉티콘의 컴컴한 감시 공간에서 누구나 교도관의 임무를 수행할 수 있다는 의미이다.

파놉티콘은 재소자 교화 영역에서뿐만 아니라 병자 간호, 학생 교육, 광인 감옥, 노동자 감시에도 확대 적용된다. 공간 속의 신체배치를 통해 개개인 상호 간의 비교 분배와 위계 질서적인 조직 구성으로 권력의 중심부와 단절이 발생한다. 문제는 재소자의 몸, 또는 범죄자의 몸이 이러한 몸의 사회성의 정점에 있다는 사실이다. 앞으로도 논의하겠지만, 현대 교정이 이러한 감시 방식을 따르면 교정의 중추적 역할을 해야 할 직접 대면의 관계, 교도관의 인간적 교화 자체가 사라진다. 교정과정에서 지속해서 습득해야 할 것은 사람들과의 직접적 만남이다. 사람이면 갖추고 있어야 할 타인과의 관계 맺음이 감시라는 교정 공간에서는 절대 살아날 수 없다.

푸코는 신체를 욕구와 욕망의 본거지, 권력의 영향 아래에 있는 것으로 본다. 처벌은 재소자의 신체에 더해 그의 정신과 지식을 처벌하는 것이다. 푸코는 형벌을 교도소라는 물질적 공간 속에서 저항하는 재소자의 신체라는 틀을 통해 이해하려고 했다. 이런 점에서 갇힘은 신체의 구속을 의미한다. 교도소 건물도 감금을 구조화하고 체계화하기 때문에 사회성 배제라는 기본 원칙에 충실하려는 경향성을 갖는다.

푸코는 징벌은 신체보다는 정신에 가해져야 한다고 한다. 즉 범죄자의 정신을 재판해야 하며, 범죄의 인지, 책임 주체의 인지, 법률의 인지가 재판의 의의가 되어야 한다는 것이다. 예를 들면 공격적 행위가 아닌 공격적 성향을, 강간이 아닌 성도덕의 재판을, 살인행위가 아닌 살인의 충동이나 욕망을 징벌하는 식으로 변화해야 한다는 것이다. 그에 따르면 신체형은 세분화한 고통의 창출, 처벌하는 권력의 과시욕, 권력의 경제학의 합이다. 신체형은 적절 분량의 고통, 고통 생산의 규칙, 그리고 의식(儀式))으로 구성되어 있다. 그럼에도 푸코는 신체야말로 형벌의 본질적 요소라고 주장하며, 권력의 결과가 구체화하는 장소로 본다. 신체형을 통해 범죄에 대한 재현과 반성이 일어나며, 범죄가 명시되고 소멸하며, 권력의 과시가 확인되고 권력자와 범법자의 힘의 균형이 종결된다.

《감시와 처벌: 감옥의 탄생》의 대전제는 과학적으로 합리화된 형법과 과학적이고 인간적인 형 집행에 대한 심층구조를 탐구하려는 시도이다.이 책은 니체의《도덕의 계보학》의 연장에서 논의할 수 있다. 니체가 선악 가치와 죄와 형벌에 대한 전도된 시각을 인간학적 혹은 생물학적 차원에서 제시하고 있다면, 푸코는 사회역사적 정치적 차원에서 그 논의를 계속하고 있다. 어떤 의미에서는 니체가 제시한 '형이상학적 논변'에 대해 푸코의 책은 역사적 사례를 수집하고 그를 통해 니체의 주장들을 실증적으로 논증하려는 시도이기도 하다.

서구에서는 18세기 후반에 신체형에 대한 항의가 일어났으며 신체형이 없는 징벌의 가능성을 제기하기 시작했다. 법제에 대한 정치 경제적 변화에 따른 형벌제도의 변화, 위법행위의 근절이 아니라 위법행위를 그 차이에 따라 나누어 관리하기 위한 장치가 생겨났고, 처벌하는 권력의 새로운 관리방식과 새로운 기술이 만들어졌다. 형벌에도 경제성의 원리가 적용하여 본보기의 징벌은 이제 과시적인 의식이 아니라 범죄를 방지하는 데에 뜻을 두게 되었다. 신체 자체가 아닌 정신에 대한 처벌이 중요 관심사로 옮아간 것이다. 권력 주체의 특성은 처벌을 구조화하는 데 중요한 역할을 하고 있지만 적어도 교정에서 죄수의 신체가 처벌의 기본 요건이 되느냐 되지 않느냐 하는 것은 깊이 생각해볼 문제이다.

신체에 대한 형벌이 유순해지는 데에는 죄와 벌의 인과 관계가 확립되고 형벌에 관해서도 인류의 이성이 본격적으로 작용했기 때문이다. 형벌의 시간적 조정과 배분의 효용성이 문제가 되기 시작하고 시간의 역할이 형벌의 경제와 합치하는지가 중요해졌다. 징벌은 축제라기보다는 교육이며 교정시설을 통해 범죄의 소멸을 기대하기보다는 재발방지 역할을 부가했다. 그런데도 현대 교정의 기본 맥락은 푸코가 지적한 대로 여전히 "신체, 정신에 대한 처벌을 습관적으로 되풀이하고 있다."(푸코, 2003; 209-210) 신체형에 대해 이성적 관여가 이루어진다고 하더라도 그것은 어디까지나 지은 죄에 대한 처벌을 교도소라는 공간을 통해 어떻게 관리하느냐의 문제로 남는다. 교정의 중심을 재소자의 재사회화, 회복에 두어야 한다는 기본 정신을 미래지향적으로 발전시키려는 자세가 없다면 신체형은 구금 시간이라는 다소 현대화된 교정에 매일 수밖에 없다.

교도소에 가둔다는 것의 의미는 갇힌 자의 몸을 '순종적인 신체'로 전환하는 데 있다고 할 수 있다. 18세기 이후 교정은 신체에 대한 훈련, 통제, 복종 등에 의한 규율 방식이었기 때문이다. 이에 대해 분할의 기술이 필요했으며 폐쇄성, 자리와 서열 중심의 공간편성, 짜인 생활 계획 등이 추가된다(푸코, 2003; 230). 시간 관리와 축적, 권력 복종, 규율 등은 그들을 사람들과의 관계 속에 있지 못하게 하고 점점 고립된 존재로 바꾸게 한다. 어떠한 관계 맺기가 중요한가 하는 문제는 이 책 전체에 걸쳐 자세하게 논의되고 있지만, 일반적으로 진정한 교정의 중심은 타인과의 올바른 관계성을 회복하는 데 있다. 그런 차원에서 지금의 교정 방식은 재소자 개인에 대한 속박, 구체적으로 말해 그의 신체에 대한 사회성 단절에만 관심을 두고 있다는 데 문제가 있다.

지금까지 교정은 그 중심을 항상 감시에 두고 있었으며 보이지 않으면서 보아야 하는 시선의 기술 도입이나 교도소 건축물을 통한 감시라는 치안 유지 기능, 단속과 검사라는 강제적 기능에 두고 있다. 종교적 교화도 잘못 적용하면 관계성이나 사회성 회복보다는 복종과 노동을 장려하는 방식으로 진행될 소지가 있다. 이는 전근대적인 교정의 통합성, 자동성, 익명성, 기계성의 특징이 그대로 작동되고 있음을 의미한다. 감시의 속성은 재소자의 교화나 재사회화와는 다른 것이다. 감시는 어디까지나 죄의 응보 맥락에 있다. 특히 그것이 재소자의 신체에 집중되어 나타나기 때문에 몸의 관계자아의 성질을 회복시키는 데에는 치명적인 결함을 가질 수밖에 없다.

2. 탈출과 수치심

"여기서 나가는 것, 그것이 나의 목표이다"라는 카프카의 《출발》에서의 말처럼 탈출에 대한 욕망은 갇힌 사람의 모든 것이라 할 수 있다. 몸에 대한 속박이 그들에게 얼마나 강하게 작용하는가는 신영복이 그려내고 있는 꿈에서의 탈출을 생각해보면 그 정도를 알 수 있다. 그는 말하길, "교도소의 꿈은 대개 피곤한 아침을 남겨놓습니다. 그뿐만 아니라 양지바른 시냇가를 두고 입방(入房) 시간에 늦을까 봐 부랴부랴 교도소로 돌아오는 꿈이라든가 …. 징역살이 10년을 넘으면 꿈에도 교도소의 그 거대한 인력(引力)을 벗지 못하고 꿈마저 징역 사는가 봅니다. 우리는 먼저 꿈에서부터 출소해야 하는 이중의 벽 속에 있는 셈이 됩니다." (신영복, 2010; 149) 죄수의 갇힘은 꿈에서도 행해진다. 꿈에서조차 교도소를 탈출하지 못하고 교도소라는 공간에 매여 있다. 이중의 갇힘 상태인 것이다. 이런 꿈을 꾸고 나면 자신이 갇혀있다는 현실에 포기하거나 절망할 수밖에 없다. 그의 표현대로 꿈마저 징역살이를 한다. '구속되었다'는 말은 밖의 일상적인 신체적 자유가 상실되고 폐쇄적인 교도소 안으로 몸이 이전되었음을 의미한다. 구속성은 자유와 대립하는 것으로, 이러한 구속성을 구조화해 놓은 곳이 바로 교도소이다. 그리고 이 교도소의 경계를 넘어서고자 하는 모든 행위가 탈출이다.

교정의 무게가 죄의 처벌에 있고 그것도 재소자의 신체에 집중되기 시작하면 그들은 탈출을 상상한다. 교도소라는 공간이 이러한 신체의 구속을 체계화하고 구금의 기간을 통해 속박과 신체 자유의 제한을 가하면 탈출에 대한 상상력은 점점 현실적이게 된다. 탈출은 기본적으로 신체라는 물질적 영역이 억압될 때 발생하는 자연스러운 현상이다. 그것은 사회성으로의 지향, 지극히 개인적인 자신의 몸에서 벗어나 타인들과 상식적인 관계 맺기를 꿈꾸는 것이다. 이러한 탈출의 의미에 대해 레비나스의 얘기를 잠시 들어보자.

레비나스는 《탈출에 관하여》에서 탈출은 현실도피이며, 사회적 관습과의 단절이며 신체의 예속으로부터의 탈출은 아니라고 한다(레비나스, 2012; 28). 즉 존재 자체에 대한 것이 아닌 주관적인 정의에 대한 공포의 표현일 뿐이며 탈출은 도피처에 대한 탐색에 지나지 않는다고 한다. 그가 말하는 탈출은 근원성, 완전성, 자기동일성이라는 존재의 동일성을 깨뜨리는 것이며 자기 자신에게서 벗어나고자 하는 행위이다. 이는 고통과 불안을 의미하며 궁극적으로는 동일성의 상실을 낳는다. 왜 사람들은 탈출을 꿈꾸는가. 그것은 자기와의 평화, 자기에 대한 자아의 결속상태를 깨뜨리기 위함이며 자신의 한계를 없애고 도주해버리기 위함이다(레비나스, 2012; 33).

그에게 있어 탈출은 신체 행위 이상의 것이다. 자신의 몸에서 벗어남이라기보다는 현재 몸이 놓여있는 장소를 벗어나는 행위이다. 재소자의 경우, 자신이 갇혀있는 공간, 즉 교도소라는 시공간적 현장에서 벗어나는 행위라고 할 수 있다. 자신이 교도소에 갇혀있다는 엄연한 사실에서 놓여나기를 원하는 행위이며 주어진 제한 조건에서 벗어나고자 하는 행위이다. 이는 자기 정립을 통해서 교도소라는 상황의 여러 속성으로부터 탈피하여 자신이 처한 헐벗음에서 벗어나고자 하는 모습을 보기 위함이다.

욕구는 불안감에서 나오는데, 불안감은 수동적인 것이 아니라 역동적이며, 참을 수 없는 상황에서 빠져나오기 위한 노력이라고 볼 수 있다(레비나스, 2012; 40). 욕구의 특징은 욕구의 방향이 무엇인지 알지 못한 채 욕구하는 것이며 특정한 목적이 정해져 있지 않다. 이러한 레비나스의 지적을 통해, 재소자가 교도소라는 환경에 어떻게 놓여있는가를 생각해볼 때 그가 꿈꾸고 있는 것이 무엇인지를 알 수 있다. 재소자가 갖는 불안은 총체적인 것이다. 정상적인 사회생활을 할 수 없다는 사실에서부터 시작하여 그의 몸이 자리하고 있는 교도소 공간에 대한 불만과 저항이 모두 그에게 탈출을 생각하게 한다. 그러므로 탈출하고자 하는 장소는 자신의 몸 자체라기보다는 몸이 놓여있는 만족스럽지 못하거나 고통스러운 환경이다.

탈출을 통해 얻어낼 수 있는 것은 아늑함, 편안함, 만족 등이다. 그중에서도 탈출을 부추기는 요인은 쾌락에 대한 기대치이다(레비나스, 2012; 44). 레비나스는 욕구의 충족으로서의 쾌락은 대상과 관계하는 것이 아니라 분위기와 관계한다고 한다. 쾌락은 도덕가들이 흔히 규정하듯이 상태가 아닌 과정이다. 즉 쾌락 자체라기보다는 쾌락을 느낄 수 없는 조건에서 쾌락을 느낄 수 있는 조건으로 이동하는 과정에 있다. 쾌락을 통해 현재 순간의 견고함과 일관성이 느슨해지고 존재의 균열을 맛볼 수 있으며 존재로부터의 해방을 얻어낼 수 있다. 교도소라는 공간에 던져진 자신을 망각하고 제거하고 싶으며, 불안한 자신에게서 벗어나 쾌락의 기대가 주는 황홀경에 젖어들고 싶어 한다. 이러한 불쾌에서 쾌락으로의 이동은 신체의 이동에 의해서만 가능하다. 몸이 교도소에 있으면서 마음 상태가 만족스럽기는 불가능하다. 쾌락의 주체는 쾌락을 느끼는 정신적 상태가 아니라 가시적 확인이 가능한 자신의 몸이기 때문이다.

한편, 재소자의 몸은 수치심 그 자체이다. 수치심은 우리에게 '밀착되어' 있어 떨어질래야 떨어질 수 없다. 수치심을 갖는 순간 그것은 온몸을 엄습하며 온몸에 젖어든다. 수치심이 드는 순간, 누가 눈치를 채든 그렇지 않든, 그것은 온전히 나의 것이 된다. 그러므로 수치심은 자신과의 관계를 끊고 싶어도 끊을 수 없는 일종의 무력감에 사로잡히는 상태라 할 수 있다. 수치심은 숨기고 싶지만 묻어버릴 수 없다. 가난처럼 자기 자신으로부터 감추고 싶은 어떤 것이다. 그러나 자기 자신을 감추거나 회피하거나 뛰쳐나오는 것은 실제로 불가능하다. 즉 자기 자신에게서 벗어날 수 없다는 심리적 상태의 전체 모습이 수치심인 것이다. 수치심은 자신의 현재의 모습을 드러내며, 그 자체로 감내해야 하며 이로 인해 타인에게 무방비 상태로 노출된다.

재소자는 이러한 수치심이나 모욕 등의 감정에 노출되어 있으며 이는 그에게 밀착되어 있어 밤낮으로 그를 떠나지 않는다. 여기서 밀착의 의미는 정신적이거나 심리적인 차원 이전의 문제로서 그러한 감정을 온몸으로 감내하고 있음을 뜻한다. 몸은 그러한 상태와 하나가 되어 있어서 스스로는 수치심을 분리할 수 없다. 수치심을 가진다는 것은 마치 따개비가 바위에 붙어있듯이 우리 몸에 붙어있으며, 감시 속에서 자기 존재의 벌거벗음을 확인하는 것이다. 그리고 더 힘든 것은 그러한 상태에서 자신이 어떻게 할 수 없는 무력감이나 무능감에 놓여 있다는 사실이다. 사람이라면 수치심을 당하는 상황에서 벗어나려고 하는 것이 너무나 자연스럽고 당연하다. 남겨진 선택은 오로지 그 상황에서 탈출하는 것밖에 없다.

재소자가 탈출을 꿈꾼다고 해서 이를 말 그대로 교도소 공간을 탈출하는 것으로 생각할 필요는 없다. 그러한 공간으로부터 탈출이 아니더라도 탈출의 방법은 많다. 모성, 가족, 우애, 이웃에 의한 사랑으로 이러한 탈출을 얼마든지 해소할 수 있다. 관계의 윤리가 본격적으로 필요한 이유가 여기에 있다. 앞으로 이에 대해 더 자세한 논의를 해나가겠지만, 문제는 재소자가 자신이 처한 환경 속에서 무거운 짐을 지고 있다는 사실이다. 죄를 지은 자로서 스스로 수치심이란 못질을 하고 있다는 데 있다. 그러므로 진정한 의미에서의 탈출은 불안과 수치심에서 벗어날 수 있도록 도와주는 것이며, 교도소 안에서나마 타인들과의 관계를 정상화해주는 데 있다.

3. 몸 이야기

지금까지 재소자의 몸의 갇힘에 대한 일반적인 특성을 살펴봤다면 이제부터는 실제 교도소 경험에 담긴 구금된 몸이 어떤 모습을 갖고 있는가를 수감생활 이야기를 통해 들어보자.

오랜 교도소 생활의 경험을《감옥으로부터의 사색》에서 풀어놓은 신영복의 글과《야생초 편지》로 잘 알려진 황대권의 글을 통해 재소자의 처지에서 수형 기간의 몸의 변화, 몸이 갖는 특성을 살펴 본다. 이 글들은 실제 교도소 생활의 경험을 들어본다는 데 의의가 있다. 물론 이들 외에도 교도소 체험과 관련한 글들이 많지만 교도소 생활의 진실성이나 이야기를 풀어가는 방식이 흥미롭다는 점을 선택의 기준으로 삼았다.

신영복의 몸

"고립된 사람에게 생활이란 있을 수 없다. 생활이란 사람들과의 관계 속에서 이루어지는 것이기 때문이다. … 시간이 물질의 운동양식이라면 나는 시간의 경과에 더불어 바위처럼 풍화당하는 하나의 물체에 불과하다."(신영복, 2010; 23)

이는 일상적인 관계 형식이 손상된 재소자의 몸이, 인격이 아니라 하나의 물질로 변질하여가는 모습을 보여준다. 고립이나 격리를 생활 차원에서 접근하면 그들이 무엇 때문에 고통스러워하는가를 알 수 있다. 너무나 사소했던 것이라 할 수 있는 일상적인 사람들과의 관계가 사라짐으로써 생활이라고 할 만한 것이 없어진다. 그 결과로 자신을 하나의 풍화되어가는 물체처럼 느끼는 것이다.

재소자 처우의 근본은 가장 원초적인 관계성을 살려주는 것이다. 이것을 살려줌으로써 교도소 처우가 시작되고 여러 가지 다양한 활동도 여기에 근거해 이루어진다. 교도관의 재소자에 대한 처우도 마찬가지이다. 관계의 근본을 놓치지 않는 속에서 처우가 만들어져야 한다. 그들이 물체화되어가지 않고 살아있는 존재로 유지될 수 있도록 하는 것이 재사회화의 기초가 되기 때문이다.

관계의 손상은 교도소에 갇힌 사람들 몸의 대표적인 특징이다. 반복된 생활에서 몸이 기계처럼 느껴지는 모습은 다음과 같이 그려진다. "이리하여 이튿날 아침 기상나팔이 불면 어제와 똑같은 오늘이 시작되며 또 똑같은 내일이 반복되는 것이다. 이 무의미하고 단조로운 나날의 반복 속에서 수감자들은 모든 동작과 사고가 기계처럼 습관화되

어버린다."(신영복, 2010; 54)

재소자의 몸에 창의성이 있을 수 없다. 반복된 생활습관 때문에 변화도 있을 수 없다. 창의성과 변화는 사회생활에서는 다반사로 일어나는 것임에도 수형 생활은 이것을 앗아가 버린다. 몸이 굳어지고 최소한의 움직임만 허용한다. 몸이 단순화된다는 것은 물리적인 것에만 한정되지 않고 사회관계에도 치명적이다. 관계윤리에서 본다면 이러한 반복을 최소화시키는 것이 관건이다. 비록 격리되어 있다고 하더라도 재소자에게 최대한 고립과 반복을 감소시키는 방법을 생각해야 한다. 의욕적인 삶과 창의적인 생활 방안 마련은 처우의 기본이다. 한편 독방생활은 사형수나 장기수에 해당하는 것이라 할 수 있지만, 반복과 고립은 일반사동의 재소자들에게도 그대로 적용된다.

재소자의 몸이 물질이나 기계처럼 변질하는 상황에서도 흥미로운 사실은 타인에 대한 이해의 수준이 올라가는 것이다. 친밀함이라 부를 수 있는 이것은 관계성의 중요성을 다시 일깨운다. "같은 방에서 아침부터 밤까지, 하루 24시간, 1년 365일을 꼬박 마주 앉아서 심지어 상대방의 잠꼬대까지 들어가며 사는 생활이기 때문에 우리는 오랜 동거인에 관해 모르는 것이 거의 없습니다. … 우리는 오랜 시간과 노력으로 모든 것을 열어놓은 자기 속으로 타인을 받아들이고 모든 것이 열려 있는 타인의 내부로 들어갈 수 있습니다. 타인을 자신만큼 알기에 이릅니다. 우리는 타인에게서 자기와 많은 공통점에도 불구하고 아직도 남는 차이를 이해하게 됩니다."(신영복, 2010; 115)

친밀함이란 관계의 가장 기본적인 속성이다. 재소자들끼리 한방에서 오랫동안 같이 생활하면서 얻는 것은 이 관계의 기본 속성을 아는 것이다. 그러나 진정한 관계는 타인과의 차이를 이해하는 데까지 이르는 것이다. 물론 친밀함이란 그 자체 중립적인 용어이므로 선하거나 악한 것으로 얼마든지 변질할 수 있다.

범죄자들의 친밀함은 새로운 범죄를 모의하는 계기를 마련해주기도 한다. 그런데도 친밀함은 재사회화를 위해 중요한 요소이다. 독방보다 같이 있는 것이 나은 이유가 여기에 있다. 그리고 타인과의 차이를 이해하는 데까지 나아감으로써 인간관계의 완전함을 알게 된다. 너와 나는 수많은 공통점에도 불구하고 차이가 있다는 사실을 아는 것은 인간관계를 건전하게 하는 데 중요하다. 이것은 누가 가르쳐 주는 것이 아니라 스스로 체득해나가는 것이다. 교도소 생활에서 가장 얻어내야 할 것이 이러한 차이를 이해하는 인간관계라 할 수 있다. 그러므로 교도관이 재소자를 일깨우고자 한다면 관계윤리의 의미가 재소자들의 생활에 녹아들 수 있도록 해주어야 한다.

갇혀있는 자의 몸은 악수라는 작고 사소한 일상적 행위에서도 좀 더 강렬하다. 다른 죄수의 몸을 만지고 싶은 것은 어떻게 보면 이것이 자신의 몸을 확인하는 행위이기 때문이다. 만져도 실감이 나지 않는 자신의 몸을 타인을 통해 재확인하는 작업이다. "우리는 악수하는 대신에, 상대방의 오른손과 나의 왼손을, 또는 반대로 상대방의 왼손과 나의 오른손을 잡는, 좀 독특한 악수를 곧잘 합니다. 악수의 흔한 형식을 파괴함으로써 우리들의 마음을 악수와는 다른 그릇에 담고 싶어 하기 때문입니다. 어떤 때는 우리의 할머니나 어머니들이 오래전부터 해왔듯이 아예 상대방의 손이나 팔을 만져보기도 합니다. 몸 성함의, 무사함의 원시적 확인입니다."(신영복, 2010; 176)

교도소 생활에서 자신의 몸의 안전함을 확인하는 것은 본능적이다. 폐쇄된 공간에서 자기 몸을 안전하게 하고 사회생활을 다시 할 수 있을 것이라는 희망은 무엇과도 비교할 수 없이 중요하다. 이런 몸의 안전을 여기서는 몸의 성함이라는 표현으로 나오고 있지만, 타인과의 악수를 통해 재확인한다. 가능한 한 더 살갗을 접촉하고 싶고 나의 팔을 상대에게 줌으로써 자신의 몸을 확인하며 서로 이런 작업을 의식처럼 행한다.

몸의 확인은 몸의 확대된 현상이라 할 수 있는 말과 목소리에까지도 적용된다. 몸은 단순히 정지된 신체에서 끝나지 않고 발성 기관, 그리고 그 기관에서 터져 나오는 언어 행위를 통해서도 확인된다. "그러나 이곳에서 욕설은 이미 욕설이 아닙니다. 기쁨이나 반가움마저도 일단 욕설의 형식으로 표현되는 경우가 허다합니다. … 그러나 버섯이 아무리 곱다 한들 화분에 떠서 기르지 않듯이 욕설이 그 속에 아무리 뛰어난 예능을 담고 있다 한들 기실 그것은 응달의 산물이며 불행의 언어가 아닐 수 없습니다." (신영복, 2010; 209) 욕설은 입에서 나오기도 하지만 동시에 몸에서 나오기도 한다. 몸이 뭔가를 표현하고 싶은 것이 욕설로 나온다. 교도소에서의 욕설은 문자 그대로 욕설이라기보다는 기쁨이나 반가움의 변용된 표현일 수 있다. 그런데 신영복이 말하듯 그것은 응달의 산물이며 불행의 언어일 수밖에 없다. 재소자들이 처한 환경이 응달이고 불행이다. 욕설로 재현되는 표현도 자신들의 몸이 이미 부정성 속에 있음을 말해준다. "각기 다른 골목을 살아서 각각 다른 경험을 가진 사람들이 한 방에서 혼거(混居)하면 대화는 흔히 심한 우김질로 나타납니다. 귀신이 있다, 없다. … 서울역 대기실 천장의 부조(浮彫)가 무궁화다, 벚꽃이다. 라는 기상천외의 것에 이르기까지 그 제재(題材)의 다채로움과 그 목소리의 과열함은 스산한 감방에 사람 사는 듯한 활기를 불러일으킨다는 점에서 나는 이를 시끄럽다 여기지 않습니다."(신영복, 2010; 212)

앞의 욕설과 마찬가지로 우김질, 즉 사소한 일이나 문제에 지나치게 진지하게 억지를 피우는 것도 갇힘이라는 공간에서 몸이 표현하는 것 중의 하나이다. 목소리를 높이고 막무가내식의 자기주장을 펴보는 것도 폐쇄된 공간에서 지루함을 이겨내는 데 필요하다. 여기에서 발생하는 활기가 진정한 의미에서의 활기는 아니다. 이 활기를 받쳐주는 우김질은 생각이나 감정이 아닌 몸에서 나온다. 몸이 갇혀있고 구속되어 있기에 나오는 것이며 그런 면에서 이성적이거나 정제된 표현을 기대할 수 없다. 재소자의 몸은 이성적이고 합리적인 사고를 허락하지 않는다. 신영복은 우김을 일종의 오류라고 말하면서 상대의 이러한 오류에 대처하는 방식으로 "스스로 깨닫도록 은밀히 도와주고 끈기 있게 기다려주는 유연함과 후덕함"을 갖추기를 기대한다(신영복, 2010; 216-7). 교도소라는 공간에서만 이러한 우김질이 있는 것은 아니지만, 그것이 특별한 공간에서는 상당한 수준으로 의미를 발휘하는 것만은 분명하다. 아마 그들도 자신의 주장에 오류가 있음을 알고 있을 것이다. 다만 지루한 시간을 보내기 위한 것일지도 모른다. 문제는 우기는 사람의 몸이 말을 듣지 않는 것이다. 생각은 진실을 말하고 싶지만, 몸은 그렇지않다. 자기 생각을 과장하고 우격다짐으로 고집을 세우고 싶은 것은 몸이 갇혀있기 때문이고 고통을 당하기 때문이다.

관계윤리의 관점에서 보면 이러한 행위는 분명 옳지 않다. 만약 여기에 더해 교도관의 행위나 명령 등이 우격다짐으로 행해지기까지 하면 갇혀있는 자는 이러한 우김질을 합리화할 수 밖에 없다. 몸의 이러한 잘못 전달된 정보나 오류를 정상화하는 것이야말로 교정에서 해야 할 일일 것이다. 우김질로는 정상적인 사회화를 만들어갈 수 없다. 관계윤리는 이러한 오류와 관련된 과장이나 남용, 잘못을 해결하는 방법이 될 수 있다.

신영복의 글에서 갇힌 자의 몸이 보통 때는 느끼지 못했던 몸짓의 가치가 얼마나 중요한지를 발견할 수 있다. 그는 이러한 몸의 구속을 통해 몸의 정상성을 논의하고 있으며 그 논의는 더도 덜도 아닌 인간관계라는 가장 원초적인 것으로 돌아가는 것이다. 갇힌 자의 몸에서 정상적인 관계가 훼손되고 일차적이고 물리적인 장애인 벽 또한 그러한 관계를 가로막는 것으로 보면서 인간관계의 중요성을 다시 한 번 느낄 수 있다.

"갇혀있는 새가 성말라 야위듯이 두루미 속의 술이 삭아서 식초가 되듯이 교도소의 벽은 그 속에 있는 사람들의 감정을 날카롭게 벼려놓습니다. 징역을 오래 산 사람치고 감정이 날카롭지 않은 사람이 없습니다. 감정이 폭발할 듯 팽팽하게 켕겨 있을 때 벽은 이성(理性)의 편을 들기보다는 언제나 감정의 편에 섭니다. 벽은 그곳에 있는 모든 것을 산화(酸化)해버리는 거대한 초두루미입니다. 장기수들이 벽을 무서워하는 이유가 바로 여기에 있습니다. … 그러므로 우리는 각자의 사건에 매몰되거나 각자의 감정에 칩거해 들어가는 대신 우리들의 풍부한 이웃에 충실해갈 때 비로소 벽의 위험으로부터 안전해질 수 있으리라 생각됩니다."(신영복, 2010; 238) 벽은 몸의 활동을 가로막는 가장 일차적인 장애물이다. 교도소라는 공간에서는 이 벽으로 인해 몸의 자유로운 활동을 방해받는다. 교도소 공간의 폐쇄성을 구체적으로 보여주는 것도 이 벽이다. 몸과 벽은 서로 상극이다. 그렇다면 교도소라는 공간 안에서 무엇이 이 벽을 허물어 줄 것인가. 그것은 이웃에 대한 충실성, 즉 타인들과 어떻게 관계하느냐에 대한 충실성이다. 이것이 가능하다면 비록 교도소 안에서도 폐쇄성을 해소할 수 있다. 이것이야말로 관계윤리적 사고이다. 관계를 의식화시키고 고양하는 분위기가 적극적으로 만들어진다면 이러한 문제는 어렵지 않게 풀어질 수 있다.

사람들은 같은 공간에서 서로를 들여다보고 알아가는 과정에서 타인을 이해하는 수준이 달라진다. 관계윤리는 윤리적 속성을 인식의 속성으로까지 확대하는 데 이런 점에서 윤리가 인식에 우선할 수 있다. 신영복은 말한다. "이렇듯 멀리 두고 경원한 사람도 일단 같은 방, 같은 공장에서 베 속의 실오라기처럼 이런저런 관계를 맺게 되면 지금까지와는 다른 새로운 관점이 열립니다. 죄명, 형기, 소문, 인상과 같은 기성의 껍질이 하나씩 하나씩 벗겨져 나가고 전혀 판이한 사람을 만나게 됩니다. '관계'는 '관점'을 결정합니다."(신영복, 2010; 245) 관계는 닫힌 공간에서 빠져나와 자유로울 수 있는 계기를 마련한다. 재소자에게 연대감 또는 관계성을 심어주는 것이야말로 최선의 처우라 할 수 있다. 재소자의 얼굴을 보고 그의 아픔을 공유하는 것은 이러한 관계성을 받쳐주는 힘이 된다. 아픔의 공유가 일상화되도록 하는 것이 관계윤리의 목적이라 할 수 있다.

관계윤리는 교도소 공간의 안과 밖을 횡단해야 한다. 이는 단순히 교도소라는 제한된 공간에서만 한정하는 것이 아니라 교도소 밖과의 소통을 의미한다. 관계윤리의 특성이 진정한 의미에서 재사회화를 위한 것이라면 관계성의 의미 영역도 확대될 수 있다. "교도소가 닫힌 공간이라면, 그래서 포르말린 병처럼 멎은 공간이라면 그러한 느낌도 당연하다 할 수 있습니다. 그러나 또 한편 돌이켜보면 교도소는 세상으로부터 동떨어진 곳이 아닐 뿐 아니라 도리어 우리 사회, 우리 시대와 가장 끈끈하게 맺어져 있는, 그것의 어떤 복판을 이루고 있는 것이 사실입니다."(신영복, 2010; 370)

교도소의 안과 밖을 단절로 보는 것이 아니라 관계로 보는 것, 더 나아가 교도소를 하나의 어떤 복판으로 볼 수 있다는 사실은 교도소와 사회와의 밀접함을 보여주는 것이다. 교도소는 어떤 면에서 '빈 중심'이다. 교도소 안이 세상의 중심은 아니되 그 속에서 세상을 관찰하고 들여다볼 기회를 마련하기 때문이다. 그런 면에서 비어있는 중심이라 할 수 있다. 출소 후 사회화되는 과정에서, 교도소의 경험을 단순히 단절로 머물러 있게 할 것이 아니라 새로운 사회관계를 맺어가는 중간 가교의 역할을 하게 해야 한다. 관계윤리는 교도소에서도 배우며 익혀야 하며, 경험하고 체득할 수 있어야 하고 어떻게 보면 재소자는 관계에 대해 오히려 더 적극적인 경험을 쌓아야 한다. 그러므로 교도관은 재소자를 대함에 있어 단절과 격리를 전제로 한 처우 방식을 만들 것이 아니라 항상 재사회화라는 전제를 두고 재소자가 적극적으로 관계 맺기를 경험하도록 해야 한다.

황대권의 몸

황대권의 《야생초 편지》는 교도소 생활을 전전하면서 야생초에 관한 관심을 적은 글이지만 그 속에서 그는 자신의 몸 변화와 동료 재소자들이 지루한 수형 생활을 어떻게 견뎌내는지를 잘 보여주고 있다. 그의 이야기는 일반 사회에서라면 지극히 당연한 것들을 새로운 눈으로 보게 하고 한다.

"어떤 장난꾸러기 재소자는 쥐를 잡아 목에다 끈을 묶어서 운동시간에 개 데리고 산책하듯이 끌고 다니기도 한단다. 다 지루하기 짝이 없는 징역 생활을 깨기 위한 희극들이지."(황대권, 2012; 22)

지루함은 재소자에게 전혀 엉뚱한 일을 생각하게 한다. 이 경우에는 잔인함까지 동반한다. 교도소 생활에서의 지루함은 시간과도 관련이 있다. 지루함이란 몸의 생리현상에도 영향을 미치지만, 윤리적인 관계나 태도에도 영향을 미친다. 몸의 지루함이 전혀 엉뚱한 행동을 만들어낸다. 한편 몸의 갇힘은 일상성을 전혀 일상적이지 않은 것으로 변화시키기도 한다.

"동물원에서 사자나 호랑이를 구경하듯 우리는 여자란 '동물'이 걸어 다니는 모습을 신기하게 바라보았다. 불과 몇 분도 안 되는 짧은 시간이었기 때문에 더욱 신기하게 느껴지는 것 같았다. 겨울 7년을 세상과 격리되어 산 사람이 이 정도라면, 무려 삼사십 년을 독방에서 지낸 사람들이 세상에 대해 갖는 두려움과 경이로움이 어떠할지 짐작할 수 있겠니?"(황대권, 2012; 26) 이 글은 재소자가 사회참관을 하며 외부 세계를 보고서 느낀 점이다. 몸이 세상과 격리되어 있다는 사실은 일상적으로 대하던 풍경이나 사실, 여기서는 여자조차에 대해서도 두려움과 경이로움을 갖게 한다. 갇혀있다는 사실, 격리되어 있음이 아주 일상적인 사실에서도 두려움과 경이로움을 만들어내고 있다.

독방에 해당하지만, 교도소 공간에서는 몸이 심각하게 제한을 받는다. 황대권의 독방생활에서 신체 반경이 얼마나 제한되어 있는가를 보자. "그림을 그리건, 책상에 앉아 편지를 쓰건, 밑줄을 쳐가며 책을 읽건 간에 한자리에 앉아서 필요한 모든 것이 팔 한번 뻗어서 닿는 거리에 있지. 모든 게 한쪽 팔길이 안에 있으므로 제자리에 한 번 앉으면 한 번도 일어나지 않고 볼일을 다 본다는 거지."(황대권, 2012; 39) 독방공간은 당연히 좁다. 이런 공간에서 재소자의 몸은 좁은 곳에 익숙해 있다. 사회에서 넓은 공간은 너무나 익숙한 것이니 좁은 곳에서의 생활은 낯설고 이상할 수밖에 없다. 비록 독방이 아니더라도 교도소 생활에서 느끼는 것은 자신이 좁은 곳에 있다는 사실이다. 사방에 갇히는 순간, 재소자가 경험하는 공간은 좁다는 것이다. 좁다는 사실을 인식하기 전에 몸이 먼저 그 사실을 안다. 한편 좁은 곳에 있다 보면 작은 사물에 대한 집중력이 커진다. 거미, 사마귀, 개미 등에 대하여 집요하게 관심을 갖는 것은 좁은 공간에 사는 사람에겐 자연스러운 모습이다. 미시적이 된다는 것은 좁은 공간에서만 누릴 수 있는 혜택이다. 이러한 모습은 그의 책 곳곳에서 나타난다(황대권, 2012; 119-112, 133-7, 146-9).

교도소는 모든 곳이 좁다. 몸의 활동 반경만 좁아지는 것이 아니라 생각이나 마음의 반경도 같이 좁아진다. 몸의 제한성이 얼마나 심각하게 오는가는 "아무것도 할 것이 없는 방안에 혼자 딱 앉아 있으면 마주치는 게 뭐냐 하면 자기 몸입니다. 자기 몸밖에 갖고 놀 게 없어요."(황대권, 2012; 275)라는 말에 잘 나타난다. 정치범처럼 독방 사동의 경우가 아니더라도 자신의 몸에 대한 관찰력이 사회에서 생활할 때보다 확대된다. 좁은 공간, 지루한 시간에서 가장 직접 마주하는 사물은 바로 자신의 몸이다. 자신의 몸을 확장하고자 하는 것은 모든 재소자의 욕망이다. 그것은 관계를 맺고자 하는 원초적인 욕구이다. 작고 사소한 것에 대한 집중력의 수준이 올라가는 것도 몸의 확장을 의미한다.

"이전에는 방안에 파리 같은 것이 날아오면 귀찮으니까 쫓아버렸지만, 아, 저 녀석도 내 몸의 일부구나 하고선 같이 대화하고, 거미 한 마리가 줄을 타고 내려오면, 아, 이 녀석도 내 몸의 일부구나 하게 됩니다. 자기가 접하는 모든 것을 자기 몸의 확장으로 인식하게 됩니다. … 운동시간에 나가서 운동장에 핀 풀들을 보면, 아, 요놈도 내 몸의 일부구나 하고 이제 그 풀들을 관찰하기 시작합니다."(황대권, 2012; 276-277)

교도소라는 공간은 자기의 몸이 확장되는 곳을 분명하게 의식하는 곳이다. 몸이 신체라는 경계를 벗어나 주위의 벌레나 풀들로 확장된다. 갇힌 자의 몸은 자신이 걸치고 있는 옷의 색깔로도 확장된다. 황대권이 "여기에 남은 색깔은 회색과 땅 색 그리고 우리가 입은 옷 색깔인 파란색밖에 없다."라고 했을 때 그 색깔은 몸의 색깔이기도 하다(황대권, 2012; 58).

그는 교도소 후미진 곳 여기저기에 핀 야생초를 교도소 측에서 모두 청소라는 명목으로 제거하고 난 뒤 느끼는 허탈감을 색깔로도 전한다. 죄수복의 단일함 때문에 '따뜻하고 안온한' 느낌을 얻을 수 없다고 한탄한다. 죄수가 입는 옷은 몸을 감싸고 있는 유일한 것이며 이것이 단순화되었을 때 느끼는 감정도 단순하고 지나치게 명확하다. 다양한 색깔의 옷을 입지 못한다는 사실은 몸의 단순성, 직접성을 그대로 드러내는 것이다. 어떤 식으로든 교도소에 갇혀있다는 사실은 사람들이 자신의 몸에 대해 적극적 관심을 보이게 할 수밖에 없다. 그리고 그 몸이 얼마나 타인과의 관계를 원하고 있는지, 관계윤리의 정상성을 욕망하고 있는지 알 수 있다.

3장

CORRECTIONAL ETHICS

재소자의 얼굴과 관계자아

이 장에서는 재소자 얼굴의 의미를 교정 공동체와 교도관의 관계에서 살펴본다. 1절에서는 교정 현장을 관계적 공동체로 보면서 공동체가 어떤 의미를 지니고 있는가에 주목한다. 공동체는 관계윤리가 실질적으로 작동하는 장소이다. 2절에서는 레비나스의 얼굴 윤리학을 통해 재소자의 얼굴이 갖는 의미를 새롭게 이해한다. 3절에서는 재소자와 교도관의 진정한 관계를 관계자아라는 관점에서 살펴본다.

관계자아는 개인 자아와 반대되는 개념으로 개인이 관계적이고 상황에 따라 이해되는 자아이다. 이는 한 개인의 윤리의식이 개인들의 관계의 합으로 이루어짐을 의미한다. 관계자아는 윤리적 행위가 어디에서 발생해야 하는가에 대한 실마리를 제공한다.

교정에서 가장 일차적이고 근본적인 영역은 재소자와 교도관의 관계이다. 교정 일선에서 이 둘 사이의 관계가 비정상이면 교정기관이나 제도에서 발생하는 윤리적인 문제들을 해결하는 데 한계가 있다. 그런데 재소자와 교도관의 관계를 실질적으로 끌어가는 주체는 교도관이다. 교도소에서 교도관은 강자이고 재소자는 약자이다. 이 엄연한 사실을 무시하고 두 주체 사이에 윤리적 관계를 논의할 수 없다. 일반 사회의 대인관계처럼 교도관이 평등한 관계로 재소자들을 만날 수 없다는 데 문제가 있다. 일반적인 윤리로 이들 관계를 정립하기가 어려운 이유가 여기에 있다. 평등한 대응관계에 놓여 있지 않은 상황에서 어떻게 정상적인 윤리관계를 담보할 수 있느냐가 관건이다. 이러한 비대칭 관계를 설명할 수 있는 윤리가 필요하다.

비대칭적이고 한쪽으로 기울어진 관계에서 발생할 수 있는 윤리 관계를 잘 설명할 수 있는 방식은 앞서 언급했던 레비나스의 타자윤리일 것이다. 왜냐하면, 그의 윤리는 철저하게 타인을 우선으로 하는 윤리이며 타인에게 책임을 지는 윤리이기 때문이다. 3부에서 논의하게 될 교정의 윤리원칙, 윤리적 갈등에 따른 의사결정, 그리고 수많은 윤리적 딜레마를 해결하기 위해서는 이러한 비대칭적 상황을 해결할 수 있는 윤리 담론이 필요하다. 2절에서 이러한 문제를 자세히 소개하되 본격적인 논의에 앞서 관계라는 문제를 철학적인 관점에서 살펴보고자 한다.

인간이 세계와 맺는 관계를 성찰하고 재구성하자는 논의는 현대의 여러 중요 담론 중 큰 몫을 차지하고 있다. 원자화하고 분열된 개체로서의 인간을 '생명 그물망으로서의 세계' 속의 관계적 존재로 전환하고자 하는 주장은 사회의 여러 영역에서 점점 설득력을 얻어가고 있다. 사물 사이의 유기적 관계, 사람들 사이의 유기적 관계는 '관계적 자아'의 필요성을 새삼 일깨워 준다. 산업자본주의가 진행하면서 만들어진 '갇힌 자아,' 소외가 진행됨으로써 발생하는 부조화, 거기에 따라 '최소한의 도덕'마저 상실되어 가는 상황에서 발생하는 여러 위기의식은 관계라는 문제를 심각하게 생각하지 않을 수 없게 한다.

테오도르 아도르노에게 있어 관계는 주체와 객체를 매개하는 존재로서 어떤 고정적이고 실체적인 존재가 아닌 '희미한 보편자'(아도르노, 1999; 173)로 설정되어 있다. 다시 말해, 끊임없이 새로운 관계에서 새롭게 짜이는 '관계로서의 존재자'가 상정된다. 미국의 철학자인 찰스 퍼스 또한 '해석체로서의 존재'를 상정함으로써 인식 주체를 관념화, 또는 본질화하고자 한 전통적인 인식론의 한계에서 벗어나 인간존재를 끊임없이 해석되어야 하는 존재로 규정했다. 인식하는 존재인 우리 인간 자신마저도 하나의 기호로 정의함으로써 해석의 유연성을 만들어내고자 하는 것이다. 기호학자인 소쉬르도 의미의 발생을 시니피앙과 시니피에와의 관계에서 찾아냄으로써 의미 발생이 관념화되는 것을 방지하려 했다. 사람들의 생활양식은 관계 즉 사람들 사이의 관계를 의식화하고 실천하는 작업이라 할 수 있다. 이러한 관계에 대한 고려 없이는 삶에 대한 진정한 이해를 가져올 수 없음은 너무나 분명하다. 개인과 개인이 만나는 사회의 성격을 제대로 규정하기 위해서는 관계의 특성을 잘 알고 있어야 한다. 사람들 사이에서 발생하는 다양한 도덕 덕목도 강제적이고 일방적으로 강요하기보다는 관계라는 차원에서 점검하고 확인해야 해야 한다.

관계라는 말에는 어쩔 수 없이 전제되는 도덕감이 있다. 즉, '옳은 관계', '좋은 관계'라는 말처럼 사람들 사이에는 조화로운 관계 그리고 균형 잡힌 관계가 있어야 한다. '도덕적 관계'라고 했을 때 관계 문제는 존재 설명 차원뿐만 아니라 사람들 간의 도덕적 관계 설정과도 관련된다. 관계의 문제를 철학적으로 깊이 논의했던 아도르노의 짜임관계(constellation)에서 이러한 사고를 좀 더 자세히 살펴보자. 그에게 있어 짜임 관계는 인과 관계와 반대되는 개념이다. 인과 관계가 설명방식을 원인과 결과의 두 항목에서 가져온다면, 짜임 관계는 이러한 설명방식을 지양하고 '주어진 상황에서 시간적으로나 공간적으로 유사한 것들의 모임이 어떻게 관련되어 있는가?'에 주목한다. 짜임 관계를 이렇게 보려는 태도는 그것만이 존재 파악의 유일한 방법이기 때문이다. 기존의 인과 관계에서는 사물이나 사건을 추상적으로 정의함으로써 존재의 근원이나 원리를 파악하고자 했다. 그러나 짜임 관계는 사물을 이해하는 데 있어 새로운 연관관계에 고리를 이어 붙이고 대치함으로써 주어진 상태의 의미가 계속적이고 열린 상태에서 새로운 결정요인을 '맞이하고 보내려' 하는 것이다. 존재의 위상을 설명하는 방식에 있어 주어진 두 개의 개체가 있을 때, 그것들이 시간상으로 어떻게 우선하느냐는 인과 관계에 주목하기보다는 상호원인에 주목하는 것이 주어진 상태를 설명하기에 더 유효하기 때문이다.

짜임 관계는 항상 두 개 이상의 개체를 전제로 하고 있어서 그러한 상호관계를 이해하기 위해서는 두 개의 개체를 이어주는 '매개'의 특성이 좀 더 자세히 설명되어야 한다. 이 매개의 특성은 세 개의 항목, 즉 주체, 객체와 이것들을 연결해주는 관계인 매개체로 나누어 설정해볼 수 있다(아도르노, 1999: 168). 먼저 주체와 객체는 모두 실체화된 것이 아니며, 이 주체와 객체를 매개하는 연결고리도 실체화된 것이 아니라는 전제가 있어야 한다. 다시 말해, 세 항목 중 어떠한 것도 시간적으로나 공간적으로 다른 항목들에 우선하는 원인의 역할을 하지 못한다. 이 전제는 철학사적으로 중요한 의미가 있게 되는데, 만약에 주체가 우선한다면 그것은 관념론을 옹호하는 것이 되며, 반대로 객체를 우선하는 원인으로 취급하게 되면 실재론을 옹호하는 것이 된다. 관념론과 실재론이 가진 문제점을 생각한다면 왜 아도르노가 주체와 객체 어느 것도 실체로 규정하지 않으려는 의도를 알 수가 있다. 이러한 지점에서 매개체를 설정하여 주체와 객체 어느 곳에도 존재 또는 인식의 우선권을 주지 않으려는 것이다. 이는 분명히 주체와 객체 중 어느 것이 우선할 수 있느냐 하는, 즉 관념과 실재 중 어느 것이 인식의 계기를 만들어 주느냐 하는 철학적 난제를 해소하면서 긍정적인 역할을 한다.

한편, 아도르노 주장의 특이점은 주체와 객체를 연결해주는 매개체 또한 실체적인 것으로 간주하여서는 안 되며 오직 주체와 객체의 짜임관계 속에서만 타당성을 갖는다는 데 있다. "매개는 매개된 것에 의해 매개될 수밖에 없다."(아도르노, 1999: 168)는 그의 주장은 어떠한 개체도 실체화된 존재로 간주하여서는 안 되며 다른 개체들과의 관계 안에서만 규정될 뿐이라는 그의 독특한 관점을 보여준다. 그러므로 매개의 철학적 근거는 다음과 같이 도식화할 수 있다. 즉 하나의 존재 A가 규정되려면 A가 아닌 다른 존재 B, C, D와 같은 존재가 있어야만 한다. 그러므로 존재 A의 근거는 항상 A 아닌 것에 있으며 A의 존재 근거를 A 자체에서 찾아서는 안된다. 매개된다는 것은 큰 의미에서는 항상 '자체 너머'를 지시하는 것이며, 작은 의미에서는 A와 B라는 두 개체 사이를 설정한 상황에서 이 두 개체를 연결할 수 있는 C라는 존재가 있어야 한다.

흔히 계사로 알려진 '이다'(영어에서는 be 동사)의 경우가 바로 이러한 매개의 성질을 잘 드러내는 사례라고 할 수 있다. 예를 들어, 'A is B'라는 문장에서 A를 주체로 B를 객체로 그리고 'is'를 매개체라고 했을 경우, 이때 'is'는 A와 B를 매개한다고 할 수 있다. 이 경우 'is'는 어떠한 사상이나 존재자를 나타내는 것도 아니며 그러한 것들을 본질적으로 드러낼 수 있는 성질의 것이 아니다(아도르노, 1999; 173). 그것은 말 그대로 두 개체를 연결하는 매개체의 역할만 할 뿐이다. 분명히 확인되어야 할 사항은 주체와 객체뿐만 아니라 이러한 매개체조차 초월적이거나 제삼자적인 것도 아니며 다른 개체들보다 차원이 더 높은 것도 아니라는 것이다. 매개체는 단순히 다른 개체들을 짜 맞춤해 주는 관계 역할을 하고 있을 뿐이다.

그러므로 아도르노가 주장하고자 하는 짜임 관계는 다음과 같이 정리될 수 있다. 첫째, 어떤 실체화된 개체는 없다. 다시 말해, 그 자체의 능력 안에서 자신의 모든 것을 규정할 수 있는 그런 실체화되고 자체

정의된 개체는 없다. 둘째, 개체는 오직 다른 개체들과의 관계에서만 타당성을 가질 수 있으며 설명될 수 있다. 이것은 마치 'be' 동사처럼 계사의 언어적 성질과 같다. 모든 존재는 매개되어 있다는 아도르노의 주장을 따르게 되면, 이렇게 매개된 존재가 자신의 역할을 하기 위해서는 무엇보다도 자신의 존재를 자신의 내부공간에 고정해서는 안 된다. 왜냐하면, 존재한다는 것이 '의식 자체'가 되어서는 안 되기 때문이다. 하나의 자기 세계, 즉 모나드로서 구성된 세계는 실제로 존재하지 않을뿐더러 데카르트식의 지극히 개인적 사유 체계로는 자기 아닌 타자를 인식할 수가 없기 때문이다. 아도르노는 "통합을 이루는 계기는 부정의 부정 없이, 그러나 또한 최고 원칙으로서 추상에 따르는 일도 없이 개념들이 짜임 관계 속에 들어섬으로써 살아남는다."고 한다(아도르노, 1999; 240). 이 말은 하나의 개체는 다른 인접된 관계 속에서 이해되어야 한다는 것을 잘 보여준다.

위의 철학자들 관계에 관한 주장을 들어보면 사람들의 관계에 있어 주목할 사항은 평등이라 할 수 있다. 어떤 주체도 일방적으로 지배권을 가질 수 없다. 사람들은 각자 나름대로 역할과 의미가 있으며 그것들이 서로 연결되면서 각자의 존재를 규정하는 것이다. 이를 교도소 현장에 적용해본다면 재소자 없는 교도관이 있을 수 없고 동시에 교도관 없는 재소자도 있을 수 없다. 그리고 이 서로 다른 각자를 맺어주는 지점에서 교정의 처우가 나오고 교정의 목적이 나오게 되며 그것의 통합적 맺음이 관계윤리라는 이름으로 나타난다고 할 수 있다. 이제 이러한 관계의 이해를 통해 교정 공동체의 의미를 살펴보자.

1. 교정 공동체

사람들 사이의 관계도 위와 같이 짜임 관계 속에 있을 수밖에 없으며 재소자와 교도관의 관계도 이에 벗어날 수 없다. 언뜻 보면 강자와 약자, 지배하고 지배당하는 관계, 또는 감시당하고 감시하는 상하 관계인 듯해도 이 둘 사이에 정상적인 관계가 형성되려면 한쪽이 완전히 종속당하고 종속하는 관계가 되어서는 안 된다. 재소자는 그 성격상 교도관을 전제로 해야 한다. 교도관이 없으면 재소자도 있을 수 없다. 마찬가지로 재소자가 없는 교도관을 상상할 수 없다.

교도소에 갇힌다는 것은 교도소라는 시설물에 갇힌다기보다 교도관의 감시 하에 갇힌다는 말이 더 정확할 것이다. 어느 한쪽도 주체가 될 수 없다. 나아가 그들은 교도소라는 공간에서 하나의 특별한 공동체에 들어 있다고 할 것이다. 재소자와 교도관의 관계가 서로 떨어진 하나의 실체로 있을 수 없다고 함은 앞으로 이 책에서 논의하게 될 관계윤리의 의미, 회복 정의, 그리고 교정윤리 강령 구성 전반에 걸쳐 중요한 내적 요건이라 할 수 있다. 이는 교도소가 이름하여 교정 공동체라는 특별한 공간에 있음을 의미한다.

그렇다면 공동체란 무엇인가. 사람들 사이의 관계를 받쳐주는 공동체는 교정가족의 정체성을 보여주는 중요한 역할을 한다. 공동체를 얘기할 때 가장 많이 논의되는 덕목은 평등, 호혜성, 협동, 그리고 상부상조 등이다. 이러한 덕목은 모두 개인의 지나친 자기중심적 이기주의를 제거하고자 하는 데 있다. 개인의 이익이나 욕구에서 시작하는 사회경제 활동이 아닌 일정 규모 집단의 공익에서 출발하고자 함이다. 여기에서 이익 공유의 절차, 과정, 그리고 그 결과는 일반적 민주주의 의사결정에 따라 움직인다.

민주주의 사회는 시민 개인의 자율과 자유가 바탕이 되어야 하지만, 문제는 이러한 특성이 개인이 집단 이익에 희생당하는 것이 아닌, 집단 이익의 창출을 위한 기반 요건으로 작동할 수 있어야 한다는 데 있다. 자유주의자가 개인을 중심으로 한 권리, 책임 등의 도덕 덕목으로 집단의 문제를 이해하려고 한다면, 공동체주의자는 개인보다 공동체를 중심으로 하여 집단을 이해하려 한다. 공동체에서는 개인이라는 중립적인 존재는 허구에 불과하다. 개인이라는 존재는 이미 '주어진' 특정 조건에서 만들어진 존재이기 때문에 사회를 구조화하는 일차적인 조건이 될 수 없으며 오직 있는 것은 '공동체적 개인'이 있을 뿐이다. 개인은 제반 사회적 논의를 이해하고 해결하고자 함에 있어 출발점이 될 수 없다. 오히려 관계로서의 자아, 즉 개인과 사회의 중간쯤에 위치시킬 수 있는 개인을 상정해야 한다.

공동체는 개인을 출발점으로 해서는 성립하기가 어렵고 대신 관계, 즉 공동체적 관계에서부터 모든 논의를 시작할 때 가능하다. 일시적이거나 잠정적인 삶에서도 사람들의 관계가 어떠해야 하는가가 중요하다. 공동체는 개인들의 '사이' 관계를 의식화하고 실천하는 작업이다. 이러한 사이 관계 설정에 대한 고려 없이는 공동체를 이해할 수 없다. 개인과 개인이 만나는 공동체라는 현장에서는 개인들의 관계의 성격이 무엇이며 어떻게 규정되는가가 중요하다. 닫힌 개인이 아니라 열린 개인으로서 공동체를 구성하기 위해서는 타인에게 열려 있는 개인, 그리고 자아 중심적이고 이기적인 자아가 아닌 타인을 배려하고 염려하는 개인이 출현해야 한다.

개인은 지극히 표피적인 수준에서는 자신의 물리적이고 생리적인 몸을 떠나지 못하지만, 사회성을 충족하기 위한 몸은 표정이나 몸짓, 움직임 등을 통해 타인에게로 열려 있다. 개인의 권리도 사회의 윤리적 가치를 목적으로 했을 때만 의미가 있다. 그러므로 관계라는 관점에서 공동체를 구성하는 일이 절실하다. 여기서 관계라는 말에는 어쩔 수 없이 전제된 도덕감이 있어야 한다. 즉, '옳은 관계', '좋은 관계'라는 표현이 전제되고 있으며, 사람들 간의 조화로운 관계 그리고 균형 잡힌 관계가 있어야 한다. 이는 사람들이 집단을 형성함에 있어 자연스러운 현상이다.

공동체에는 다양성과 자치와 자율이 있어야 한다. 공동체는 "자치적이며 호혜적 관계가 드러난 삶의 장소로서의 의미"를 갖는다(김성균, 2010; 6)는 말처럼, 생활세계로서의 공동체는 만남, 소통, 나눔 등의 특성이 고스란히 들어 있다. 자신이 거주하고 생활하는 곳에 대한 인식이 심화할 때 그곳은 삶을 제대로 영위하는 곳이 될 수 있다. 인간관계 형성에도 명령, 규율 그리고 질서가 강조된 통치적 관계가 아닌 대면, 호혜, 자율이 있어야 하고 자치가 강조된 협동적 관계가 필요하다. 공동체에서는 개인이 주체가 되는 삶의 방식, 즉 관리자나 대리인을 필요로 하지 않는 삶의 직접성이 요구된다. 공동체는 인간의 협동적 특성을 발견하고 그러한 덕목을 적극적으로 회복하려고 하는 태도가 있을 때 의미가 있다. 또한 공동체에서는 개인의 차이를 인정하되 거기에 다른 사람들에 대한 서로의 관심과 보살핌이 전제되어야 한다. 지배하고 소유하는 차이가 아니라 나와 같은 존재이면서도 나와는 다른 타인을 발견하는 것이 중요하다.

공동체의 특성을 좀 더 자세히 살펴보기 위해서는 이기심의 정체를 들추어낼 필요가 있다. '개인의 자유'를 지나치게 강조할 때 개인은 이기적인 존재로 쉽게 바뀐다. 이러한 개인의 자유는 사회질서라는 일반적인 도덕감을 상실하게 하는 요인이 되며, 개인 자신도 말 그대로 너무 개인적이 되어버려 사회로부터의 소외감이 증가된다. 개인의 이러한 특성은 자본주의 사회에서 점점 더 강화되고 있으며, 우리는 그 피해를 인지하고 있으면서도 '개인의 자유'라는 틀에서 벗어나지 못하고 있다. 그러나 말 그대로의 '개인의 자유'란 불가능한 것이며 누구도 완전한 의미에서의 개인의 자유를 가질 수는 없다. 우리는 가족과 직장, 그리고 낯선 사람과의 자리에서도 이러한 개인의 자유는 희망사항으로만 머물고 있다는 것을 잘 알고 있다. 대신 오직 자신의 자유가 침해되었느냐 되지 않았느냐에 반응하는 정도에 따라 자유의 크기를 느낄 뿐이다.

이기적이라는 소리를 듣는 것은 나쁘다는 것이 일반적인 생각이다. 물론, 자신의 자유를 만끽하기 위해서 이기적이라는 소리를 듣는 것을 감내할 수도 있다. 이기적이라고 부르는 사회가 잘못이지 자유로워지고자 하는 나 자신에게 문제가 있다고는 생각하지 않기 때문이다. 이론상으로는 이기적인 만큼 자유로워질 수 있으며, 사회라는 것이 존재하지 않는다면 각자의 이기심 앞에는 어떠한 장애 요인도 생길 수 없을 것이다. 철저히 나를 위하기 때문에 완전한 자유를 누리는 데 도움이 될 수 있을지도 모른다. 한편, 이러한 비난의 저변에는 이기적인 태도가 다른 사람에게 피해를 준다는 생각도 깔려있다.

물론 사람들과의 관계에서 이기적인 특성이 자리할 수 있는 공간은 많지 않으며, 그것은 어떤 사람에게 피해를 주어야겠다는 적극적인 의미에서의 피해를 전제로 하지도 않는다. 그러나 우리가 완전한 자유를 실현하기 위해서 이기적이 되는 순간, 동시에 '사회'라는 거대한 집단성 앞에서 언제든지 공격받을 수 있다. 사회라는 것은 항상 우리 주위를 맴도는 힘으로 작용하면서 이기적인 나를 비난하고 공격할 수 있기 때문이다. 나의 자유로움을 비난하고 공격한다는 차원에서 '사회는 나쁜 것'이다. 이런 차원에서 사회를 강조하는 윤리는 개인의 처지에서 보면 '나쁜 윤리'인 것만은 분명하다. 개인과 사회가 이원화되어 개인과 사회라는 두 영역밖에 없다면, 개인에 대한 사회적 공격은 어떤 식으로든 권력이나 권위, 또는 힘으로 작용할 수밖에 없다. 개인이 갖는 이기심을 '나쁜 도덕'이라고 한 마디로 잘라 말하는 것은 자유가 무엇인지도 모르며, 나아가 우리가 사는 이 사회의 성격을 제대로 파악하지 못했다는 의미이다. 개인이 스스로 하고 싶은 것을 할 수 있다는 사실은 매력적인 생각이며, 그것만큼 자유를 완전히 실현할 수 있는 것도 없다.

그러나 이러한 생각이 정상일까 하는 것이다. 누군가가 이기적인 행동 방식으로 사는 것이 당연하다고 생각하면서도 자신의 생활방식에 문제가 있다고 느낀다든지, 개인 스스로 갈등을 가지는 까닭을 생각할 필요가 있다. 이러한 갈등 뒤에 감춰진, 이기적으로 '빠져버린' 원인이 무엇인지 생각해 보아야 한다. '이기심의 역사'라 할까. 다른 사람의 공격에서 자신을 방어하기 위해서, 그리고 피해를 방지하기 위해서, 우리는 점차 이기적으로 바뀌었다고 할 수 있다. 이것은 그러한 방어 기제가 자연적인 것이든 인위적인 것이든 사람들이 이기적이게 하는 것이 아주 당연하다는 근거를 제공한다. 그리고 이기적이 될수록 더 많은 이익을 낼 수 있다는 관점에서는 이러한 이기적 행동에 정당성을 부여하기까지 한다. 익명의 사람들에게까지 이르면 이기심은 적대적이고 공격적으로 바뀌며, 이런 과정에서 우리는 점점 폐쇄적이 되어 말 그대로 '개인적이게' 된다. 문제는 우리가 이러한 자연적인 이기심을 순서를 밟으며 자연스럽게 체득했다기보다는 그렇게 될 수밖에 없다는 일방적인 주장을 강요받았다는 사실이다.

만약, 어린아이가 이러한 교육환경에 일방적으로 노출되었다면 그 아이는 성장할수록 이기적인 심성으로 바뀌는 것이 지극히 정당하고 옳은 것으로 받아들일 것이다. 또한, 이기적이 되는 것이 무슨 의미가 있는 것인지도 모르고, 또 충분한 경험도 하지 못한 채 오직 이기적이 되는 것만을 지상 과제로 인식하여 하나의 도덕감으로 인정해왔을 것이다. 그렇다면 우리는 이러한 이기성이 자연적인 것이 아니라 인위적인 것으로 받아들이지 않을 수 없다.

이기심은 자연적 윤리감에서 나왔다기보다는 도덕적 유전인자처럼 인위적으로 교육됐다고 봐야 한다. 사회성의 존재가 자아를 정의하는 주체로 자리 잡으면서 이러한 인위적인 조작은 점점 더 강화되어왔다고 할 수 있으며, 좀 더 근본적인 원인은 도시화를 조직적으로 만들어낸 국가의 대형화라고 할 것이다. 어느 역사책을 들여다봐도 국가의 현실적 존재를 절실하게 바란 개인은 없으며 자신의 주어진 생활 조건을 향상하기 위해서 강력한 중앙집권제를 원한 적도 없다. 오히려 개인의 이기심은 산업자본과 국가 규모의 중앙집권적인 형태에 의해 강화됐다고 할 수 있다.

이러한 조건 속에서 개인은 사회를 충분하게 인식하지도 못한 채, 자신과 다른 대상을 지칭하는 집단의 크기가 대규모화되었다는 사실만을 알게 되고, 한편으로 그것이 도저히 대항할 수 없을 정도로 권력 집단화되어 있다는 사실만을 강하게 느낄 뿐이다. 결과적으로 이기적이 되지 않고는 최소한의 자기방어도 불가능하다는 사실을 알게 된 것이다.

자신을 한순간에 삼켜버릴 듯한 타자-집단이라는 존재는 한 국가에 소속되어 있거나 소유권의 개념이 확대 재생산되는 도시 구조 아래서는 문자 그대로 리바이어던이 아닐 수 없다. 이것은 결과적으로 자신을 뺀 그 외 모든 다른 사람과의 관계, 즉 나와 사회라는 관계라는 비대칭적인 적대 구조를 만들어낸다. 그렇다면 이러한 구조 속에서 이기심은 물질적으로나 정신적으로 생존과 자기방어를 위해 지극히 필요한 심성일지도 모른다.

이러한 현실 속에서 우리가 갖는 이기심이 지극히 정당할 수도 있지만, 만약 국가와 자본이라는 개념에 어떤 발생론적 결함이 있다면 이러한 이기심의 정체를 재고할 필요가 있다. 국가와 자본은 개인적 자아에 손상을 입히면서 왜곡 또는 남용된 자아의식을 끊임없이 만들어낸다. 그것은 지극히 개인적이고 사적이 되어 진정한 의미에서 타인들과 의사소통하는 것을 막아버린다. 예를 들어 많은 관념론적 문학과 예술은 표현의 방식 또한 개인화되어 타인들과의 관계를 설정할 수 없게 하는 구도를 선호하게 한다. 또한, 그러한 소통 장애를 하나의 어엿한 표현 양식으로까지 자리 잡게 한다.

예술과 문화 전반에서 난해함이 더 많아졌다는 것을 단순히 우리 인간들의 생활방식이 분화되고 다양화된 탓으로 돌려선 안 된다. 그 이유는, 주체할 수 없을 정도로 커지고 적대적이 되어버린 사회와 끊임없이 일정한 거리를 두려는 개인의 태도 때문이다. 문학이나 예술작품에서 난해함이 시작된 시기는 거의 19세기 말이나 20세기 초 정도이지 그 전에는 정상적인 언어 교육을 받은 사람이라면 누구나 문학과 예술을 누릴 수 있었다. 물론, 난해함의 시대가 언제부터였는가, 또 그런 일이 벌어지게 되는 사회 원인이 무엇이냐 하는 물음에 대한 해답을 정확하게 내릴 수는 없다. 그러나 이러한 난해함을 극복할 가능성을 공동체적 자아의 회복이라는 주제 아래에서 찾아보는 것은 의미가 있다.

흔히 이기적 자아가 정상적으로 운용될 수 없는 사회에서 자아의 성격 문제를 해결하는 방안으로 쉽게 내놓는 것이 개인의 '사회적 전환'이다. 이러한 사회적 전환은 문제를 그대로 버려둔 채 만들어지기 때문에, 일종의 질병을 앓는 사회적 전환이지 진정한 의미에서의 개인적 자아의 변용이 아니다. 즉, 개인의 폐쇄성을 해소하려는 방편으로 왜곡되어 나타나는 것이라 할 수 있다. 개인의 자유 문제를 완전하게 해결했다기보다는 불완전한 사회적 전환을 통해 마치 개인의 자유를 구현한 것처럼 여기는 것이다. 사회에 의한 소외 문제를 여전히 지니면서 마치 사회와 의사소통한 듯이 위장하는 것이다. 이러한 자아를 '대중적 자아'라고 한다. 이는 집단 속에 안주함으로써 타인들과의 의사소통 문제가 해결되었다고 믿는 태도이다. 그러나 개인의 자유는 어떤 이유로도 현실 공간에서 실행되는 것이지 그저 '대중을 타고' 있다고 해서 해결되는 성질의 것은 아니다. 대중이 한시적으로 누리는 자유에 편승하여 자유를 가진다고 생각한다면 - 그것이 만약 오도된 자유라고 했을 때 - 그리고 그러한 사실을 깨달았을 때 오는 소외감은 엄청나다. 어떤 시점에서 자유라고 믿었던 것이 집단의 편견이나 이데올로기에 지나지 않는다면 거기에 올라탄 자유는 치명적인 피해가 될 수 있기 때문이다.

사회의 완정성은 개인의 자아를 '건전하게' 만드는 데 있다는 것은 너무나 당연한 일이다. 그렇지 못한 상태에서 개인의 자유가 쉽게 사회로 이전되면 개인들 간의 갈등은 심화할 수밖에 없다. 개인적 자아와 대중적 자아 둘 다 현실적으로 건전한 자아로 자리매김할 수 없다. 하나의 질병이 되어 버린 개인적 자아를 치료하려면 대중적 자아로 전환되지 않으면서도 건전한 의미에서의 사회성, 즉 국가주의에 오염되지 않는 자아를 회복해야 한다.

공동체적 자아는 자신을 건전하게 만들려는 노력이다. 즉, 자아에 대한 의식이 지나쳐 이기적이 되어 버린 나를 해방할 수 있는 '적정 규모의 나'이다. 이러한 자아는 이기적인 자아도 아니면서 한편으로는 사회 속에 방임 또는 무책임하게 편입된 대중적인 자아도 아니다. 대중적 자아는 공동체적 자아가 될 수 없다. 여기에는 이성적 합리성이나 진정한 의미에서의 의사소통이 생겨날 수 없다. 대중적 자아는 근거가 불확실한 신념이나 경향성에 불과하며 이성적 대화나 신뢰라는 사람들 간의 건전한 관계를 구성하는 기본적인 장치를 만들어낼 수가 없다. 그러므로 자아를 자신에 가둬두지도 않고, 동시에 밖에 내버려두지도 않는 상태를 만들기 위해서는 사람들 간의 관계에서 믿음과 신뢰의 공간이 필요하다.

지금까지 논의한 공동체의 인간관계 특성이나 자유의 의미를 교도소라는 환경에 적용해보자. 교도소를 공동체라는 이름으로 부를 수 있는 적절성은 어디에서 오는가. 교정 공동체의 가능성은 교정가족의 탄생으로 이어지고 내적으로는 진정한 의미에서 상부상조의 개념으로 전환될 수 있는 여지를 만들 수 있다. 원활한 의사소통은 교도소에서뿐만 아니라 그 어떠한 공동체를 구성하든 간에 필요하다. 독재적이고 권위적이거나 계급적인 요소가 들어 있는 공동체가 되지 않기 위해서는 민주적이어야 한다. 관계의 실질적인 기능에는 개인의 자율성이 보장되어야 한다. 공동체의 의사소통 방식의 적극적이고 긍정적인 방식은 상호 의무감, 정서적 유대, 친근감 등이다. 개인의 이기적 속성을 그대로 놔둔 채 자율이나 자유를 얘기한다면 그것은 반쪽의 자율이나 자유로 머물고 만다. 즉 사람들 사이의 관계를 전제로 하지 않는 집단에서 협동이나 친절 또는 배려 등을 기대할 수 없다. 교정 공동체와 2부에서 다루게 될 교정가족의 가능성은 여러 인간관계 등을 포함하는 교도소라는 일정한 공간을 근거로 한다. 물론 교도소를 하나의 공동체로 규정하자는 나의 생각이 이상적일 수도 있으나, 교도소라는 사회를 잘 이해하고 그것을 통해 교정윤리를 기획하기 위해서 교도소를 관계의 공동체라는 가정하에 생각하는 것이 의미가 있다고 본다.

2. 재소자의 얼굴

1부 2장에서는 재소자의 몸을 중심에 놓고 교정 공간에서 벌어질 수 있는 이야기들을 살펴보았다. 이제 교도관이 재소자들을 대함에 있어 좀 더 직접적이고 관계적인 몸의 일부인 '재소자들의 얼굴'에 초점을 맞추면서 그들을 대하는 윤리적 태도가 어떤 식으로 전개되어야 할 것인가를 살펴보자. 이는 교정 공동체의 실현 가능성 논의를 위한 매개 고리가 되며 교도관과 재소자 사이의 관계윤리와 교정가족의 현실화를 위해 필요하다. 이 절에서는 사람의 얼굴을 통해 현대 윤리학의 새로운 길을 제시했던 레비나스의 사상을 통해 관계윤리가 지향해야 할 방향을 생각하고자 한다.

앞서 레비나스의 사상을 조금씩 소개했지만, 이 절에서는 그가 어떤 인물이며 그의 윤리적 모색의 동기가 무엇이었는지를 확인하고자 한다. 레비나스는 프랑스 철학자로 리투아니아 태생이었다가 프랑스에 귀화한 인물로 1906년에 태어나 1995년에 사망했다. 처음에는 독일 철학자 하이데거를 공부하면서 자신의 철학을 만들어 나갔다. 유대인으로서 그의 철학에는 1, 2차 세계대전에서 사람들의 고통과 죽음에 관한 관심과 이방인으로서 고독이 큰 몫을 차지했다. 이 과정에서 그가 주목한 것은 타인, 즉 남이었다. 보통 철학자들의 관심은 인간이고 좀 더 솔직히 말하면 자기 자신이다. 그러나 "나는 누구인가"라는 물음 대신에 이 철학자는 "남은 누구인가"라는 물음을 통해 철학을 했다. 사람은 누구나 아주 자연스럽게 자신에 관한 관심으로 가득 차 있다. 신경이 온통 자신에게 쏠려 있어 주위에 자신과 똑같은 인간들이 있음에도 그들에게 별로 주의를 기울이지 않는다. 극단적인 사례는 자기 이외의 사람들을 마치 배경이나 장식품 정도로 생각하는 것이다. 자신이 죽으면 세상이 다 무너질 것 같은 기분으로 사는 것이 우리 인생이다. 이런 느낌을 직시한 철학자가 사르트르였는데, 그에 따르면 타인은 지옥에 불과하고 남을 사랑한다는 일 자체가 불가능하다. 즉 나는 절대 남이 될 수 없고, 남을 이해한다는 것도 어디까지나 자신을 위한 것이지 진정한 이해는 불가능하다.

사르트르식의 허무감을 극복하기가 사실 쉽지 않다. 그에 의하면 우정이나 사랑은 애초부터 없는 것이다. 그의 허무감에 동의한다면 영원한 우정이나 사랑을 말하는 것 자체가 어리석은 일이다. 그렇다면 사람들을 만나길 즐기면서 마음의 상처를 입지 않으려는 자세는 처음부터 잘못된 것이다. 상처는 흔히 가장 가까운 사람들에게서 온다고 하지 않던가. 세상의 수많은 상처에 겁을 먹게 되면 우리는 더 움츠러들어 자신에게서 나오려고 하지 않는다. 김현승 시인의 〈견고한 고독〉이나 〈절대고독〉에서처럼, 신조차 자신의 외로움을 달래지 못할 정도로 인간의 고독은 지독한 면이 있다. 지금 내 앞에서 나와 의미 있는 대화를 나누고 있는 사람이나 가족, 그리고 동료 누구도 절대 자신이 될 수 없고 나의 눈이나 손 너머에 있는 타인에 지나지 않는다.

레비나스는 인간의 고독은 단순히 자신에게서만 끝나는 것이 아니라 우정이나 사랑의 부재로 이어지고 결국에는 남의 고통에 덤덤해지고 사람을 도구화하게 된다는 사실을 직시했다. 실제로 인간의 고독은 자기 일로 머물지 않고 타인에 대한 배려나 염려에도 영향을 미친다. 그리하여 레비나스는 철학의 출발 자체를 "나는 누구인가"가 아닌 "남은 누구인가"에서 찾는다. 분명 나와 똑같은 사람으로서 그도 나처럼 생각하고 나만큼이나 고독할 것인데도 나는 그를 마치 주변의 물건이나 도구처럼 여긴다. 나 또한 이렇게 생각한다면 그 또한 그렇게 생각할 것이다. 이 얼마나 우스운 상황인가? 서로서로 죽은 꽃처럼 별 의미 없이 대한다는 사실이. 그래서 레비나스는 우리 인간의 가장 약한 곳인 얼굴을 보라고 한다. 세련된 세상 경험으로 둘러싸인 몸에서 유일하게 인간의 고독을 발견하는 곳이 얼굴이기 때문이다. 조금은 숨길 수 있을지 몰라도 얼굴은 슬프고 어색하고 외로워하는 모습을 완전히 속일 수 없다. 레비나스가 본 것은 이 얼굴로서, 타인의 얼굴을 통해 나의 고독이 나만의 것이 아니라는 사실에 직면하는 것이다.

사람들은 대부분 타인과의 만남을 가볍게 생각한다. 자신에게만 관심이 쏠려 있어 남들이 무엇 때문에 슬픈 표정을 짓는지, 왜 힘들어하는 얼굴을 하는지 알려고 하지 않는다. 오직 자신을 위해 타인을 만날 뿐이다. 타인들과 함께 있으면서도 철저히 자신을 위해 있다. 사람들을 만나고 헤어져 돌아오는 길이 늘 외로울 수밖에 없었던 원인 제공을 자기 스스로 해버리는 것이다. 그러므로 만남은 나를 위해 있지 않다는 사실을 인지하는 것이 중요하다.

레비나스의 얼굴에 관한 관심은 궁극적으로 타인에 대한 배려와 염려를 어떻게 할 것인가에 대한 고민의 산물이다. 앞서 재소자의 몸에 대한 이해가 교도관이 재소자를 바라보는 기본 조건이라면, 그들의 얼굴에 관한 관심은 그들과 윤리적으로 관계 맺는 가장 역동적이고 일차적인 관문이다.

오늘 당신은 가족의 얼굴을 제대로 보고 나왔는가. 타인의 얼굴은 일 분만 봐도 평소 못 보던 것을 볼 수 있다. 보통 우리는 대화를 하면서 남의 얼굴을 물건 보듯 대충 본다. 잘 났다 못 났다는 식의 이분화, 피부가 좋다 나쁘다는 식의 물질화, 얼굴 보기를 그저 단순하고 피상적이며 도구적으로 진행한다. 하지만 얼굴을 진정으로 들여다보지 않으면 상대의 힘들고 어려운 점이 보이지 않는다. 무슨 일로 고통을 받고 있는지 알 수 없다. 몇 해 전 교정 공무원 직무연수 특강에서 얼굴 보기 실험을 잠시 한 적이 있다. 연수 중 어느 정도 말을 튼 옆 동료의 얼굴을 잠시 보는 활동이 있었다. 처음엔 서로 어색했지만 이내 진지한 분위기로 돌아섰다. 말을 하지 않고 따뜻한 느낌만으로 동료를 바라보기로 했다. 마주 보는 사람에게 혹 힘든 일이 있을지도 모른다는 마음으로 넓고 푸근하게 다가가기로 했다.

몇몇 수강생들이 활동 결과를 발표했다. 배가 고픈 듯하다, 피곤해 보인다, 눈이 참 맑아 보인다, 처음 봤을 때보다 더 착해 보인다는 식의 소감이 나왔다. 이 얼굴 보기 탐색 결과가 비록 사소해 보일지라도 그들에게는 의미 있는 사건인 듯했다. 실제 얼굴 보기는 마술과 같다. 아마 제대로 동료의 얼굴을 깊게 자주 들여다보는 시간을 갖는다면 인간관계는 긍정적으로 변화할 것이다.

강의가 끝나고 한 수강생이 복도까지 따라 나와 말을 걸었다. 가족들하고의 불편한 상황을 해결할 방법을 진지하게 묻는다. 가족들로부터 소외된 느낌을 토로하고, 아이도 자기 말을 잘 듣지 않고 아내도 자신을 무시한다고 하면서 처방전을 구한다. "집에 돌아가면 가족들 얼굴을 봐 주세요, 아이가 질문하면 얼렁뚱땅 대답하지 말고 얼굴을 보고 얘기하세요, 아내가 불만을 얘기하면 마지못해 듣지 말고 얼굴이나 눈을 들여다보세요." 삼십 중반 이 남자의 치명적인 결함은 진심으로 가족의 얼굴을 보지 않는 데 있었다.

힘들고 고통스러워하는 사람을 찾아다닐 필요가 없다. 양심이나 동정심을 발동시키려고 힘들게 노력할 필요도 없다. 그저 내 주위 사람들의 얼굴을 볼 줄 아는 태도와 어느 정도의 시간만 내면 된다. 동정심이나 양심은 의도적으로 만든다고 해서 되는 것이 아니다. 상대의 얼굴을 보기만 해도 저절로 일어나는 것이다. 냉정하게 얼굴만 돌리지 않으면 된다. 경청이 중요하다고 하지만, 그보다 긴급한 일은 관심을 두고 사람의 얼굴을 보는 것이다. 얼굴을 보지 않은 채 한 말에는 책임

소재가 분명하지 않다. 돌아앉아 고개만 끄덕이면 제대로 된 응답이 아니다. 얼굴은 보기만 해도 문제가 해소된다. 굳이 많은 말을 쏟아내지 않아도 된다. 나아가 이를 이웃에게 확대할 수 있어야 한다. 얼굴 보기를 낯선 사람에게 하기는 쉽지 않다. 사람들이 모두 선한 것도 아니고 괜히 말을 걸었다가 마음의 상처를 받을 수도 있다. 그런데도 타인의 얼굴을 본다는 것은 중요하다.

몇 해 전 송파구에서 생활고를 비관하여 목숨을 끊은 세 모녀의 비극으로 사회안전망의 한계와 복지 사각지대라는 말이 등장했다. 사람들은 말하길 그들이 직접 복지신청을 하지 않았고 이웃도 지원이 필요하다는 요청을 받은 일이 없었다고 한다. 이웃은 힘들게 살아가는 세 모녀의 존재조차 몰랐다고 한다. 사람들은 이 세 모녀가 도움을 요청하기 전 그 얼굴을 진지하게 들여다볼 기회가 없었을까. 얼굴은 말로 할 수 없는 많은 것을 보여준다. 도움의 말이 없더라도 그들의 얼굴을 세심하게 볼 수만 있었다면 그들의 숨은 눈물, 감춰진 속사정을 찾아낼 수도 있지 않았을까. 기초생활보장 수급자 신청을 받고 지원 방법을 아무리 많이 홍보하더라도 정부기관에서 찾아낼 수 없는 이웃의 숨은 눈물은 있기 마련이다. 이 눈물을 찾아낼 수 있는 유일한 길은 옆에 사는 사람들의 관심과 염려이다.

얼굴 보는 일은 말을 걸기 전에 할 수 있는 적극적인 배려의 자세이다. 얼굴을 보는 것만큼 윤리적인 일은 없다. 얼굴은 우리 몸에서 가장 약한 곳이다. 상처받은 마음이 방어 장치 없이 드러나는 곳이다. 소외된 이웃의 얼굴을 그냥 지나치지 않는 데에는 얼굴 보기가 최선일 것이다. 나 자신이 힘들 때도 누군가 또 그렇게 하지 않겠는가. 교정에서 교도관이 재소자들을 대함에서도 이러한 얼굴 보기의 자세가 중요하다.

지금부터 레비나스가 얼굴 보기를 윤리적 계기로 삼게 되기까지의 과정을 살펴보자. 그의 윤리의 중요 지점은 자유나 책임의 소재지를 자신에게서 찾지 않고 나와 타인 사이에서 일어나는 '윤리적 사건'을 통해 찾아내는 데 있다. 좀 더 엄밀하게 말해 나와 타인과의 상호적 관계라기보다는 나 아닌 타인 중심의 관계 설정을 통해 윤리적 사건을 찾아내는 것이다. 이는 윤리적 계기가 타인에 있음을 조건으로 하지 않으면 성립되지 않는다.

인간은 서로의 얼굴을 마주 대함으로써 "본래의 인간이 될 수 있으며 궁극적인 자아 성찰"의 계기를 얻고, 직접 대면을 통해 "이상적인 공동체"로 살아갈 수 있다. "이웃하는 자아"로 거듭남으로써 삶의 진실성을 기대하게 된다(윤대선, 2009; 285-298). 타인의 얼굴을 읽어내는 일은 나의 "생존과 직결"되기도 한다. 관계로부터의 고립은 "죽음과 다름없는 것"이기 때문에 타인의 얼굴은 "나와 상관없는 개별적인 것"일 수 없다(서영이 2015; 6-7).

나에게 '말을 건네 오는' 얼굴의 다양한 표현들을 생각해보자. 얼굴은 일차적으로 내가 관여할 수 없는 것으로서 밖에 있는 어떤 것이다. 다른 무엇으로도 환원될 수 없고 나와는 절대적으로 다른 어떤 것이다. 얼굴은 일반적인 사물과 같은 현상으로 나타나지 아니하며, 예측할 수 없고 표상할 수 없으며, 그 자체로 유일한 것이다. 한편으로 얼굴은 표현의 내용이기 전에 표현 그 자체이다. 얼굴은 나의 기대와 예측을 벗어나며 얼굴을 통해 우리는 만남의 즐거움을 배가시킨다. 또한, 얼굴에서 입은 나에게 말 건네 오는 역할을 한다. 특히 약자의 말 건넴은 나에게 명령, 요구, 호소, 간청으로 온다. 굳이 약자가 아닌 보통 사람도 그가 힘들어하고 고통스러울 때가 있으므로 같은 상황이 만들어진다. 타인과의 윤리적 사건의 층위는 이러한 일반적인 관계 맺음에서 시작하여 책임의 강력한 소재가 되는 타인의 고통 발견, 약함과 힘듦의 발견 등으로 진행되면서 윤리적 계기를 형성하는 것이다.

위와 같은 관계 맺음에서 레비나스는 타인의 얼굴을 통해 책임 윤리가 성립된다는 사실을 주장했다. 이는 타자의 얼굴을 통해 윤리가 시작되고 완성된다는 뜻이다. 책임짐은 응답함이며 응답함은 요청에 반응하는 것이다. 타인의 일에 관여하고 개입하는 행위, 자신에 대한 몰입이 아니라 타인과의 관계로부터 윤리적 계기가 형성되어 마침내 타인의 얼굴 보기라는 행위로 정점을 이룬다.

레비나스의 얼굴은 관계 맺음의 특이한 형식을 만들어준다. 그에게 있어 타인의 얼굴은 개인적 한계에서 벗어나 다른 세계로 진입하게 하는 계기를 마련한다. 얼굴로 대면하는 타인은 나와 대화를 나눌 수 있는 인격적 타자이며 얼굴을 마주함으로써 자신의 한계를 극복하는 기회를 얻는다.

얼굴이 드러나는 모습은 일상적으로 만나는 사물과는 전혀 다른 새로운 차원으로 우리에게 다가온다. 사람의 얼굴만큼 직접적이고 현실적인 것은 없다. '얼굴이 드러난다'는 말은 그것이 신비로움을 지니고 우리 앞에 마주한다는 뜻이기도 하다. 얼굴의 나타남은 나 자신과는 다른 맥락에서 새로운 인간성의 차원을 열어주는 계기가 된다. 그리고 타인의 얼굴이 드러남은 나 자신의 의도적인 노력이라기보다는 얼굴 스스로 '자기 자신으로부터' 또는 '자기 자신으로' 나타나는 것이라 할 수 있다. 즉 얼굴은 나의 노력과는 무관하게 나에게로 어쩔 수 없이 인식돼 오는 수동적이고 타율적인 차원에서 오는 것으로, 내가 만든 틀이나 어떤 체계 속에 포섭될 수 없다. 얼굴은 외부적인 힘에 대해 저항이 불가능하므로 얼굴로부터 도덕적 호소력이 나온다. 레비나스의 철학적 자세는 "시선에 담긴 타인의 얼굴에서 강렬한 윤리적 자극을 체험하는 나를 만들고 그러한 나를 유아론적 세계관에서 벗어나게 하는 것"에 있다(김진택, 2009; 234). 그런 의미에서 얼굴에서의 타자의 시선은 "나 자신의 윤리적 정의를 실천하라는 무언의 명령"으로 나타난다(김진택, 2009; 235).

시선은 얼굴을 직접 대면하면서 작동되는 핵심적인 기능이다. 시선은 직접적이고 솔직하게 타인을 대하게 하는 속성이 있다. 내가 타인을 보거나 타인이 나를 보거나 어느 경우에도 시선은 어떠한 '매개 없이 직접' 작동한다. 한 개인의 동정심도 얼굴, 특히 그의 눈을 볼 때 강하게 일어나는 것이다. 부버가 관계를 맺으려는 어린아이의 본능을 언급하면서, "처음에는 타자를 손으로 접촉해보고, 그다음에는 타자를 눈으로 접촉해봄으로써" 관계를 생성한다고 한 것도 시선이 갖는 관계 맺기의 장점 때문이다(마르틴 부버, 2000; 46).

레비나스에게 있어 윤리는 얼굴을 보고 눈을 보는 행위를 통해서 성립된다. 그의 윤리는 인간관계의 구체적인 시선이라는 조건만 적절히 마련된다면 언제든지 발생할 수 있다. 레비나스에게 있어 책임의식은 이미 어쩔 수 없고 피할 수 없는 타인의 시선에서 비롯되고 윤리는 이러한 시선의 주고받음이라는 '자연스러운 발견'으로 가능하다. 그렇다면 윤리는 생각이나 숙고의 과정이라기보다는 오히려 시선의 발견 과정이라 할 수 있다. 타인과 시선을 주고받는 최소한의 능력 또는 태도로도 윤리적 실천이 이루어질 수 있다.

이런 면에서 레비나스의 윤리에는 윤리적 행위의 효율성과 실천 가능성이 다른 어떤 윤리적 가르침보다 더 쉽고 빠르게 증대된다고 할 수 있다. 상대의 얼굴에서 의도와 무관하게 나타나는 시선은 우리를 이타적인 행위로 이끌어 간다. "능동성에 기인한 의식의 지향적 대상으로서가 아니라" 그 스스로 "나의 감성에 작용하고 호소하는" 나타남에 가까운 시선은 이타적이 될 가능성이 충분하다(김모세, 2006; 12-14).

윤리는 두 사람 이상을 전제로 해야 하고 윤리가 만들어지려면 타인에게로 다가가는 절차가 있어야 한다. 즉 옆에 있는 타인을 의식하고 그에게로 갈 수 있어야 한다. 그리고 이러한 진행은 벡터적이고 역동적인 상황이라 할 수 있다. 단순히 옆에 누군가가 있다고 해서 윤리가 발생하는 것이 아니라 한 개인이 옆에 있는 타인을 의식하여 그에게로 향해 갈 때 가능하다. 레비나스가 타인의 얼굴을 보는 것이 윤리라고 했을 때 그가 말하고자 했던 것은 타인과 '같이 있음'에 대한 강력한 지향적 의식이 있기 때문이다. 물론 같이 있다고 해서 타인이 '내 것'으로 환원될 수 없고 자기와 동일자가 되지는 않는다. 레비나스에게 있어 윤리적 계기는 내가 어떻게 타인을 볼 것인가와는 아무런 상관이 없다는 사실에 주목해야 한다. 왜냐하면, 타인 스스로가 얼굴을 통해 자신의 모습을 드러내기 때문이다. 즉 타인의 외재성과 절대성은 나와 다름 그 자체이므로 내가 관여하거나 개입할 수 없다. 일반적인 사물을 인식할 때는 그 사물이 인식의 대상이 되지만 사람의 얼굴은 그러한 물질과는 달리, 보는 사람과는 아무런 관련이 없이 즉 보는 사람의 "맥락과 지평을 떠나 스스로 자기 자신에 의해서만 의미가 있기"때문이다(강영안, 2012; 280).

이러한 타인의 철저한 자기성이 그가 나와 다르다는 사실을 인지시킨다. 바로 이 지점에서 윤리의 가장 원초적인 사건이 발생할 수 있다. 즉 내가 어떻게 할 수 없는 한 개인이 있다는 사실, 그리하여 서로 다른 두 사람이 오롯이 있게 되고, 한 사람이 다른 사람에게 할 수 있는 것이라고는 "그를 받아들여 선을 실천하고 정의를 세우느냐, 아니면 그렇게 하지 않느냐 하는 실천적인 행동"밖에 없다(강영안, 2012; 281).

실제 현실적으로 우리 주위에는 살아 움직이는 고통받는 얼굴이 존재한다. 얼굴은 현재 자신의 고통을 말하고 있다. "목소리로 나에게 다가오는 얼굴"(강영안, 2012; 282)이 있고 이러한 목소리는 실제로 고통이나 상처로 표현된다. "타자의 얼굴에서 오는 힘은 상처받을 가능성, 무저항성에 근거"하며 그 때문에 "얼굴로부터 도덕적 호소력이 나온다."(강영안, 2012; 283) 타인의 고통스런 얼굴로 인해 대속 개념이 등장할 수 있는 이유는 얼굴이 나에게 그의 호소나 요구를 들어달라고 말을 하기 때문이다. 그러나 실제로 타인의 얼굴은 이러한 구체적인 호소를 하지 않는다는 데 어려움이 있다. "레비나스가 말하는 얼굴은 보이지 않는 얼굴"이며 "때로는 주름진 얼굴로, 고통받는 얼굴로 등장하지만, 그 신음조차 보통의 귀에는 잘 들리지 않는 얼굴이다. 우리의 삶의 체제 안에는 사실상 자리가 없는 얼굴"인 것이다(강영안, 2012; 284).

우리 주변에 수많은 헐벗은 얼굴이 있다. 또한, 많은 경우 그 얼굴을 통해 양심과 동정심이 만들어지고 배려와 염려, 그리고 관심과 개입으로 일정한 윤리적 계기를 만들어간다. 즉 책임이 생성되고 그 책임의 소재지가 정확하지 않더라도 가난한 이웃의 얼굴을 보고 책임감을 가질 수 있기 때문이다. 현실적으로 타인의 얼굴에는 윤리적이 되기 위한 조건으로서의 고통과 약함이 무수히 발견된다. 고통받는 이웃이 있다는 사실을 무시할 수 없고 직접 대면의 '윤리적 효과'가 분명히 작동한다는 사실을 간과할 수 없다.

레비나스의 윤리 체계에서 형성된 얼굴은 고통으로 대표되는 얼굴이다. 그 얼굴은 "약한 사람, 가난한 사람, 과부와 고아"의 얼굴이며(레비나스, 2009; 101), "헐벗고 굶주리는, 매 맞고 죽어가는" 고통의 얼굴이다(레비나스, 2005; 126). 그러므로 얼굴을 논함에 있어 가장 주목해야 할 표정의 대표성은 고통이라 할 수 있다. 박정호가 제시하는 몇 가지 고통의 특성을 살펴보자. 그는 고통의 경험을 사적인 경험, 수동적인 경험, 부정적 경험으로 나누어 설명한다.

첫째, 그는 브랜드와 얀시를 인용하면서 고통에는 "바깥의 존재가 없으며," 고통을 "존재의 면제 불가능성"으로 본다(박정호, 2011; 133-134). 이것은 아직 개인의 구체적인 얼굴에서 드러나지는 않았지만 어떠한 계기가 생기면 구체적인 고통으로 전환될 수 있는 고통이다. 숨김과 은밀, 이 둘은 아직 드러나지 않았지만 한 사람의 구체적인 고통을 드러내게 하는 배경이 되며 고통의 조건을 형성한다.

둘째, 고통은 레비나스 타자윤리학에서의 타자성이 보여주듯 수동적이고 부정적인 경험으로 나타난다. 수용 불가능성, 즉 "의식에 수용할 수 없고 견딜 수 없어" 터져 나오는 고통(박정호, 2011; 135), 레비나스는 바로 이 수용 불가능성으로부터 타자를 향한 열림이 가능하다고 본다. 즉 수용 불가능하기에 고통받는 자는 신음하고 한탄하고 울부짖고 한숨짓는데, 바로 여기에 "타자로부터의 도움에 대한 근원적인 요청"이 있게 되는 것이다(박정호, 2011; 150).

셋째, 타자의 고통을 통해 윤리적 전망을 할 수 있게 되고 구체적인 얼굴에서 만들어졌던 고통이 차이를 벗어나 순수 타자성, 순수 낯섦으로 전개된다. 개인 내면의 고통이 사회화된 고통으로 확장되는 과정은 개인의 고통을 의미 있게 한다. 타인의 고통에 응답하고 책임지는 행위는 얼굴에 드러난 고통의 의미를 확장한다. 고통받는 사람의 일에 관심을 두고 개입하고 뭔가를 주는 행위, 배려하고 염려하는 행위 등으로부터 윤리적 행위로 다양하게 확대되는 것이다.

우리가 살아가면서 겪는 공포, 분노, 불쾌함, 슬픔, 놀라움, 기쁨 등에는 보편적인 요소가 있다(폴 에크먼, 2006; 53). 인간의 감정은 얼굴에서 가장 잘 나타나며 그것은 진화의 과정을 거치면서 사람들 누구에게나 같은 형태의 표정으로 나타난다. 문명에 한 번도 접하지 않았던 오지의 원주민이나 도시 한복판에 사는 사람들도 슬플 때의 표정, 즐거울 때의 표정은 같은 방식으로 나타난다. 얼굴로 나타나는 다양한 윤리적인 표정들인 측은함, 동정심, 미안함, 죄송함, 고마움 등도 마찬가지이다. 얼굴을 통해 표정 일반을 추론할 수 있고, 그것이 사회화 과정에서 어떻게 사용되어야 할 것인가를 알게 된다. 슬픔의 얼굴은 체념과 무력감을 나타내고 괴로움으로 일그러지는 모습은 구조를 요청하는 신호가 된다. 사람들은 표정을 보면서 다른 사람들이 어떻게 거기에 적절하게 대처하는가를 알게 된다. 이 모든 전체 과정, 특정 개인의 얼굴, 그런 개인에게서 감정 일반을 읽어내고, 그것을 사회화하는 과정은 긴밀하게 서로 연결되어 있다.

교도관이 재소자들을 대함에서도 그들의 얼굴을 볼 수 있어야만 진정한 관계윤리를 지닐 수 있다. 교도소에 있는 그들은 약자이다. 정상적인 사람들의 관계에서도 얼굴에서 상대의 어렵고 힘든 모습을 발견하기란 쉽지 않다. 그리고 그들이 무엇을 진정으로 원하는지를 판단하기는 어렵다. 그럼에도 얼굴은 많은 말을 하는 것이 사실이고 그 속에서 그들의 요청하는 바를 찾아내는 것이 그들을 윤리적으로 대하는 지름길이다.

레비나스의 주문대로라면 교도관은 재소자의 처지에 있어야 한다. "나 아닌 재소자 중심의 관계 설정"이야말로 그들을 대하는 가장 적절한 자세라 할 수 있다. 그리고 그들의 요구에 대해 응답하고 적극적으로 반응하며 개입하고 관심을 두는 것이 중요하다. 책임은 바로 여기에서 나온다. 책임진다는 것은 고매한 인격이 바탕이 되어 만들어지는 것만은 아니다. 그런 의미라면 우리는 모두 자격이 없다. 누구도 그런 대단한 도덕적 능력을 갖추고 있지 않기 때문이다. 힘들고 지친 타인에 대한 강렬한 의식이 있고 그들에 대한 섬세한 관찰이 있을 때 책임지기가 가능해진다. 책임은 내가 마음을 다잡으며 능동적으로 대처한다고 만들어지지 않는다. 그저 주위의 사람들을 돌아보고 얼굴을 들여다보는 데에서 시작해야 한다. 책임은 능동적이고 의지적인 것이 아니다. 책임에는 그럴 여유가 없다. 이리저리 재면서 할 일을 찾을 시간이 없고 생각할 시간도 없다.

책임은 순간 저절로 일어나 그 얼굴을 보고 지는 것이다. 오랜 시간이 지난 후, 자신의 잘못된 행위를 반성하며 책임을 느낀다면 이미 늦다. 책임의 시효가 지난 것이다. 그런 사람은 책임이라는 말을 알고 있는 사람에 지나지 않다. 마치 미안함을 오래 생각하지 않듯이 책임도 그때 그 순간에 나올 수 있도록 해야 한다. 생각할 여유를 주어야 미안하면 진짜 미안함이 아니다. 미안한 마음이 그냥 나올 수 있도록 해야 하듯이 책임이라는 것도 그냥 나올 수 있도록 해야 한다.

얼굴을 볼 때의 장점은 바로 책임을 즉각적으로 질 수 있는 계기를 마련한다는 것이다. 교도관들이 재소자들을 대함에 있어서 그들의 얼굴을 보는 것이 중요한 이유는 바로 책임이 저절로 나올 수 있도록 하는 데 있다. 재소자의 눈을 보고 그의 손을 잡아주거나 축 처진 어깨를 보고 등을 두드려주면서 그에게 가까이 갈 수 있는 태도가 필요하다. 그가 정상적인 인간관계를 맺고 사회화되는 과정은 이러한 일상의 관심에서 만들어진다. 이는 감시라는 말이 갖는 상투적이고 표피적인 계호나 감호에서 벗어나 진정한 교정을 실현하는 데 도움이 될 것이다.

3. 재소자와 교도관의 관계

레비나스의 얼굴 윤리학을 통해 재소자의 얼굴을 대하는 윤리적 방식이 어떠해야 하는지를 살펴보았다. 이를 바탕으로 재소자와 교도관의 관계를 윤리적인 관점에서 살펴보자. 재소자를 윤리적으로 대우한다는 것은 막연히 친절하게 대한다는 것으로는 부족하다. 진정한 의미에서의 친절은 현재 처해 있는 그대로 그들의 입장을 존중하는 것이다. 1부 1장에서 다루었던 관계자아의 특징을 재음미하면서 재소자들과의 관계는 어떠한 방식으로 전개되어야 하는지, 또 그들을 교정가족이라는 믿음으로 대할 방법이 무엇인지를 고민할 필요가 있다. 그들의 기분을 상하게 하지 않으면서 존중하는 것이어야 한다. 교도관과 재소자들의 관계를 다시 생각해보자.

관계자아라는 말은 개인 자아와 대칭된다. 관계라는 말은 개인과 사회의 이원적이고 일대일 대립적인 한계를 완화하는 데 필요하다. 개인자아를 강화할 때의 문제점은 이것이 타인을 객관화 또는 도구화한다는 데 있다. 이에 반해 관계자아를 먼저 설정해 놓으면 타인의 특성을 차별이 아닌 차이로 볼 수 있는 조건이 만들어지는 장점이 있다. 만약 개인자아를 먼저 받아들여 그것의 동심원을 넓혀나가는 방식이라면 관계자아가 아무리 목적이 되더라도 여전히 이를 실현하는 주체는 개인적인 자아가 절대적인 중심이다. 그러나 관계자아를 먼저 상정하게 되면 건전한 자아를 형성하는 데 도움이 된다. 너무나도 당연히 인간관계는 '서로 다른' 사람 사이에서 만들어져야 한다. 두 사람은 어떤 경우에도 똑같은 성질이 아니므로 서로 다르다는 사실을 전제로 해야 한다. 다름과 차이를 전제로 해 만날 때 건전한 의미에서의 대치와 공존이 발생하게 되고 그로 인해 윤리적 긴장도 만들어지는 것이다.

사람들과의 관계는 본질적으로 우연적이다. 교도관이 재소자를 만나는 것도 우연이다. 우연한 만남일수록 철저한 상호 인정, 즉 나와 다른 남이 있다는 사실을 인정하면서 그 다름을 존중하는 태도가 중요하다. 우연한 관계를 충족시키기 위해서는 타인에 대해 열려 있는 자세가 필요하다. 이렇게 보면 재소자와의 관계도 절대적인 타자성을 전제로 해야 하며 우연성이 반드시 전제되어야 한다. 관계의 서로 다름 또는 절대적 차이로부터 열린 관계가 형성된다. 서로 간의 차이를 적극적으로 상호 인정할 수 있을 때 정상적인 관계가 된다.

재소자를 오래 대하다 보면 교도관은 익숙함에 젖어 자칫 대수롭지 않게 대하기가 쉽다. 이런 차원에서 교도관은 재소자를 매일 새롭게 만날 수 있어야 한다. 매일 우연히 만난다는 느낌을 가질 때, 그들을 더 윤리적으로 대할 수 있다. 사람들의 윤리적 관계는 서로의 일상적인 생활의 익숙함에서 벗어나려 할 때 만들어지는 것일 수도 있다.

좋은 관계를 맺기 위해서는 자신을 포기하는 태도도 중요하다. 즉 자기의 주장이나 평소의 가치관을 모두 편견이라고 생각하면서 사람을 대할 필요가 있다. "더 큰 연관관계를 인지하기 위해 결국 자기 자신을 포기하는 것"(질케 폰 베르스보르트 발라베, 2008; 53)이 필요하듯 지나친 친숙함에 젖어 함부로 재소자를 대할 수도 있다. 자기 포기가 필요한 까닭은 재소자를 있는 그대로 온전하게 만나려는 태도에 기인한다.

만약 그들을 죄인이다, 나쁜 사람이다라는 생각을 교도관이 하고 있으면 그들을 제대로 만날 수 없다. 혹 잘못될 수도 있지만 지금 현재 있는 모습 그 자체를 인정해주어야 한다. 이것이 재소자를 교도관이 접촉하면서 항상 그들을 새롭게 보고자 하는 자세이다. 익숙하게 알아오던 사람들을 새롭게, 낯설게 만날 줄 아는 능력이야말로 재소자를 인간적으로 대하는 방법이다. 있는 그대로 재소자를 존중하는 가운데 그들에 대한 이해도가 높아진다. 그들을 어떻게 판단하느냐는 중요하지 않으며 그들이 나와 같다고 생각하는 것도 금기이다. 2부 2장에서 자세히 논의하겠지만, 그들은 나와 다른 어떤 위치와 역할을 갖고 있는가, 살아온 삶의 맥락이나 환경이 어떠한가를 아는 것이 중요하다. 관계를 갖는다고 함은 이러한 몇 가지 다양한 비교를 통해 있는 그대로의 상대 모습을 아는 것이다. 그들을 자기 생각에 가두거나 엮지 않고 다른 존재로 인정하는 데서부터 관계가 시작되며 이로 인해 윤리적 관계가 형성된다.

나와 관계를 맺은 재소자들은 이미 존재하는 상황이나 생활양식을 갖고 있다. 그러므로 나의 인식이나 판단은 그들과의 관계 속에서 형성된다. 나의 의식, 신체나 몸까지도 그들과의 관계 고리를 맺어준다. "(나의) 몸은 이미 외부 세계의 한 부분"이며 그것은 "사물들과 대립해 있는 것이 아니라 그들 가운데 더불어" 있다(질케 폰 베르스보르트 발라베, 2008; 60)는 말을 생각할 필요가 있다. 그들과의 물리적이거나 윤리적 관계에서 생성되는 기제는 내가 어떻게 생각하고 느끼느냐에 있지 않고 나의 몸까지도 개입되는 사이 존재로서의 관계윤리에 있는 것이다.

교도관으로서의 나의 생각을 배제한 채 재소자들과 대화하기, 그들을 세심하게 집중적으로 바라보기, 그들을 느슨한 상태로 풀어주기 등을 행하다 보면 인간관계에서 어느 한쪽의 개체 상실이 없게 되며 오히려 건전한 의미에서 미결정상태가 유지될 수 있다. 그리하여 그들에게 윤리적으로 침투하거나 스며들 수 있고 개입할 수 있다. 그렇다고 그들이 교도관을 함부로 대하는 일은 발생하지 않는다. 오히려 지나친 익숙함 때문에 윤리가 실종되는 일이 더 자주 있다. 윤리는 오히려 익숙함의 관계를 의도적으로 낯설게 하면서 기존의 익숙한 방식의 만남, 즉 닫힌 만남이 아닌 열린 만남으로 전개되어야 한다. 여기에서 닫혀 있음이 의미하는 것은 윤리적 관계가 배제되어 있고 그러한 관계를 의식조차 하지 못하는 습관화된 만남만이 남아있다는 뜻이다. 윤리적 만남이 이루어지려면 관습화된 만남을 윤리적으로 전환해줄 새로운 만남이 필요하다.

교도관이 재소자를 만날 때는 어느 정도의 거리를 만들고 유지할 것인가가 항상 문제가 된다. 재소자와 교도관의 적정 거리는 어느 정도일까. 사람들 사이의 예의도 적정한 거리를 만들지 않는다면 유지하기가 어렵다. 그렇다고 그 거리가 지나치게 멀어도 문제가 발생한다. 예의가 발휘될 수 있는 적정 거리의 형성을 위해서 먼저 해볼 수 있는 장치는 그 사이에 통상적으로 알려진 도덕적인 덕목을 채워 넣는 것이다. 그러나 이런 방식은 자칫 예의를 형식적으로 묶어버릴 수 있다. 그들과의 적정 거리는 단순히 임의적인 합의나 상식에서 만들어지는 것이 아니라 교정의 복합적인 기술에 따라 만들어진다.

이러한 기술은 약간의 의도성을 전제로 하나 단순히 거리두기의 기술 정도이지 도덕적인 무엇인가를 마구 채워 넣는 것은 아니다. 대신 몇 가지 방법이 있다.

첫째, 대조적 관계이다. 재소자를 대함에 있어 자신과는 다른 모든 맥락과 상황 그리고 역할 이 모든 것들이 총체적으로 대조되어 있다는 사실을 인지해야 한다.

둘째, 대화하고 응답하는 식의 열어놓기가 있어야 한다. 차이만을 발견하는 차원을 넘어서 차이를 포용할 수 있는 여지를 만들어야 한다. 그리하여 재소자들을 대할 때는 적절한 윤리적 틀을 만들어낼 수 있어야 한다. 한쪽이 강하면 다른 쪽은 약하게 하는 식으로 서로가 다가갈 수 있는 대화적 관계가 필요하다.

이는 단순히 의사소통의 효율성의 차원을 넘어 서로를 받아들일 수 있는 포용의 자세를 의미한다. 즉 동질성에 의해 만들어진 포용이 아니라 낯선 존재에 대한 인식을 통해 만들어지는 포용이다. 여기에는 두 사람 사이를 중재하고 중립을 유지하고 대화를 하게 하는 장이 전제되어야 한다. 이것을 '직접 대면의 상호성'이라 부를 수 있다. 이우환이 "만남 속에서 각자가 자기 자신으로 경험되며 동시에 서로를 연결하는 '사이'라는 관계가 형성된다"고 말할 때(질케 폰 베르스보르트 발라베, 2008;189)의 의미도 관계 형성의 조건에 타인과의 상호성이 있음을 의미한다.

서로 간의 차이를 인식하지 못하면 비록 만남이 있다 하더라도 포용하거나 존중하는 윤리적 장을 마련할 수 없다. 예의의 관계를 구체적으로 실현하는 기능은 결국 우리 자신의 몸에 있다. 예의는 실천과 행동으로 나타나는 것으로서, 몸으로 직접 나타낼 수밖에 없다. 이때의 몸은 정적 상태의 신체 이상의 것으로서 손짓이며 표정, 언어 행위 등의 총체적인 몸 행위 전반을 아우른다. 예의 바른 관계는 우리가 몸가짐이라고 부를 수도 있는 몸 행위의 기술일 수 있으며 예의를 행한다고 함은 그러한 몸을 만드는 과정이다. 예의의 몸을 만드는 과정, 즉 지극히 사적이면서도 관계자아를 만들어가기 위한 과정은 앞서 말했다시피 몸의 겹 구조 만들기를 통해 일어난다. 몸은 지극히 나의 것이지만 예의적 관계를 만들기 위해서는 나의 것이라는 단순 구조에서 벗어나 공적이고 관계적인 것으로 거듭나야 한다.

이러한 거듭나는 몸, 사적인 몸에서 공적인 몸으로의 전환이 몸의 겹 구조 과정이다. 교정 공동체에서 교도관의 몸은 재소자들과 관계적 몸으로 거듭나야 하고, 자신의 몸이 그들과 관계적 몸이 되는 과정에서 존중의 덕목도 만들어지는 것이다. 인간다움의 실현도 예의의 몸을 만들기 위한 조건이다. 인간다움은 사람과 사람 사이의 올바른 관계를 설정하는 것이다. 그것은 다양한 현상으로 나타나지만, 궁극적으로는 개인적이고 사적인 자아가 공적인 자아가 됨에 있고, 타인에 대한 사랑과 신뢰와 믿음 등으로 사회화되는 데 있다.

교도관은 재소자와 관계를 고려함으로써 윤리적 성취를 얻어낼 수 있다. 그들이 싫어할 것, 받아들일 수 있는 것이 무엇일까에 대한 숙고와, 싫어함과 도움 요청의 사이 정도의 거리를 잴 수 있는 노력이 필요하다. 좋은 관계를 위하여 교도관은 항상 재소자들과 연결되어 있어야 하는 동시에 재소자들과의 윤리적 거리를 두어야 한다. 이러한 거리두기가 온전하게 작용하려면 그것이 재소자들과 서로 합의된 거리두기라야 한다. 어느 한쪽의 일방적인 거리두기로 남게 되면 윤리적 행위에 이상이 발생한다. 어떠한 거리두기이며 낯설게 하기인가에 대한 모색이 없으면 도덕의 건전성을 확보할 수 없다. 현실적으로 신뢰와 같은 상호 대면의 덕목이 갖추어지지 않으면 관계자아에는 윤리적 희생만 따를 뿐이다. 제대로 된 거리 두기가 가능할 때 재소자를 대하는 교도관의 역할이 의미를 갖는다.

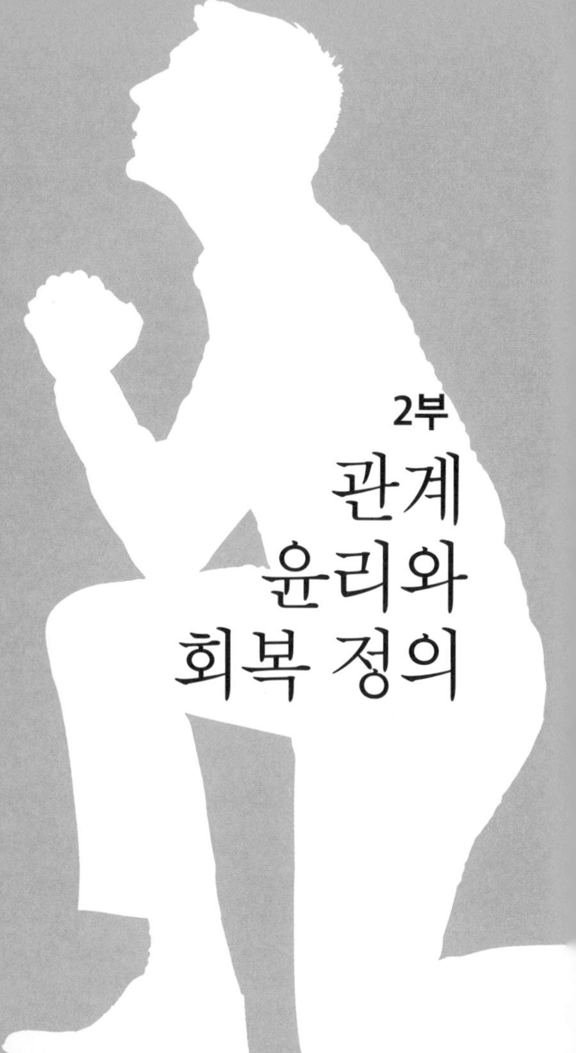

2부

관계 윤리와 회복 정의

1장 '교정가족'의 탄생

1 재소자와 교도관의 대면성

2 교정의 과학기술과 윤리

3 교정가족

2장 교정윤리와 인간관계

1 교도관의 윤리

2 교정윤리의 재교육화

3 교도관의 문화의식

3장 회복 정의와 관계윤리

1 회복 정의, 그리고 몸의 자율성과 관계윤리

2 찰스 콜슨과 하워드 제어의 교정 정의

3 레비나스의 책임 정의

2부에서는 교정윤리와 관련해 자세한 논의를 전개하겠지만, 재소자와 교도관의 관계를 윤리적으로 이해하고자 하는 총체적인 관심을 교정윤리라고 정의하고자 한다. 교정윤리에서는 재소자와 교도관 사이에서 발생하는 윤리적 관계를 어떻게 설정하느냐가 중요하다. 교정윤리는 교도관이 재소자들을 대하는 담론의 총합이라 할 수 있다. 이는 교정의 바람직한 가치를 만들어내고자 하는 '교정가족의 탄생'과도 관련이 있다.

교정윤리는 교정 현장에서의 실행방식이며, 재소자를 위한 기존의 윤리교육과는 성격이 다른 것이다. 비록 윤리교육이 교정 현장에서 이루어질 수 있으나, 이 책에서 말하고자 하는 교정윤리는 이론이 아닌 교도관이 재소자들에게 직접적인 행동으로 보여주는 것의 전체이다. 어떤 특정한 형태를 전제로 한 윤리적 행위가 아니라 교도관이 평소에 재소자들을 다루는 방식이나 태도에서 만들어지는 행위 전체를 의미한다. 교도관의 일상적 처우 형태가 윤리적인 방식으로 진행되어야 한다. 그러므로 수용자의 처우 법률이나 윤리강령을 포함하여 넓은 의미에서 교도관이 재소자들을 대하는 방식 모든 것을 이해하고자 하는 태도가 교정윤리의 영역이다.

엄밀한 의미에서 교정윤리는 교도관을 위한 윤리이지만, 재소자와 관계 속에서 발생하는 것이므로 관계적인 특성을 갖는다. 관계라는 말이 함의하듯이 교정윤리는 교도관의 일방적이고 위압적인 공권력에서 만들어질 수 없고 대신 재소자들이 처한 인간적 입장을 고려한 윤리가 되어야 한다. 재소자를 인격적으로 대한다고 했을 때 흔히 사용되는 말이 인권인데, 인권은 윤리적 방식에서 얻어질 수 있는 결과물이지 인권 자체가 윤리적이 되기 위한 필요충분조건이라고 할 수는 없다. 인권은 윤리적 행위를 통해 만들어지는 결과라 할 수 있다. 즉 인권은 윤리적 처우가 적절하게 작동되었을 때 얻어낼 수 있는 열매이다.

교정윤리는 윤리적 교정이라 할 수 있다. 윤리적 교정이라는 말이 단순히 재소자들을 잘 대해준다는 의미에 지나지 않을 수 있지만, 교정윤리는 더욱 체계적이고 다양한 담론을 통해 논의되는 것이다. 재소자를 대하는 교도관의 태도를 교정윤리라고 했고 그것이 가장 중요하긴 하지만, 실제 교정윤리는 교도소에서 일어나는 재소자 처우의 모든 것을 포함한다. 교도소에 발생하는 수용, 물품 지급, 위생과 의료, 접견, 보호, 분류심사, 작업과 직업훈련, 교육과 교화 프로그램, 안전, 벌칙 등 교정행정 전반에 걸친 모든 영역에서 교정윤리가 적용될 수 있으므로 그 범위는 생각보다 넓다. 교도관의 재소자에 대한 직접 대면의 진폭은 단순히 윤리적 교정이라는 것으로 제한할 수 없다.

교정윤리 담론의 목표는 재소자들의 교화에 있고 궁극적으로는 재사회화를 통해 범죄 발생을 줄이고 안전한 사회를 구축하는 데 있다. 이를 위해 일차적으로 중요한 일은 사람이 갇혀있는 상황을 어떻게 인식하며 갇힌 사람을 어떤 시각에서 바라보고 대할 것인가이다. 이에 대한 논의는 1부에서 충분히 했다고 생각한다. 이제부터는 재소자와 교도관의 관계를 교정가족, 인간관계, 회복 정의의 차원에서 되짚어보면서 교정윤리의 특성을 이해하고자 한다.

1장
CORRECTIONAL ETHICS

교정가족의 탄생

재소자의 몸을 관계자아라는 관점에서 살펴보면서 관계윤리를 '거리두기'라는 차원에서 특성화했다. 레비나스는 타자와의 관계에서 자기동일화의 위험성을 알렸고, 진정한 타인과의 관계는 분리라는 일차적 과정임을 보여주었다. 타인과 제대로 된 분리가 일어나지 않으면 타자는 나에게 전체화되어 소유되고 통제되고 지배된다. 그러므로 분리야말로 타자를 제대로 만날 수 있는, 즉 타자에게로 향할 수 있는 길을 열어준다. 레비나스의 이러한 분리 작업은 거리두기와 같은 의미가 있다. 타자와의 관계에서 윤리적 몸의 변화를 통한 거리두기 과정이 이루어지지 않으면 제대로 된 관계를 맺을 수 없다. 즉 친숙하거나 익숙함에는 이미 자기 주체화 과정이 심화되어 있으므로, 그러한 친숙함에서 벗어나는 것이 필요하다. 거리두기나 분리의 과정 모두 윤리적 태도의 전환을 의미한다.

이 장 1절에서는 재소자와 교도관의 대면성의 필요성을 다루고 2절에서는 최근의 교정 과학기술화에 따른 윤리 문제와 관련해서 직접 대면의 중요성을 다시 강조한다. 3절에서는 교도소가 하나의 가족이라는 전제로 교도관과 재소자와의 관계를 교정가족이라는 관점에서 심화시켜 보고자 한다.

1. 재소자와 교도관의 대면성

이제 교정 공동체의 가능성을 좀 더 구체화하는 작업으로서 교정가족이라는 개념에 대해 생각해 보자. 교정가족은 일차적으로 재소자를 지칭하는 것이지만, 좀 더 넓게는 교도관을 포함하는 가족이다. 즉 구치소나 교도소를 포함한 교정 공간은 재소자뿐만 아니라 교도관이 하나가 되어 일과가 움직인다. 이런 모습 전반을 이해하고 거기에서 윤리적인 논의를 하고자 교정가족이라는 용어를 새롭게 제안한다.

교정가족의 탄생은 교정환경의 본질적 변화를 얘기하는 것이다. 교정가족을 실질적으로 작동시키는 동력은 재소자와 교도관이 직접 대면하는 관계에서 만들어진다. 재소자가 교도관을 부모나 형과 같이, 가족처럼 대하며 의존하는 경우를 가정했을 때 이러한 직접 대면은 반드시 필요하다. 가족 구성원에게 얼굴과 얼굴을 맞대는 대면이 없다면 가족으로서 의미가 없듯이 재소자와 교도관도 직접 대면을 하지 않는다면 교정가족의 의미가 상실될 것이고 교정의 가장 원초적이고 기본적인 특성도 사라지게 될 것이다. 직접 대면은 관심이며 보호이고 애정이며 사랑이다. 그것의 성격이 무엇이든 교도관이 재소자를 어떤 형식이나 틀에 맞추어 대하는 것과 인격을 가진 인간, 더 나아가 가족처럼 대하는 것은 차원이 다르다.

교도관이 해야 할 역할 중 하나인 동정관찰은 수용자 또는 재소자의 동정을 의식적이고 체계적으로 살피는 것이다(류동수, 2013; 6). 이 관찰의 특성은 ①수용자 집단 전체를 보고 적정한 상태에 있는지를 살피고, ②각 작업반을 차례로 살펴 적정한 상태인지, 이상 상태는 없는지 등을 확인하고, ③각각의 개인 수용자를 살펴보는 데 있다. “저 수용자는 별일 없이 잘 지내고 있는가?”라는 의식을 갖고 차례대로 시선을 주어야 한다(류동수, 2013; 5-6). 류동수가 지적하고 있듯이 “근무자의 시선을 느끼는 수용자들은 관리자인 교도관의 존재에 대해 강하게 의식하게 되는 효과”가 있다(류동수, 2013; 6). 이를 보면 동정관찰은 교정에서 직접 대면의 중요성을 가장 잘 나타내는 활동이다. 동정관찰의 핵심은 시선에 있으며 이러한 시선은 교도관이 재소자를 대함에 있어 가장 일차적인 행위이다.

교도관은 재소자를 볼 수 있어야 한다. 시선에서 소외되는 재소자는 관심에서 멀어지게 되고 재소자로서도 자신이 소외되어 있다는 사실을 직감하게 될 수밖에 없다. 물론 이러한 시선은 감시라는 차원을 넘어서 보호와 애정의 의미를 담아야 한다. 따뜻한 시선이 우선되어야 그다음부터 전개될 충고나 지적이 의미를 갖게 된다. 피상적이거나 형식적인 계호는 제대로 된 동정관찰이라고 할 수 없다.

동정관찰은 "시선의 그물망을 좁혀 관찰의 시선을 벗어나는 상황을 최소화"하는 데 있다(류동수, 2013; 4). 이는 한 사람의 재소자도 관심에서 멀어지게 하지 않는다는 뜻이며 피상적으로 관찰하는 것이 아니라 각각의 재소자를 구체적으로 살피는 것이다. 직접 대면이란 바로 이러한 관찰의 시선을 최소화하여 재소자 한 사람을 하나의 인격체로서 대해주는 것이다.

이런 사항은 계호직원이 갖추어야 할 동정관찰의 일반적인 의미이지만, 여기서 한 가지 첨가할 사항이 있다. 진정한 의미에서 재소자의 행동을 살피는 것도 중요하지만, 그보다 더 중요한 것은 재소자의 얼굴을 보는 것이다. 얼굴을 봄으로써 그들의 심리상태나 감정을 추측할 수 있고 건강을 확인해야 한다. 동정관찰이 재소자를 의식적으로 보려는 태도라면, 이를 위해 그들의 얼굴을 보는 것은 반드시 필요하다. 얼굴 만남을 통하여 서로의 시선이 마주침이 정상적으로 이루어졌을 때 동정관찰의 효과가 증진된다.

교도관이 재소자의 마음을 밝게 변화시키려 하고 그들의 처지를 동정하고자 하더라도 이러한 시선의 마주침이 없다면 그들의 윤리적 태도가 정상적으로 기능하는 데는 한계가 있다. 재소자는 교도소 공간에서 일반적으로 자신의 우울하고 어두운 삶의 분위기를 연출하는 데 익숙해져 있을뿐만 아니라 교도관의 시선을 피하려고 한다. 이러한 기피를 적극적으로 변화시켜주는 데에는 시선의 마주침과 같은 적극적인 관심이 최고이다. 얼굴을 보지 않는다면 그들이 무엇을 원하는지, 어떤 일을 힘들어하는지 어떻게 알 것인가.

수용자 관리의 핵심 중 하나로 "경계감호원칙의 실천이 사람을 살리고 사고를 예방한다."는 것처럼(류동수, 2013; 11), 계호는 직접 대면을 통한 관찰이 중요하며 얼굴을 보는 시선이 중요하다. 자해를 하려 하고, 자살 계획이 있던 사람이 이러한 직접 대면과 따뜻한 말 한마디로 심경의 변화를 일으킬 수 있다. 교정시설에서 재소자 처우와 관련한 수많은 말, 예를 들어 신병 확보, 법 집행, 수용질서 유지, 교정, 교화 등이 자칫 공허해지는 것을 방지하려면 교도관이 재소자와 직접 대면하는 동정관찰의 의의를 충분히 활용해야 할 것이다. 이 대면의 문제는 교정 현실에서 수용자의 처우에 대한 문제와 직접 관련된다.

2. 교정의 과학기술과 윤리

계호의 효과와 경비 절감 차원에서 교정에 과학기술 도입을 추진하는 가운데 직접 대면의 중요성이 간과되는 일이 발생하고 있다. 2012년 아시아교정포럼의 국제학술대회의 "교정에서 과학기술과 휴머니스트의 결합"은 비록 교정의 과학화와 인본주의의 결합을 앞에 내세웠으나, 교도소에서의 감시기능을 과학화하는 데 큰 목적이 있었다. 교도관이 할 일을 로봇이 대신할 수 있는가가 초미의 관심이었고 그런 과정에서 발생할 수 있는 문제점을 어떻게 할 것인가가 논의의 중심이었다. 그러한 과학기술을 교정에 접맥한 대표적인 사례로 교정 로봇이 등장했다. 로봇이라는 말에서 알 수 있듯이 교도소에서 재소자에 대한 감시기능을 최대로 끌어올리려는 기획의 장이었다고 할 수 있다.

기술에 대해 현대인들이 겪는 불안이나 공포는 "문화적 지체(culture lag)" 때문에 발생한다. 즉 앞서가는 기술을 누리지 못하는 사람은 심리적 부담을 느낀다. 이러한 불안과 공포는 자신을 유지할 수 있는 인간성의 기본 조건이 기술에 의해 훼손되거나 파괴될 수 있다는 가정에 근거한다. 교정 로봇 출현의 경우에도 위와 같은 불안과 공포가 마찬가지로 일어날 수 있으며 교도관과 재소자 모두 이러한 감정을 공유할 가능성이 크다. 이러한 감정 공유가 교정 로봇에 대한 부정적 시각을 만든다. 재소자의 사생활 침해 문제는 기존의 CCTV 등이 이미 있는 상황에서 교도관의 프라이버시 문제에만 한정하여 그 심각성이 지적되는 것은 아니다. 오히려 앞서가는 기술 문명을 누리지 못하는 사람이 불안으로 부정적인 시각을 드러내는 것이 문제이다.

기술의 과정이나 진화는 인류에게 운명적으로 '주어진' 것이지 어떤 기술은 선택하고 어떤 기술은 선택하지 않는 식의 합의를 끌어낼 수는 없다. 가장 최초의 소박한 기술은 인간의 손이라고 하듯이, 인간이 생활세계를 만들어간다는 사실 자체가 이미 기술의 과정이다. 인류 문명이 만들어진 이래로 기술은 당대 인류의 문화의식을 앞서거나 뒤서거니 하면서 발달시켜왔다. 우리에게 남은 문제는 '제작자로서의 인간'이 자신의 문화를 앞서가고 있는 기술에 어떻게 대처할 수 있는가 이며, 기술과 관련된 다양한 윤리의식은 이러한 간격을 메워주기 위해서 사용될 수 있을 뿐이다. 즉 기술윤리는 기술과 인간의 문화의식의 간격을 조절하는 미시적 담론이라고 할 수 있다.

문제는 교정 로봇의 출현은 교도관과 재소자의 직접 대면의 관계를 훼손하기 쉽다는 데 있다. 문제점은 다음과 같다.

첫째, 교정 로봇과 교도소 환경(교도관과 재소자를 포함한)과의 간격의 차이, 즉 교정적 감성(the correctional sensibilities) 그 간격의 차이를 교정 문화의 지체로 인정한다면 그러한 지체의 성격을 어떻게 구성할 수 있을까 하는 것이다. "CCTV는 되지만 로봇은 안 된다." "야간에는 교정 로봇을 사용할 수 있지만, 주간에는 안 된다." "방안을 들여다보되 교정 로봇이 볼 수 있는 시야의 각도는 제한되어야 한다." 이러한 여러 주장은 교도소 내의 문화적 환경이나 감성과 교정 로봇이라는 기술과의 간격에 기인한다. 바로 이 지점에서 교정윤리가 관여할 수 있으며 사생활 보호와 같은 몇 가지 중요한 논의가 만들어질 수 있다.

둘째, 교정 로봇과 같은 첨단 기술을 재소자들과 교도관 양쪽 모두의 관점에서 어떻게 받아들일 것인가 하는 문제이다. 왜냐하면, 모든 기술이 주어지는 것이고 선택되는 것은 아니라는 주장은 거시적인 관점에서는 옳지만, 구체적인 상황에서 수많은 기술이 만들어졌다가 사라지며 그중 어떤 기술은 살아남는 것이 현실이다. 그런 점에서 특정 기술의 수용은 나름대로 편리함과 효율성 등을 통해 선택되며, 그렇게 선택된 기술은 적응 과정을 거친다. 즉 편리함이나 효율성이 검증되었다고 하더라도 거기에 적응하는 과정이 진행된다. "교정 로봇은 교도관의 불필요한 업무를 줄이고 다른 의미 있는 일을 할 수 있게 한다."

"교정 로봇은 재소자들의 폭력이나 자살방지에 실제적인 도움을 준다"는 등의 주장은 이러한 기술을 수용할 수 있게 하는 근거가 될 수 있다. 한편 "교정 로봇은 재소자들에게 친근하게 다가갈 수 있도록 디자인되거나 적정 역할을 해야 한다." "교정 로봇은 간단한 정도라도 재소자와 대화할 수 있어야 한다."는 등의 주장은 적응의 과정을 뜻한다.

그럼에도 기술과 인간 중 무엇이 주체가 되어 이 둘 사이의 간격을 채워줄 수 있는가 하는 문제는 여전히 남는다. 인간은 단순히 문화적 보수성에서 빠져나와 기술의 진보 과정에 맞추어 현대화하는 일만 남아있는가, 아니면 어떤 기술은 근본적으로 문제가 있으니 취사선택을 하면서 기술의 발전 자체를 통제해야 하는가 하는 것이다.

이 물음은 너무나 크기 때문에 여기서 다루는 데 한계가 있다. 그러나 인간의 문화의식과 기술 발전이 같은 수준으로 진행되어야만 인류는 행복하다. 그런 면에서 교도소 내 로봇의 등장이 교정행정의 문화적 감성이나 수준과 병행될 수 있도록 상호 조절이 필요하다.

적소화 교수는 그의 글에서, 비록 선언적이긴 해도 기술과 인간의 관념이 같이 가야 한다며 "감옥관리의 정보화 건설은 선진적인 기술과 사람의 현대적인 관념이 병행해야 한다."고 주장한다(적소화, 2012; 64). 하지만 기술과 같이 가야 할 인간의 현대화라는 관념이 좀 더 각론적인 차원에서 세밀하게 논의되지 못했고, 그에 맞는 교육 또는 운용 프로그램의 개발 과정이 아직까지 없는 형편이다.

그가 설명하고자 하는 정보화 또는 기술화에 따른 장단점을 [표 2]와 같이 도식화해볼 수 있다.

[표 2] 정보화 또는 기술화에 따른 장단점

장점	단점
• 탈옥 위험의 감소 • 기술과 관념의 동반 상승 분위기 확보	• 자살위험 증가 • 기술과 관념의 불일치에 따른 자원낭비 발생 • 여론에 대한 대응 난이도 상승

위의 표에 대한 이해를 위해 그의 논의를 좀 더 자세히 살펴보자. 그의 3단계 추론 과정인 "정보화→민주화→인권확대"는 기존의 어두운 감옥 이미지를 공정, 청렴, 공헌 등으로 밝게 할 수 있는 계기를 마련하고, 그러한 밝은 이미지에 의해 교도관의 지위도 향상되는 부수적인 효과를 거두고 있다. 그러나 한편으로 단점 중에서 자살위험 증가는 정보화 또는 기술화가 가져오는 폐단이라 할 수 있다. 이는 한 마디로 재소자와 교도관의 인간적인 직접성, 즉 접촉의 부족에서 생겨난다. 다른 경우도 마찬가지이지만 재소자들이 지나친 정보화나 기술화에 노출되면 교도관과의 근본적인 몸의 접촉 횟수나 정도는 상대적으로 낮아진다. 사람들 사이에 일어나는 신뢰나 의사소통, 교류 등이 몸의 일차적인 접촉을 통해 일어나야 함에도, 이러한 인간적인 접촉의 부재나 부족은 기술에 의해 인간의식을 의도적으로 제거하는 결과를 낳게 되며 앞서 우려했던 문화적 지체 발생의 원인이 된다.

재소자들이 수감 기간 무엇을 경험하고 어떤 생활에 습관화되며, 교도소에 대해 어떤 감성을 갖고 출소하는가 하는 것은 상당히 중요하다. 이러한 경험, 습관, 감성은 결국 윤리적 경험, 윤리적 습관, 윤리적 감성으로 자리한다. 교도소에서의 경험, 습관, 감성은 사회에서 그대로 재현되기 때문에 재소자와 교도관의 관계, 여기서는 몸과 마음의 직접적인 접촉이 그들의 생활세계를 구축하는 데 일차적인 요건이 된다. 적소화 교수가 교도관의 사상, 행위, 태도 등 관념의 개방, 그리고 보안과 관련해서 교도관에게 상담이나 복지 능력의 향상을 요구하는 이유는 재소자들과의 직접적인 접촉의 중요성 때문이라 할 수 있다.

재소자 처우를 어떻게 하느냐에 따라 그들의 사회 적응 정도가 달라지며 이는 재범률을 낮추는 데 영향을 준다. 정보화에 따른 기술의 발전, 그리고 교정 로봇과 같은 첨단 기술의 상징에서 우려하는 한 가지는 바로 이러한 몸의 접촉 부재이다. 사생활 보호나 프라이버시 문제는 적응의 문제이며, 일반 사회에서 그러한 점을 인권과 결부시켜 비판하는 문제도 문화적 지체의 간격 감소로 인해 해소할 수 있다. 문제는 기술화에 따라 재소자들과 교도관의 인간적인 관계가 약화되고, 그들 사이의 관계성이 사물화되어 비인간적인 생활세계를 만든다는 데 있다.

교정 로봇은 교도관과 재소자 사이에 위치함으로써 인간적 직접성, 즉 몸의 접촉 횟수나 정도를 감소시키는 원인이 된다. 만약 로봇과 같은 기술을 허용해도 그들 사이의 전통적인 신뢰, 공정성, 정당성 등이 유지될 수 있다면 이러한 감소 요인은 발생하지 않을 것이다. 로봇을 통해서도 '인간적 감시'나 '인간적 안전'을 보장할 수 있다면 교정 로봇의 등장으로 인해 발생하는 관계윤리가 훼손되지는 않을 것이다. 보안이나 감시, 또는 구금 확보는 로봇에 맡기고 규율이나 질서 확보에는 교도관이 관여한다든지, 근무자가 없는 취약 시간에만 로봇의 역할을 한정한다든지 하면 문제를 어느 정도 해결할 수 있다.

외부적으로 교도 행정의 체제를 향상하고 교도관의 행정에 대한 더 많은 이해와 인문적 관심을 유지하면서 교도관의 인권의식이 올라가면, 기술에서 비롯한 여러 문제를 해결할 수 있다. 기술 자체에 대한 습관적인 부정적 태도, 막연한 공포나 불안은 별 의미가 없다. 중요한 것은 인간의 관계성을 해치지 않으면서 기술을 받아들이는 태도이다. 교정시설 변화와 재소자들과의 관계라는 관점에서 보면 교정 로봇의 등장으로 인해 그들에게 거부감이 일어날 수는 있으나, 이는 기계문명에 대한 낯섦과 당황 정도로 어느 정도 예상할 수 있다. 이것은 시간이 지나면서 차차 익숙해질 수 있는 문제이다. 문제는 다른 일반 기술과 마찬가지로 얼마나 인간 친화적이냐에 달려 있으며 교정 로봇도 예외는 아니다.

교정의 효율성과 인권에 관한 물음은 역사적으로나 이념적으로 항상 긴장 상태에 놓일 수밖에 없다. 다만 교정이라는 특수 영역, 즉 기술의 사용자와 피사용자(교도관과 재소자)들이 이러한 긴장 상황을 얼마나 지혜롭게 풀어나갈 수 있느냐가 관건이다. 교정 로봇을 통해 교도관의 주 업무를 교화서비스로 전환할 수 있다는 것은 분명 긍정적이다. 그리고 교도관의 전문성을 강화할 수 있는 계기가 되고, 교도관의 역할을 올바르고 적절하게 적용할 수 있다는 점과 교도관이 겪을 수 있는 여러 가지 신체적이고 정신적인 일차 피해를 미리 방지할 수 있다는 것도 장점이다.

교정 로봇의 출현으로 예상되는 바를 다음 몇 가지로 정리할 수 있다.

①각각의 기술에는 거기에 해당하는 윤리가 있다. 예를 들어 인터넷 윤리, 사이버 윤리와 같이 교정 현장에서의 로봇의 역할인 감시에도 그에 맞는 윤리가 필요하다.

②"교정사고에 대한 일차적 책임을 시스템으로 전환"한다는 말이나, "교도관의 심리적 부담감 감소"라는 말에서 보다시피, 교정 로봇으로 인해 사고 발생 시 교도관의 책임 자체가 소멸되는 것은 아니다. 책임은 그대로 있다. 어떤 면에서는 교도관의 많은 주의를 요구하며 의무, 염려, 배려 등의 윤리 덕목이 더 필요하다. 육체적 심리적 부담감은 줄이되 윤리적 의식은 강화되어야 한다. 책임을 기계에 맡겨둘 수는 없기 때문이다.

③교정 로봇은 어디까지나 보조 역할이라는 사실을 전제로 해야 감시의 수동성 또는 의존성, 인간미 부족, 재소자와의 친근감 부족의 문제를 해결할 수 있다.

과학기술의 발달은 필연적이고, 교도소도 그러한 기술 적용에 끊임없이 노출될 수 밖에 없다. 다만 기술을 도입하면서 특히 인간적인 면을 놓쳐서는 안 된다. 교정 로봇 설치를 인간적인 차원에서 수행하기 위하여 몇 가지 제안하자면 다음과 같다.

첫째, 교정 로봇에 전적으로 감시 역할을 맡긴다는 생각보다는 이는 어디까지나 보조 역할이라는 사실을 인지할 필요가 있다. 즉 감시의 효율성을 증대하되 교도관의 책임은 여전히 유효해야 교정 로봇 운용에서 예상되는 문제점을 막을 수 있다.

둘째, 육체적 심리적 부담감을 줄이되 교도관의 전문성은 강화한다. 동시에 다른 기술 관련 윤리를 참고하면서 교정 로봇 도우미를 활용하는 데 필요한 윤리규정을 제작할 필요가 있다.

셋째, 교정 로봇이 감시 역할을 하면 비밀보장 원칙에 어긋난다는 문제가 있다. 단, 재소자의 자살을 막거나 재소자 중에서도 폭력 등에 쉽게 노출되는 소수자나 약자 재소자의 안전 문제를 해결할 수 있다면, 비밀보장보다 우선순위로 다루어져야 하므로 문제가 해결될 수 있다. 즉 자살예방이 더 중요하므로 비밀보장 문제는 차순위가 되어 위헌적인 성격을 해소할 수 있다.

넷째, 로봇 사용을 부정적인 차원에서 접근하기보다는 인간성 회복이라는 긍정적 기능으로 활용할 수 있는 근거를 마련해야 한다. 감시라는 부정적 기능이 아닌 예방이라는 긍정적 기능을 강조해야 할 것이다.

교정 로봇의 출현을 보면서 3부에서 본격적으로 다루게 될 교정윤리 항목들인 비밀보장과 이중관계 항목을 추가해 논의해볼 여지가 있다. 이와 관련해서 교정윤리를 논의할 때 주의해야 할 사항은 다음과 같다. ①교정 정보화 운영 시스템에서의 인권 문제에 어떻게 로봇이 윤리적으로 대응하고 조절하게 할 것인가, ②교도소의 CCTV와 인권 문제는 어떻게 관련되는가, 특히 경비 로봇의 자동화로 인한 인권 침해 소지에 윤리적으로 어떻게 대응하고 조절할 것인가, ③교도 행정에서 경비 로봇의 인권 침해에 대한 우려를 관련 공무원들에게 어떻게 설득시킬 것인가 등이다.

그러나 이 모든 논의에도 불구하고 너무나 당연한 사실은 교정 로봇은 궁극적으로 교도관의 역할을 해낼 수는 없다는 것이다. 교도관과 재소자들 사이에 있어야 하는 '구술적 감성'(an orally constituted sensibility) 능력이나 환경을 훼손시키는 것은 아닌지를 생각해봐야 한다. 전석환은 "교정 과정은 교화이며, 그 핵심은 재소자와 교도관 상호의 교육과정"으로 보고 이러한 장을 "상호소통의 공간"으로 전제한다. '직접적 관계의 소통 시간'이 줄어들 수 있음에 유의하면서 교도관과 재소자 사이의 구술적 감성의 필요성을 역설하고 있다(전석환, 2012; 33-34). 교도관이 재소자들에게 해줄 수 있는 대화의 수준을 교정 로봇에게 기대할 수 없다는 사실은 너무나 당연하다. 브라이언 크리스천이 기계 모습의 특징을 '지루함'으로 평가하면서 "대화에서 드러나는 열정의 기복은 대화 로봇에게서는 찾아볼 수 없는 인간 대화만의 결정적인 요소"라고 한 점은 바로 로봇이 아무리 발전해도 인간의 살아있는 대화만 못하다는 사실을 보여준다(전석환, 2012; 45; 재인용). 로봇이 사람보다 미흡한 것은 뭐라고 해도 인간미이다. 비록 기계가 인간의 구술적 감성을 어느 정도 대체한다고 하더라도 서로 관계를 의미 있게 맺어주고 공감해주는 '인간다움'은 "인간끼리의 따뜻한 체온"을 나누고 소통하는 데는 한계가 있다(전석환, 2012; 49-53). 이를 보면 직접 대면의 중요성은 아직 기계나 로봇이 대체할 수 없는 인간 고유의 것이라 할 수 있다.

재소자와 교도관의 관계는 직접적이어야 하며 실제 재소자는 이러한 인간적인 대화에 굶주려 있다. 한편, 교도관도 이러한 대화 방식을 소홀히 해서는 안 될 것이다. "교도관의 관리행위는 재소자의 의식과 행동에 직접적인 영향을 주기 때문에" 교도관의 역할이 단순히 기계적이어서는 안 될 것이다. 교정의 효과는 어디까지나 "교도관과 재소자 간의 몸의 접촉 횟수나 정도"에 비례할 것이고 교정의 중심은 그로 인한 "신뢰나 의사소통, 교류"의 확대라고 할 수 있다(조극훈, 2012: 7).

3. 교정가족

지금까지 재소자들의 몸과 얼굴을 통해 관계윤리의 가능성을 다양한 차원에서 점검해보았다. 그리고 그것을 교정 공동체라는 차원으로 확대해서 설명했다. 앞서 언급한 바처럼 좀더 강력한 윤리적 공동체가 성립할 수 있는 방식으로 재소자들과의 관계를 가족이라는 승화된 관점에서 점검할 필요가 있다. 물론 그들은 일상적인 의미에서 자연적 가족은 아니다. 그럼에도 다소 인위적이고 이상적인 관점에서, 가족으로 접근했을 때 교정 공동체의 실체가 분명하게 드러난다.

이 논의를 위해 레비나스의 윤리학을 다시 한 번 빌려오자. 가족 문제는 수많은 방식으로 설명할 수 있지만, 레비나스는 우리가 지금껏 보아 온 방식과는 다른 가족 얘기를 전개하고 있다. 레비나스는 가족을 친숙성이나 친밀함으로 설명하지 않는다. 오히려 적절한 거리두기를 통해 진정한 의미에서 가족으로 재탄생할 수 있는 것으로 본다. 그의 이러한 관점은 재소자들을 가족이라고 부를 때 우리에게 전혀 다른 의미로 나타난다. 이러한 논의를 통해 무엇보다 그들과의 관계윤리가 어떤 방식으로 전개되어야 할 것인가에 대한 지침을 마련할 수 있으며, 교정가족을 어떻게 꾸려나갈 것인가에 대한 구체적인 조언을 받을 수 있다.

레비나스의 타자윤리학에 등장한 가족 개념은 '재소자의 몸'에서 논의했던 거리두기 또는 낯설게 하기 등의 방식으로 사랑, 결혼, 출산, 자녀 등의 제 현상을 이해하는 데 도움이 된다.

이제 레비나스가 말하는 가족에 대한 이야기를 관계윤리의 관점에서 살펴본 후, 교정가족의 의미를 되새겨 보자. 가족의 탄생에는 사랑이라는 위대한 의미가 들어 있으며 가족을 통해 서로의 친밀도와 애정을 자리 잡는다. 가족의 사랑은 인간만이 누릴 수 있는 축복이다. 특히 가족에서 자녀의 출생은 '또 하나의 나'가 만들어지는 곳이다. 사랑을 통해 결혼하여 나이기도 하면서 나가 아닌 존재가 생겨나는 곳이다. 그리하여 가족에는 모성과 부성, 희생의 정신이 깃들고 가족은 서로의 상처와 연약함을 염려와 배려로 어루만진다. 가족은 인간이 인간을 어떻게 대해야 하느냐는 질문에 자연스럽게 응답하고, 외적으로는 가족 밖의 사람들을 만나고 관계하는 데 필요한 원초적인 윤리감을 익히게 한다. 가족 간의 친숙함은 사회적으로는 낯선 사람과의 윤리적 관계의 토대를 마련하는 곳이 된다.

가족은 완전한 남도 아니면서 그렇다고 나 자신도 아닌 그런 존재이다. 부모와 자식의 관계를 보자. 그들이 머무는 집이라는 공간은 나의 소유와 지배욕이 정지되는 곳이다. 집은 나의 경쟁적 소유의식이 휴식을 취하는 곳이며 나를 무방비 상태로 무장해제하는 곳이다. 그리고 자기를 희생하기도 하고, 모성과 부성이 발생하기도 하고, 받기보다 주는 것이 더 자연스럽게 이루어지는 곳이다.

한편 자녀들을 통해 나의 존재감이 영속될 수 있는 곳이기도 하다. 자식의 성장을 통해 부모는 인간적 유한성이 영속되기도 한다. 또한 나 아닌 나가 있는 곳이 집이며, 타인이 된 나가 있는 곳이 가족들이 사는 집이다. 타인을 통해 나를 발견하는 계기를 마련한다는 당위를 인정한다면 가족이야말로 나의 발견을 넘어 나의 문제를 해결하는 곳이 된다.

타인의 얼굴을 통해 우리가 어떤 시공간에 고립된 존재가 아니라는 것을 깨닫게 된다면 가족은 이러한 깨달음을 행동으로 옮기게 하는 계기가 된다. 가족의 탄생 비밀이 여기에 있고, 우리는 가정을 이루면서 이를 실천하고 있는 셈이다. 윤리의 필요성 또한 여기에 있다. 단순히 사회질서를 위해 필요한 정도의 것이 아니라 나의 실존적 문제를 해결하기 위함이다. 자기 주위에 자신과 닮은꼴을 한 타인을 발견함으로써, 그리고 가족을 만듦으로써 우리는 위로받고 불안에서 멀어지는 것을 느끼게 된다. 그럼에도 타인이나 가족을 통해 자신이 치러야 할 대가는 만만치 않다. 윤리라는 것은 기본적으로 남들과의 관계에서 만들어지는 것으로, 일정 부분 고통을 감내해야 하기 때문이다. 우리가 윤리적이 되는 만큼 따라 나오는 것은 고통이다. 고통을 수반하지 않는 윤리는 없다. 가족의 얼굴을 들여다보자. 나는 나의 자식을 나보다 먼저 생각한다. 그리고 그들의 짐을 대신 짊어지기도 하고 그들의 잘못을 자신의 잘못으로 받아들이기도 한다. 심지어 그들과의 관계 속에서 일어나는 고통을 '의미 있는' 고통으로 받아들이기도 한다. 자녀들의 고통을 보면서 그들의 고통에 더 많이 아파하고, 그들의 고통을 책임지려 한다. 그리고 이러한 과정에서 우리는 어느새 자기 삶의 무의미와 유한성을 잊게 된다. 그리하여 가족을 통해 나의 불안한 자유보다 아름다운 책임을 배운다. 나의 얼굴을 하면서도 남이기도 한 그들을 통해 윤리적 고통도 감내하는 것이고, 결과적으로 나는 책임을 갖는 존재로서 이성적이고 합리적인 존재로 거듭난다. 남에 대한 적극적 배려를 통해 진정으로 우리는 자유롭게 될 수 있다.

가족의 대표적 이미지는 친숙함이다. 가족다움은 친숙함과 친밀함을 주고받는 데 있으며 가족의 행복을 구성하는 중요한 요건이다. 그런데도 이러한 친숙함을 통해 만들어지는 행복이 서로의 익숙함이나 동일성의 강요로 불행해질 수 있다는 데 문제가 있다. 가족의 윤리적 현상이었던 사랑, 희생, 염려가 오히려 가족 구성원의 친숙함으로 인해 지나친 소유의식, 서로 간의 지배 또는 통제 욕구로 나타난다. 지나친 친숙함은 가족 서로에게 마음의 상처를 준다. 서로가 지켜야 할 최소한의 존중과 예의를 상실하면 친숙함은 오히려 불행의 조건이 될 수 있다. 가족들 사이의 사랑과 희생이 진정한 의미에서 윤리적 사건으로 지속되기 위해서는 그들 사이에서 적절한 윤리적 거리를 형성할 필요가 있다.

이러한 가족 구성의 의미도 '관계'라는 개념, 특히 '직접적인 대면 관계'라는 개념을 통해 살펴봐야 한다. 이 개념은 가족 형성에 대한 지금까지의 수많은 논의를 가능한 중립적인 수준에서 논의하는 장점이 있다. 왜냐하면, 어떤 형태의 가족이든 가족이라면 직접적인 대면을 전제로 하지 않을 수 없기 때문이다. 그리하여 거의 모든 가족은 부대끼고 대화하는 과정을 통해 하나의 작은 생활세계를 이끌어나간다. 서로의 만남을 지속시키는 수준이 아무리 낮다고 하더라도 가족이라면 직접성과 대면성에서 완전히 벗어날 수 없다. 가족 구성의 요인이나 목적을 행복과 사랑으로 지정했다 하더라도 가족의 안정적 상태를 지속시키려면 직접적 대면 관계는 반드시 필요하다.

가족을 친숙함이라고 규정할 때, 그 친숙함의 속성은 가까이 있음이다. 그것은 얼굴과 얼굴로 마주함이다. 이러한 관계 속에서 가족은 서로에게 "지속해서 책임을 짊어지게 하여, 각각의 내부에 머물지 못하게 한다."(손영창, 2008; 259) 손영창은 이 가까이 있음을 타인에 대한 책임 부여의 원초적 조건으로 이해하고 있다. 물론 가족 간의 염려나 배려, 그리고 책임이 '가까이 있음'을 통해 시작할 수 있다는 사실을 부정하지는 않지만, 가족에 대한 거리두기가 전제되지 않는 가까이 있음은 소유나 지배로 쉽게 빠질 수 있다는 데 문제가 있다. 타자에 대한 자기 동일화 또는 '반쪽 주체성'으로 남기 때문이다. 그러므로 타자 또는 가족에 대한 책임 윤리가 가까이 있음 또는 친숙함에서 출발할 수는 있지만, 그것의 작동 가능성은 거리두기를 통해서만 완성될 수 있다.

가족의 영역에서 이러한 거리두기 개념이 우리에게 주고 있는 메시지는 가족에 대한 존중과 배려이다. 레비나스의 타자윤리 속에 작동하고 있는 가족의 관계에 따르면 가족 구성원들 사이에서 억압이나 폭력이 개입할 여지가 없다. 오히려 가족은 나의 존재적 영속성을 구현하는 장소이며, 그리고 나의 늙음과 죽음이 무한 시간 속에서 초월할 수 있는 공간으로서 사랑과 화합의 장소이기 때문이다. '나의 너머'에 있는 반려자와 아이, 그들의 얼굴을 통해 나의 존재를 확인할 수 있는 실존적 장소이기 때문이다.

레비나스가 가족 행복의 속성을 직접 제시하고 있지는 않지만, 적어도 그의 논의를 따라가다 보면 행복의 바탕을 타자윤리적 관점에서 마련할 수 있다. 가족 행복의 조건은 원초적인 친숙함에서 벗어나 거리두기와 분리를 통해 윤리적 가족으로 새롭게 태어나는 데 있다. 레비나스의 가족에 대한 이야기를 통해 가족의 지나친 친숙함은 정상적인 윤리 관계를 해칠 수 있음을 알 수 있다. 하물며 자연적 가족이 아닌 교도소 재소자들 관계에서 만들어진 친숙함은 좀 더 조심해서 다루어야 할 것이다. 그가 가족 문제를 어떻게 보느냐 하는 문제는 둘째로 하더라도 가족이 갖는 의미는 재소자들에게는 무엇보다 중요하다. 물론 재소자가 수형 기간을 무사히 마치고 원가족으로 돌아가 정상적인 삶을 회복하기 위해서는 무엇보다 그들 자신의 노력이 우선이다. 적어도 그러한 가족 분위기를 교정 현장에서 마련해 줄 수 있어야 한다.

많은 재소자가 전과자라는 낙인을 갖고 살아감에 있어 가족이나 사회가 이를 정상적으로 받아주지 않는다면 재범의 소지가 커지고 교정의 다양한 활동도 무의미하다. 그러므로 재소자 자신의 노력, 그들의 사회 회복을 위한 교정 활동, 마지막으로 가족과 지역사회의 조력, 이 모든 것이 선순환하며 움직여야 교정의 최종 목표를 완성할 수 있다. 그러기 위해서는 이 모든 활동이 단순히 교도소라는 곳이 아닌 '교정가족'이라는 테두리 안에서 설명하는 것이 바람직하다.

공동체의 내재적인 속성은 '서로 도움'에 있다. 교도소 생활도 서로에게 도움을 줄 수 있어야 한다. 서로 돕는다는 내용이 빠진 교화는 빈 껍데기에 불과하다. 많은 경우 재소자들은 가족으로부터 도움을 받지 못하고 소외되는 일이 잦다. 이것은 일차적으로 그들이 비록 출소하더라도 범죄를 짓게 하는 원인이 된다. 물론 재소자 자신의 책임도 있지만, 가족의 조력이 얼마나 중요한지를 보여주는 사례이다. 그러나 교도소 안에는 이러한 실질적인 가족이 없다. 그들에게 그 가족을 대신할 존재는 교도관이며 그러한 교도관의 도움은 교도소 밖 가족의 도움이나 사회의 도움이 총체적으로 움직일 때, 그 효과 또한 증대한다.

교정가족의 외형도 상당히 넓은 수준에서 바라볼 필요가 있다. 교정공동체를 교도소에 한정하지 않고 사회적 범위로 확대하고자 하는 논의는 최옥채의 주장에서도 잘 나타나고 있다. 그는 사회를 대표하는 이미지로 동네의 특성을 교정과 관련하여 설명하면서, "범죄에 합당한 대처를 위해서는 먼저 내가 소속하는 사회조직으로서 동네가 건강해야 한다"고 주장한다(최옥채, 2012; 271).

범죄와 관련해 동네가 갖는 건강성은 "범죄에 포용적인 태도"를 갖는 것이며, 동네 사람들은 범죄와 관련해 "책임을 함께 나누어야 할 것"이다(최옥채, 2012; 273). 동네 사람들이 범죄에 대한 책임을 나눠 갖고 범죄를 남의 일로 보지 않고, 우리의 문제로 보는 사고의 전환이 필요하다. 사람들 간의 관계가 "좋은 동네의 중요한 자원"이 될 수 있는 것이다(최옥채, 2012; 274). 좋은 인간관계는 교도소 내에서 교도관과 재소자 관계에서 출발하여 출소자와 관련된 동네 사람들, 크게 보면 사회와 출소자들의 관계로 확대해 나간다.

교정가족의 범위도 사회 전체로 확대할 수 있다. 비록 이러한 관계성의 확대가 막연하고 추상적일 수 있지만, 이는 범죄자 또는 재소자를 어떻게 대할 것인가에 대한 근본적인 대처 방안이 될 것이다. 최옥채는 동네 주민들에게 다음과 같이 주문한다. ①범죄의 원인과 처벌에 관한 자기 뜻을 일관성 있게 견지해야 한다. ②동네가 나서지 않으면 비행이나 범죄를 사전에 방지할 수 없다. ③범죄의 전체 상황을 면밀하게 이해하려고 노력해야 한다(최옥채, 2012; 275-282)는 것이다.

교정가족의 범위를 확대한다는 의미는 범죄자뿐만 아니라 그의 가족을 지지하고 보살피는 것까지 포함한다. 이는 출소자의 재사회화와 회복에 적절하다. 최옥채가 말하는 동네 주민은 출소자 처지에서 보면 바로 이웃이다. 이웃의 내재적 특성은 앞에서 말한 대로 관계이며 이 관계는 공동체의 속성이다.

교정 공동체의 가능성은 바로 이 이웃의 의미가 재생되는 데 있고, 이는 범죄 문제뿐만 아니라 정상적인 시민사회가 기능하게 하는 역할을 한다. 현대사회의 부정적 현상 중 하나인 가족 기능의 약화는 이웃의 기능도 약화시킨다. 이런 부정적 현상은 결과적으로 관계성의 약화로 이어지며 범죄 재발의 원인이다. 비록 범죄를 저질러 교도소 경험이 있던 사람이라도 출소해서 가족이나 이웃들과 대화를 진솔하게 나눌 기회를 마련할 수 있다면 재범률은 많이 낮아질 수 있다. 범죄 가해자와 피해자 간의 회복 문제도 이러한 관계성이 마련되는 분위기 속에서 가능하다. 이런 분위기가 형성되지 않은 상태에서 가해자와 피해자 간의 회복을 얘기한다는 것은 한계가 있으며 진정한 실효성을 거두기가 어렵다. "시간이 걸릴지라도 피해자와 가해자가 용서와 화해의 관계"(최옥채, 2012; 115)를 가지려면 사회가 범죄자나 출소자를 어떻게 대할 것인지에 대하여 긍정적인 토대가 마련되어야 한다. 교정가족이 한낱 비유로 끝나지 않고 실질적으로 작동할 때, 재소자의 재사회화도 한 걸음 더 앞당겨질 수 있을 것이다.

2장

CORRECTIONAL ETHICS

교정윤리와 인간관계

국내에는 아직 교정윤리 강령이 미국처럼 체계적으로 만들어져 있지 않다. 윤리강령이 우리 실정에 맞게 하기 위해서는 교정학계에서도 이와 관련해 본격적인 논의가 있어야 할 것이다.

1절에서는 교정의 윤리 담론을 전개하면서 교도관과 재소자 사이에 내재해 있는 윤리 문제가 무엇인지를 살펴본다. 2절에서는 교도관의 부패 문제를 구체적으로 논의하면서 부패의 발생 근거가 교정행정 제도와 교도관의 도덕성 둘 다에 있음을 지적한다. 그럼에도 교도관의 도덕성에 좀 더 주목하면서 다미코의 교도관 재교육화 논의를 소개한다. 3절에서는 마이어스의 인간관계적 접근 방식을 통해 교도관의 윤리 문제 해결을 위한 교육 프로그램을 소개한다.

교정윤리 강령 제작의 어려움은 인접 다른 영역의 직업윤리와는 달리 그 나름의 독특한 성격에 기인하며 국가, 인권, 인간성과 같은 문제들과 연결되어 있다는 사실에 유의한다. 이 장이 미국의 교정윤리 담론에 의존하는 한계는 있지만, 국내에 아직 교정윤리에 대한 논의가 충분하지 않은 현시점에서 참고할 필요가 있을 것이다.

교도관과 재소자 관계에서 일어나는 윤리적 문제를 교정윤리라고 한다면, 이러한 논의는 교정을 어떻게 볼 것인가 하는 큰 담론인 교정철학에 의존한다. 즉 교정에 대한 거대담론인 철학 논의가 어떻게 전개되느냐에 따라 교정윤리에 관한 논의도 그에 따라 다르게 전개될 것이다. 예를 들어 교도관이 무력화(incapacitation)와 억제(deterrence) 측면에서 활동하느냐, 아니면 사회복귀와 갱생(rehabilitation) 측면에서 활동하느냐에 따라 재소자를 대하는 방식은 판이하다.

최근 들어 교정을 강제적 억압에서 사회복귀나 회복으로 보고자 하는 태도는 미국 교정학의 일반적인 추세이다(Mackenzie, 2001; 300). 한국에서도 사법 회복으로 변화하는 추세이다. 사회복귀나 갱생에 대한 방식, 즉 어떻게 하면 사회복귀를 제대로 할 수 있는가에 대한 방법론적 차이가 있을 뿐이다. 그리고 사회복귀 정도에 따라 교화 프로그램의 운영방식과 다른 모양새의 교화행정도 나타난다. 그러나 이런 방식의 교정이 성공적으로 수행되는 한편에서 재소자의 무력화냐 아니면 갱생이냐가 여전히 논란이 되고 있다. 어떤 식이 되든 간에 교정윤리는 양쪽 모두에서 필요한 사항이다. 왜냐하면, 교정윤리는 교도관과 재소자 두 주체가 존재하는 한 그 정도나 방식의 차이 정도를 보일 뿐이고, 무력화와 갱생이 갖는 재소자 취급의 질적 차이는 크게 없다.

교도소에서의 윤리 문제는 다양한 경로를 통해 일어난다. 교정행정, 교도소의 환경, 재소자 처우, 노인 또는 여성 재소자, 부패, 차별 등이 그 경우이다. 이러한 문제들을 살펴봄에 있어 먼저 고려할 사항은 도대체 재소자는 어떤 사람인가에 대한 근본적인 물음이 있어야 한다.

이 물음은 1부에서 다양한 방식으로 살펴보았지만, 현실적으로 크게 대척점에 서 있는 두 가지 잘 알려진 방식은 그들이 위법했으므로 그만한 대가를 치러야 한다는 보수적 견해가 있고, 반대로 위반한 만큼만의 대가 이외에는 어떠한 통제나 제재도 가해서는 안 되며 "최선의 적절한 방식"으로만 그들을 대해야 하고, 나아가 교화와 회복의 방식으로까지 전개되어야 한다는 방식이다. 간단히 말해 처벌의 개념으로 볼 것인가, 아니면 교화의 대상으로 볼 것인가에 따라 접근 방법이 보수와 진보로 달라진다. 앞으로 언급하겠지만 이러한 관점의 차이는 교도소 현장에서 교도관이 재소자를 대하는 윤리 행위의 차이를 만들어낸다.

교도소의 민영화, 보호관찰의 활성화, 회복 정의와 연계된 피해자 사법 강조 등 일련의 변화는 구금이나 수용, 감시라는 보수적 접근에서 탈피하는 추세이다. 이러한 변화는 교도관이 재소자를 대하는 방식에서도 변화를 가져왔다. "범죄는 구금을 통해서 줄어들 수 없다"(Whitehead, 1998b; 285)는 미국에서의 연구 결과도 이러한 교정 정책의 변화를 보여준다. 그런데 각각의 접근 방식에는 장단점이 있다. 보수적 접근은 위법에 대해서 교도소 구금만이 유일한 해결책이라는 것을 지나치게 강조하는 경향이 있다면, 진보적 접근은 사회가 범죄자를 다룸에 있어 죄갚음이나 피해보상에 대한 일반의 보상 욕구를 무시하는 경향이다.

미국에서 시작하여 국내 교정학계 일부에서 일고 있는 평화창출학적 접근은 이러한 극단적인 두 입장을 중화시키려는 입장이다. 평화창출학적 접근을 국내에 본격적으로 제시한 이백철의 경우, "비폭력적 담론대치의 범죄해결 방식"을 대안으로 내놓는다(이백철 , 2006; 15). 지역사회의 역할과 중재, 갈등 해결, 화해, 조정 등의 방법은 평화창출학이 제안하는 방법론으로서 큰 의미가 있다. 그는 또한 "진정으로 박탈적 환경에서 벗어날 수 있는 길과 사회로 복귀했을 때 타인의 인권을 존중하고 타인으로부터 인권을 존중받는 방식을 교육하는 것이 진정한 인권교육이다."(이백철, 2006; 19)라고 주장한다. 교정윤리가 작동하는 곳이 교도소 안이라는 지금까지의 제한된 사고를 비판한다. 또한, 이러한 접근은 "인권교육은 그 자체로 독립되어 존재할 것이 아니라 교정의 목표인, 사회로의 건전한 복귀와 연계"(이백철, 2006; 19)가 되어야 한다는 교정윤리의 적극적 형태를 말해준다. 교도소를 보는 사회적 시각, 재소자를 대하는 여러 시각이 인권의 정체성을 다르게 보여주기도 한다. 이는 곧 교도관이 그들을 대하는 태도에 영향을 끼쳐 교정윤리의 양상을 드러내는 중요한 역할을 한다.

지금까지 교도소는 태생적으로 보상과 보복의 공간이었다. 교도소는 상냥함, 예의, 쾌적함, 안락함을 누릴 수 없는 곳이며 노동이 일상화되고, 구금 기간으로 계속된 지루함을 느끼며, 지속적이고 계획적인 고통이 만들어지는 곳이었다. 갇혀있다는 자체가 고통일 수도 있으나 사회 일반의 시각은 그 이상의 고통을 재소자에게 요구한다. 자기 존중감을 의도적으로 말살하고 "가능한 한 나쁘게 대우해야만" 교도소가 그 본연의 의무를 다하는 것으로 생각하는 경향이 있다. 이런 조건에서 교도관이 재소자를 어떻게 대할 것인가는 너무나 분명하다. 이런 식으로는 긍정적 의미의 교정윤리를 실현한다는 것은 불가능하다. 이 방식에 변화가 없는 한 교정윤리나 그와 관련한 교정윤리 강령은 현실과 항상 따로 갈 수밖에 없고 유의미한 강령이 만들어지기도 어려울 것이다.

윤리적으로 올바른 방향은 그의 죗값에 맞게 재소자를 어떻게 처우하느냐에 달려 있다. 적절성이 상실될 때, 재소자와 교도관 사이에 정상적인 윤리 관계를 형성할 수 없으며, 불신과 적대감으로 가득 찬 환경의 교도소에서 올바른 교정활동은 이루어질 수 없다. 윤리는 그 성격상 관계적인 것이고 항상 상호적인 것이기 때문에 혹여 어떤 교도관이 일방적으로 시혜를 베푸는 것이 윤리적인 것만은 아니다. 한 교도관이 인간성이 좋아 재소자를 잘 대우할 수 있지만 보편적인 윤리를 전개할 수 없다. 강령이나 규정은 무차별적이면서 객관성을 담보로 해야 하는데 이러한 자의적인 방식으로는 재소자와 교도관의 관계윤리의 중요성을 대체할 수 없다. 오히려 강령이나 규정은 한 사람의 나쁜 교도관을 위해 필요할지도 모른다.

결론적으로 말해 어떤 식이 되던 강령과 규정은 한 사람의 교도관을 위해 있는 것이 아닌 교도소 안과 밖에서 일어나는 교도관과 재소자의 일반적인 상호 존재 자체를 설명하는 역할을 담당해야 한다. 이런 면에서 교정윤리는 교도소에 속해 있는 양쪽의 사람들, 즉 교도관과 재소자 모두를 위해야 하고 교정행정 전체, 나아가 범죄 일반을 대하는 사회의 시각 전체를 설명할 수 있어야 한다. 교정윤리가 개인의 심리적 또는 도덕적 한계를 넘어서야 하는 이유가 여기에 있다.

교정윤리는 인간에 대한 존엄성을 유지하고 최소한의 도적적 수준을 허락할 수 있어야 한다(화이트헤드, 1998b; 290). 우리는 그들을 인간적으로 비난하고 조롱해야 하는가? 또는 그들이 그들의 잘못된 위법행위에 대해 벌을 가하고 고통을 주는 것을 무조건 합법적인 것으로 봐야 하는가? (화이트헤드, 1998b; 291) 화이트헤드의 이 질문은 재소자에 대한 인간주의적 접근으로 재소자의 인권을 생각하고 그들에게 최소한의 휴머니즘을 제공하기 위함이다. 그래서 교정윤리는 인간주의 즉 휴머니즘에 바탕을 두고 전개되어야 한다. 만약 죗값을 치러야 하고 교도소에서 재소자 관리를 구금의 형태로 고집하는 한 교정은 그 본래의 기능에 충실할 수 없다. 그러므로 교도관의 소극적이고 방어적인 차원에서의 교정이 아니라 적극적이고 문제를 해결하기 위한 차원에서 윤리가 필요하다.

교도소에서의 윤리강령의 성공 여부를 결정하는 것으로 흔히 재소자의 안전을 든다. 사실 신체의 안전은 매번 강조해도 모자람이 없다. 그러나 교도관이 위압이나 강압을 행사하지 않고 재소자들이 긍정적 의식을 갖고 생활하도록 하는 것과 그들을 어떻게 대하고 그들이 처한 상황을 어떻게 받아들일 것인가 등은 안전 이상으로 중요하다. 재소자를 용서할 수 없는 존재로 대하는 방식이 좁은 공간에서 오래 지속될 때 그들 또한 자기들 식으로 교도관들을 대하게 될 것이다. 교도관은 재소자를 같은 인간으로 동등하게 생각하며 보살피는 태도가 필요하다. 나쁜 사람이라는 선입관 때문에 인간의 존엄을 등한시하면 교정은 설 자리가 없다. 교정윤리에서는 이런 문제에 긍정적이고 적극적으로 개입해야 한다.

1. 교도관의 윤리

교정 현장에서 일어나는 윤리적 문제를 이해하기 위하여 교도관의 부패 문제를 논의할 필요가 있다. 교도관의 부패는, 교정윤리의 근거가 교정행정 체제에서 만들어지기는 하나 교도관 또한 어쩔 수 없이 체제의 희생양이 되기도 한다, 그러나 아무리 체제가 문제가 있다고 하더라도 교도관은 자신의 도덕성으로 그러한 문제점을 줄여나갈 수 있어야 한다. 많은 경우 교도관의 부패는 도덕적 해이에서 기인한다. 교정 일선에 있는 교도관이 어떻게 행동하느냐에 따라 비윤리적 행위는 제어할 수 있다. 국내에는 아직 교도관의 부패 문제를 윤리적 관점에서 다룬 연구가 없으므로 미국의 교정 현장에서 발생한 부패 사례를 중심으로 살펴보고자 한다.

부패의 종류는 교도관 자신의 태만에서 오는 부패, 개인적 친근함이나 상호이익에 의한 부패, 부정행위, 교도관의 직권 남용이나 의무 불이행, 그리고 재소자에 대한 물질적 편의, 권력이나 직위를 이용하여 재소자에게 여러 가지 편의를 제공하는 것을 들 수 있다(매카시, 1998; 251). 매카시는 부패의 종류와 함께 교도관의 부패 문제의 성격을 자세히 제시하고 있다. 그는 "교도관의 개혁이 이루어지지 않는 이상 그 어떤 것도 해결할 수 없다"(매카시, 1998; 252)고 주장하며 교정윤리의 문제점과 동시에 해결 방법까지도 교도관의 부패 문제와 직접 관련되어 있다고 한다.

그는 역설적으로 교도관 부패의 근본 원인을 교도소라는 공간을 통한 재소자들의 갇힘, 갇힘의 고통(pains of imprisonment)에 있다고 본다. 재소자는 갇힌 상태에서 임시 석방이나 사면 등을 통해 교도소라는 공간에서 빠져나오길 원한다. 비록 임시 석방과 같은 제도적인 탈출이 아닌 낮은 단계에서의 탈출 욕구는 누구나 갖는다. 그리고 재소자들이 자유를 원하는 만큼에 비례해서 이러한 욕구를 통제하는 교도관에게는 그만큼의 힘이 발생하며 다른 부패도 증대한다. 즉 교도소가 근본적으로 갇힘 즉 구금의 공간이고 교도관이 그러한 자유 속박의 통제 주체라면 부패는 필연적으로 일어날 수밖에 없다. 힘의 균형이 무너진 상태에서 한쪽에서는 좀 더 자유롭기를 원하고 다른 한쪽에서는 이러한 자유를 통제할 수 있는 위치에 있게 되어 직권 남용이나 오용의 문제가 발생한다. 물론, 이러한 힘의 불균형에 의한 한쪽의 권력 남용은 교도소뿐만 아니라 사회 일반적인 현상이기도 하다.

그렇다면 힘의 불균형을 깨는 것 말고는 부패 문제를 근본적으로 해결할 길은 없는 것인가. 그리고 교도관과 재소자 사이에 힘의 균형을 회복하는 방법은 없을까. 그 답은 여전히 회의적일 수밖에 없고 교도소가 구금의 공간으로 남아있는 한 이 문제는 해결하기가 쉽지 않다. 교도소의 재소자 인권이 아무리 증진된다고 하더라도 이 문제를 완전히 해결한다는 것은 불가능해 보인다. 그럼에도 감시와 처벌이라는 교도소의 체제 기능이 전폭적으로 변화하거나 상당한 수준으로 과학화된 교정윤리 교육 프로그램으로 교도관의 인격이나 도덕 발달에 영향을 준다면 어느 정도 해결책을 찾을 수는 있을 것이다.

부패는 감시와 처벌이라는 교도소 기능 이상으로 교도관 개인의 도덕성과 관련이 있다. 이 지점에서 최소한의 부패를 교도소가 가진 감시와 처벌 때문에 인정한다고 하더라도 최소성을 넘어서는 부패는 교도관의 도덕성과 관련이 있다고 생각해도 될 것이다. 감시와 처벌이 교도소의 기능이라고 하더라도 이를 수행하는 교도관이 국가로 상징되는 구금의 대행 또는 대의적인 역할 만을 수행해야겠다는 자의식이 충분하게 형성된다면, 많은 문제를 해결할 수 있다. 한편 부패의 최소성에 더해 부정적 부패(the negative corruption)라는 개념을 추가해보자. 이 개념은 적극적 부패(the positive corruption) 즉 교도관의 의도적이고 조직적인 부패가 아닌 교도소라는 사회 제도적 산물에 의해 만들어질 수밖에 없는 소극적 부패를 의미한다. 최소한의 부패나 부정적 부패는 교도관들의 부패라고 할 수 없으며 그것을 교도관에게 책임 지울 수 없다. 물론 밀매나 횡령을 방지하기 위해 교도관에 대한 대우를 더 좋게 하는 방법이 있으나 이는 본질적으로 부패의 최소나 부정의 원칙에 어긋난다.

이러한 주장이 설득력을 얻기 위해 교도관의 재량권 문제를 살펴볼 필요가 있다. 법을 남용한다든지, 불법행위, 직무유기와 같은 행위는 교도관의 적극적 부패의 형태이다. 교정에서 문제로 삼고 윤리강령의 필요성을 제기하는 영역은 바로 이러한 적극적 부패가 만들어지는 조건이다. 이는 교정행정에서 만들어지는 것이 아니며 교도소의 재정 문제 때문에 일어나는 것도 아닌 교도관 자신의 도덕성 문제에 기인한다. 그리고 이러한 도덕성 문제도 단순히 착한 교도관인 개인에 의존하는 차원을 넘어 광의적인 차원에서 다루어야 한다.

어떻게 보면 감시와 처벌은 교도관에서 나오는 것이 아니며 한 사람의 임의적인 재량권에 의해 만들어지는 것도 아니다. 오히려 제도와 규칙에 따라 교도관이 제도와 규칙을 대행하는 존재로 있어야 한다는 사실 때문일 수 있다. 최근 들어 국내에서 사설교도소에 관한 논의가 있지만, 사설교도소의 핵심은 교도관의 재량권을 '부드럽게' 하는 데 있다. 국가의 힘을 대신하는 현행 교정 운영방식을 떠나 마치 회사의 한 직원으로서 행동할 수 있다면 재량권의 사용은 전혀 다른 모습을 갖게 될 것이다. 교도소 민영화 문제는 국가 권위가 걸린 위신의 문제도 아니며 정의 수행의 정당성 문제도 아니다. 국가 재정의 문제는 더욱 아니다. 오히려 재소자 인권 문제이고 교도관이라는 직업의 윤리적 회복에 의한 부패 감소에 있다. 국가의 이름으로 태어난 교도소는 항상 죄지은 것 이상의 죗값을 치르게 하는 부작용을 낳는다. 갇힘의 고통이 교도소를 민영화한다고 해서 현저히 줄어드는 것은 아니지만, 그 질적인 면에서는 큰 변화를 가져올 것이다. 힘의 상징과 정의가 부가적인 고통을 재소자에게 치르게 한다면 민영화를 통해 얻어내는 간힘에는 이러한 부가적인 고통에 따르는 부패의 문제를 줄일 수 있다. 국내 교도소 민영화의 현실을 보면 이러한 단정이 여전히 불완전하겠지만, 민영화의 미래를 낙관해볼 때 죄지은 만큼의 죗값, 즉 그만한 정도의 간힘의 고통을 정확하게 계산해낼 수 있는 여지가 더 만들어질 수 있는 것은 분명하다. 또 그에 따른 부패의 문제도 정당하게 논의할 수 있는 공간이 더 생겨날 것이다. 교정윤리의 구축은 이러한 문제를 해결하는 데 일조할 수 있다.

매카시는 부패의 동기를 없애는 방법으로서 감시와 처벌에 따른 재소자에게 교도관의 억압이나 강제성을 완화하고 이것이 그들로부터 직접 생성되지 말아야 하는 점을 강조한다. 그에 의하면 진정한 교화는 재소자가 교도관에게 복종하는 사적 구조가 남아있는 한 해결될 수 없다(매카시, 1998; 258). 교도관의 강제성을 강화하는, 즉 국가의 권력을 말 그대로 대신한다고 생각하는 교정에서는 부패는 계속될 수 밖에 없다.

그렇다면 현 상태에서 점진적으로나마 교도관의 부패를 방지하려는 방법으로 교도관의 윤리를 어떻게 증진해야 할 것인가가 중요한 과제로 남는다. 또한, 교도소 민영화가 의도하는 이상적인 목표를 달성하지 못한 시점에서 어느 쪽에서든 교도관 인성과 관련한 도덕성 문제는 당면한 해결과제이다. 이를 위해 마이어스의 교도관의 도덕성 강화의 인간관계적 윤리 접근의 방법을 살펴보면서 셀프와 다미코가 제안한 교육 프로그램의 성과까지 확인해보고자 한다.

2. 교정윤리의 재교육화

셀프와 다미코는 미국 지방 교도소에서 실시한 철학교육 프로그램을 소개하면서 재소자에 대한 철학교육의 성과, 교화의 방법으로서의 인문학의 성격, 그리고 교화를 통해 형벌의 문제를 어떻게 해소할 수 있는가를 경험적으로 보여주고 있다. 비록 그들의 연구 성과가 오늘의 시점에 비추어 봤을 때 다소 낡은 것이지만 형벌의 문제를 자유주의적 시각에서 살펴보는 데는 여전히 유효하다. 특히 철학교육을 통해 형벌의 문제를 해소하는 방식과 이를 통해 교정윤리의 철학적 의의를 재고하는 모습은 유의할만하다.

1983년에 그들은 6개 교정시설에서 18개의 철학 관련 교과목을 운영했는데 교과목은 성차와 인종 문제, 분석철학, 문제 해결의 인간학, 인성 이론 등이었다(피트 셀프, 로버트 다미코, 1983; 269). 연구자들은 교도소 내에서 철학교육을 통해 재소자의 출소기일을 앞당길 수 있다고 보았으며 교화의 가능성을 높이고 교화에 있어 일련의 치료적 의미까지 성취했다(피트 셀프, 로버트 다미코, 1983; 270)고 주장한다.[3] 그들은 교도소가 형벌을 집행하는 기관으로 남아있는 한 교화나 교정의 필요성은 커질 수밖에 없다고 본다. 교도소는 재소자에게 신체적 위해를 가하는 공간이 아니라 치료를 받는 공간이 되어야 하며 감금과 투옥이 아닌

---

3 최근 국내에서도 활발하게 논의되고 있는 인문 치료나 노숙자나 재소자에 대한 인문학적 접근은 그들의 선구자적인 연구를 통해 만들어진 것이다. 한국연구재단에서 해마다 기획하고 있는 인문주간 행사도 재소자처럼 소외되고 긴급성을 요구하는 집단을 우선 대상으로 한다. 이런 관점에서 최근 〈아시아 교정포럼〉의 인문주간 행사는 교도소의 재소자를 대상으로 하여 인문 치료의 성과를 어느 정도 달성했다. 문제는 셀프와 다미코의 프로그램처럼 지속성을 갖고 진행하지 못한 것이 아쉽다.

병원의 기능으로 전환해야 하며 교도소 내에 사회교육을 진행하는 것이 진정한 의미에서 교정으로 가는 지름길로 인식했다.

베카리아가 그의 《죄와 벌에 대한 에세이(Essays on Crimes and Punishments)》에서 지적했다시피 교정 또는 교화는 신체적 위해를 처벌로 규정하는 중세적 사고의 대안으로 나타난다. 문제는 이러한 교화를 단순히 처벌의 기술적 대안으로만 취급할 것이 아니라 그 안에 담긴 내재적 의미를 읽어내야 한다는 데 있다. 셀프와 다미코도 지적하듯 인간성을 향상하면서 교화의 교육적 의미, 그리고 교화가 정상 시민으로 거듭나기 위한 이성적인 인간으로의 전향에 있다는 사실이 중요하다. 그러나 이러한 거대담론보다는 교도 행정 전반에 걸쳐 진행되고 있는 교도관과 재소자들 사이의 윤리적 관계를 점검하는 일이 더 중요하다. 교도관이 재소자를 대하는 방식이 처벌의 전통적인 상태로 남아있을 때, 그들 사이의 관계는 절대 윤리적일 수 없다. 윤리적이지 못할 때 교정윤리의 내재적 바탕을 이루는 인권을 훼손시키는 문제는 끊임없이 일어난다.

재소자를 인간성을 갖춘 이성적인 존재로 규정할 것인가 하는 것은 교화의 시작점이기도 하지만 동시에 윤리 교정의 기초이다. 교정은 재소자들의 신체에 위해를 가하는 것이 아니라 그들의 정신, 즉 그들의 범죄 동기나 의도, 그리고 의의를 재고하는 차원에서 진행해야 한다(피트 셀프, 로버트 다미코 , 1983; 272). 교정에서 윤리강령의 의의도 어디까지나 재소자의 정신적 차원을 교화할 수 있을 때 그 본래 의미를 발휘할 수 있다. 이는 윤리강령이 단순히 교정행정을 원활하게 수행하기 위한 규칙이나 규정 준수 정도가 아니라 교화의 본래 정신을 찾아내는 데 그 목적이 있기 때문이다. 이런 차원에서 교정윤리의 세부사항은 단순히 말 그대로의 규정의 나열이 아니라 교화, 좀 더 구체적으로는 사회복귀나 갱생의 정신을 살릴 수 있고 현실적으로 교정의 효율성을 살리는 데까지 적극적으로 나아가야 한다. 교정윤리가 소극적이고 방어적인 차원에서 이루어지는 것이 아니라 적극적이고 참여적인 차원에서 논의되어야 하는 이유이기도 하다.

교정은 재소자의 성격을 변화시킬 수 있어야 할 뿐만 아니라 치료적 성격까지 갖추어야 한다. '형벌의 인간화'(humanization of punishment)라는 개념은 재소자를 치료적 관점에서 바라보는 것이며 갱생을 치료적 모델로 접근하는 것이다(피트 셀프, 로버트 다미코, 1983; 273). 이러한 관점을 교육 프로그램에 적용하기 위해 셀프와 다미코가 제시하는 재소자 교육 프로그램은 일차적으로 토론과 대화의 교육환경을 제공하는 것에서부터 시작한다. 재소자를 전통적인 방식으로 가르치려 하는 것은 좋지 않으므로 좌석 배치를 둥글게 하고, 다양한 역할 프로그램을 제시했다. 한편으로는 지식 전달이나 계몽 위주의 교육방식을 지양하고자 했다. 그들에게 자유로운 대화 공간을 제공하여 비판적이고 열린 토론 분위기를 제공한 것이다(피트 셀프, 로버트 다미코, 1983; 277).

셀프와 다미코의 토론 중심의 교육 프로그램은 재소자가 계몽 중심의 교화 프로그램의 한계를 극복하는 데 도움을 주었다. 그러나 이는 직접 교도관을 대상으로 한 교육이 아니므로 재소자들만을 위한 윤리교육으로 한정될 개연성이 높다. 이런 면에서 다음에 소개하고자 하는 마이어스의 인간관계적 접근을 통한 교도관들의 교육 프로그램은 더욱 진화된 모습을 보여준다.

셀프와 다미코의 교육 프로그램이 재소자들을 위한 것이었다면, 그래서 교화의 목적이 강조된 것이었다면, 마이어스의 도덕성 교육은 교도관을 대상으로 한 체계적이고 과학적이며 인간관계의 의미를 강화한 프로그램이다. 교도관을 대상으로 하는 교육 프로그램은 교정 현장에서 직접적이고 체계적으로 교정윤리 교육의 효율성을 높일 수 있다.

3. 교도관의 문화의식

셀프와 다미코의 재소자 대상 교육 프로그램과는 차별성을 갖는 마이어스의 교육 프로그램을 살펴보자. 이는 앞서 논의했던 교정윤리와 관련된 문제를 해결하기 위한 하나의 모델이다. 마이어스(Laura B. Myers)는 교도관과 법을 위반한 재소자 사이의 갈등은 근본적으로 서로의 문화에 대한 이해 부족에서 일어난다고 보았다. 교도관이 재소자를 비윤리적으로 대할 수밖에 없는 이유는 재소자의 총체적 삶의 양식에 대한 이해 부족이라는 것이다. 만약 교도관이 미처 알지 못했던 재소자의 문화적 배경을 이해한다면 그들과의 사이에서 일어나는 비윤리적인 문제점을 해결하는 데 도움이 될 것이다.

새로운 재소자가 들어왔을 때 교도관이 그의 사회에서의 인적사항을 서류상으로 확인하고 그가 어떤 사람인가를 파악했음에도 재소자의 문화 배경을 충분히 이해하지 못한다면, 그리고 그것이 서로 일정 수준에서 화해할 수 있는 수준의 것이 아니라면, 쉽게 편견을 낳을 수밖에 없다. 교도관의 종교가 기독교이고 재소자의 종교가 불교이거나 무종교라면, 그리하여 교도관이 자신의 종교에 충실하고 일정 정도의 타 종교에 대한 편견마저 갖고 있다고 가정한다면, 이 교도관은 재소자를 대하는 방식이나 그의 범죄 행위를 대하는 방식은 왜곡하기 쉽다.

마이어스는 문화 의식(cultural awareness)의 중요성을 언급하면서 문화 차이를 극복하지 못하면 교도관이 재소자를 윤리적으로 대하는 데 한계가 있다고 본다. 문화 차이는 교도관의 문화의식의 이해도를 높임으로써 해결할 수 있으며, 이는 결과적으로 교정윤리가 정상적으로 기능하게 되는 계기가 된다. 교도관의 문화의식 필요성은 교도관이 재소자와 문화 차이에서 만들어진 갈등을 어떻게 줄일 수 있을 것인가에 놓여 있다. 갈등이란 인간 사회의 일반적인 현상이기도 하지만, 교도소라는 제한된 공간에서는 그것이 증폭될 수밖에 없다. 이는 문화 차이로 인한 갈등 때문에 교도관이 재소자와 윤리적으로 적절하게 대하는 것을 어렵게 한다. 즉 문화 차이가 갈등을 만들어내고 이러한 갈등이 비윤리적인 결과를 만들어낸다. 문화 차이로 인해 의사소통에 장애가 일어나고 상호 간의 신뢰가 깨어진다면 어쩔 수 없이 갈등관계로 진행하며 인간관계에서 지켜야 할 기본적인 윤리적 행위가 제 기능을 하지 못하게 될 것이다. 마이어스는 교도관과 재소자의 원초적 갈등은 마치 법이나 규칙을 준수하고자 하는 사람들과 이를 지키지 않는 사람들 사이의 문화의식 차이와 같다고 본다(로라 B. 마이어스, 2000; 185).

이러한 문제점을 해결하기 위해 인간관계를 총체적으로 살펴볼 수 밖에 없다. 이를 위해 마이어스가 제시하는 기획은 인간관계, 즉 교도관과 재소자들 사이의 전체적인 인간관계의 의미가 무엇인가에 대한 물음으로 요약된다. 그는 이러한 기획을 성공시키기 위해 먼저 일반적인 도덕 발달 이론과 인지 학습이론 간의 유의미성을 제시하고 이를 이용하여 인간관계적 접근(human relations approach) 프로그램을 설정한다(로라 B. 마이어스, 2000; 184). 사람들은 타인과 어떻게 의사소통을 할 수 있는가, 그리하여 무엇을 배울 수 있는가를 끊임없이 묻는다(로라 B. 마이어스, 2000; 187). 이러한 접근 방식에는 사람은 서로 다르고 차이에 의해 분류될 수 있다는 전제가 깔렸다. 마이어스는 이 접근 방법을 공무원들에게 처음 시도했는데 교도소에도 적용하여 교도관의 윤리의식 함양 프로그램을 만들었다. 마이어스의 이러한 접근 방법이 기존 인간관계적 접근과 다른 점은 통상 이루어지는 집단의 일반 규칙 생성과는 달리 개인 한 사람에게 그 방법을 적용했다는 데 있다. 그는 "인간을 이해하기 위해서는 그가 속해 있는 집단이 아니라 그 사람 자체에 대해 이해할 수 있어야 한다"고 한다(로라 B. 마이어스, 2000; 186-7). 기존의 여러 프로그램이 일회성의 집단을 중심에 놓고 이루어졌다면 마이어스의 인간관계적 접근은 개인에 초점을 맞춘다. 이는 대단히 유효한 방법으로 교도관이 한 재소자를 지속해서 관찰할 수 있으며 개인의 다양한 문화 배경을 이해해야 하는 교도소 환경에 더 잘 어울린다. 실제로 인간관계의 본질은 무작위적인 일단의 집단이 아니라 한 개인에 집중할 때 그 설명력이나 이론 적용의 효율성이 살아날 수 있다.

인간관계론을 경찰에게도 적용할 수 있으나 경찰이 범죄자를 다루는 기간은 일회적이고 상대적이며 짧다. 일반 공무원이 집단 민원인을 대하면 상황에 따라 지속적일 수는 있으나 교도관이 재소자를 대하는 것에 비해 인간관계론의 적용 가능성이 떨어진다. 이에 비해 교도관은 재소자들을 오랜 기간에 걸쳐 개인별로 직접 대한다. 한 명의 재소자를 오랫동안 관찰하는 기회가 상대적으로 많다는 것은 인간관계의 접근 의의와 효과 측면에서 의미가 있다. 이런 면에서 마이어스가 제안하는 인간관계적 접근 방법은 교도소 상황에 적용하기 좋다.

사람들 사이에서 일어나는 문제점은 관계 면에서 일정 정도의 지속성과 개인과 개인이 부딪히게 되는 심리 상태를 전제로 해야 한다. 이런 차원에서 교도관과 재소자의 관계를 인간관계 방법론으로 접근하는 방식은 충분한 설득력과 정합성을 가져오며 교도관과 재소자들 사이의 갈등 해소와 윤리적 난제들을 해결하는 데 도움이 된다. 이런 방식은 교정윤리 논의의 시작점을 어디에서 시작해야 할 것인가에 대해서도 시사하는 바가 크다. 그의 말처럼 교도소의 윤리 문제를 넘어 교정 행정의 새로운 기술로 자리 잡을 수 있다. 교정행정이 어디에 바탕을 두어 진행되어야 하느냐는 앞에서 논의했듯이 거시적이고 미시적인 차원 모두에서 살펴봐야 하겠지만, 결국은 행정의 최전방에 나와 있는 교도관과 재소자의 관계설정을 어떻게 하느냐에 달려 있다.

마이어스는 그의 인간관계적 접근 방법의 기획을 프로그램화하기 위한 예비 단계로서 콜버그의 도덕발달이론과 피아제의 인지발달이론을 가져오는데, 이는 교도관의 프로그램 교육 방식을 개략적으로 분류하기 위함이다. 잘 알려져 있다시피 콜버그의 도덕발달이론은 3단계로 구성되는데, 1단계인 인습이전단계(pre-conventional level), 2단계인 인습단계(conventional level), 3단계인 인습 이후 단계(post-conventional level)이다.

1단계는 개인이 자신의 잘못에 대해 벌을 받거나 명령에 복종하는 수준이거나, 상대를 의식한다고 하더라도 아주 약한 수준에서의 타인을 의식하는 단계이다. 2단계는 사회의 일원으로서 자신을 의식하는 단계로서 상호성을 이해하고 법과 질서에 익숙해지는 단계이다. 마지막 3단계는 사람들과의 계약 이행에 충실해지고 보편윤리를 습득하는 단계이다. 마이어스는 재소자는 이 중 어떤 단계에 있는 사람이며 또한 그들을 대하는 교도관들은 어떤 단계에 와 있는가 라는 물음을 던진다. 대부분의 사람은 3단계까지 이르지 못하고 1, 2단계에서 머문다. 교도관이 재소자를 대하는 방식이 대체로 1, 2단계에 머문다고 한다면, 공평무사한 윤리적 관계가 교도관과 재소자 사이에서 일어나기를 기대하기는 어렵다. 이런 이유로도 윤리적 관계의 접근이 필요하다. 한편 재소자 각각이 생활했던 문화가 다양한 만큼 교도관의 문화의식 배경도 다양하며 여기에서 문화 차이가 일어나는 것은 당연하다. 그것이 쉽게 갈등으로 나타날 수밖에 없을 것이다. 그러므로 마이어스의 프로그램은 일차적으로 교도관과 재소자의 문화 차이를 처리하는 방법이라 할 수 있다.

피아제의 인지학습이론은 문화 차이를 어떻게 받아들이며 그러한 차이에 대한 인식이 더욱 긍정적인 윤리의식으로 전환하기 위한 희망에 근거한다. 그의 이론에 따르면 인지와 행위는 상호 관련되어 있어 도덕의식이 곧 도덕 행위로 나타나고 반대로 도덕 행위가 도덕인지를 규정하게 된다. 교도관의 도덕의식은 재소자를 대하는 행동으로 나타나고 그러한 행동은 교도관이 재소자를 대하는 태도를 제한한다. 실제 교정윤리 강령을 구성하는 많은 부분은 교정행정이나 제도의 문제점이라기보다는 교도관이 가진 개인적인 도덕감이 어떤 수준에 와 있느냐에 따라 다르지만, 그 중심에는 도덕감에 대한 총체적인 불신이 자리하고 있다. 어떤 면에서 이러한 불신은 교도관의 도덕감에 대한 불신이라기보다는 인간을 대하는 태도에 대한 불신이다. 특히 교도소와 같은 닫힌 공간에서, 그리고 교정이라는 제도 아래서 교도관이 갖는 권위와 권력으로부터 발생할 수 있는 도덕감의 미발달을 고려해야 한다. 어떤 식이 되었든, 교도관의 도덕감은 교정에서 일어나는 윤리 문제에 지대한 영향을 끼친다. 마이어스는 이런 차원에서 교도관의 도덕감 발달을 위한 윤리의식 교육의 중요성을 제기한다.[4]

마이어스의 문화의식에 대한 논의는 교도관으로 하여금 재소자를 좀 더 윤리적으로 대할 수 있게 하는 교육 프로그램이다. 문화차이에 대한 폭 넓은 이해를 통해 교도관은 재소자를 좋은 사람이나 나쁜 사람이라는 이분법적인 사고에서 벗어나 왜 재소자들 사이에서 서로 불편함이 생겼는지를 생각해야 한다. 재소자는 사회에서 법을 어기고 나

---

4 도덕감 발달에 관한 연구는 심리학은 물론이고 철학에서도 뜨거운 쟁점이다. 철학 쪽에서 최근의 도덕감 발달에 대해 흥미 있는 설문지를 제안한 Julian Baggini의 "Morality Play"를 참고. 이 글은 그의 저서인 《Do you think what you think you think?》의 7장에 나와 있다.

쁜 짓을 하여 교도소에 들어왔을 것이라는 단순 판단에서 벗어나야 하고, 그와의 사이에서 일어나는 갈등의 원인이 무엇인지 생각하면서 그의 범죄와 관련된 문화 배경을 찾아보려고 노력해야 한다. 교정윤리의 큰 그림은 이렇게 한 개인에 대한 총체적인 관심과 배려를 통해 우선적으로 만들어지게 되며, 교정윤리 강령에 관련된 수많은 세부사항도 이러한 상대에 대한 도덕의식의 발달을 통해 제 기능을 하게 된다.

이제 마이어스가 교도관을 대상으로 문화의식 고양을 위해 교육한 인간관계적 접근의 프로그램을 살펴보자. 그는 교도관과 재소자의 문화차이에 대한 몰이해에서 오는 일차적인 결과로 갈등을 지적하고 있는데, 이러한 갈등을 해소함에 있어 의사소통의 중요함을 들고 있다. 그리고 실제로 교도관이나 재소자 모두 의사소통의 욕구를 강하게 느끼고 있음을 지적하면서 이러한 욕구가 충족되면 의사소통의 문제도 의외로 쉽게 풀린다고 한다. 교도관과 재소자가 소통할 수 있는 방법을 배우고 이것을 가능하게 해주는 인간관계의 방법을 습득할 때 교도행정은 전문화되고 세련되며 교도관이라는 직업의 윤리성도 확보할 수 있다(로라 B. 마이어스, 2000; 190).

그의 프로그램 기획은 다음과 같은 순서로 진행된다. 첫째, 교도관을 대상으로 한 현장 리서치를 통해 절차를 평가한다. 둘째, 문화다양성에 대한 피교육자인 교도관의 기대치와 사고 유형, 인지학습모델에 대한 반응 등 교육의 다양한 형태들을 분석한다. 특히 마지막 부분인 인지학습 모델에 대한 5가지 반응 요소들을 평가한다. 최종적으로 교도관들과 토론을 통해 전체 프로그램을 완성한다. 그의 기획에서 돋보이는 부분은 설문을 돌린다든지 표준 데이터를 얻는 작업을 수행하지 않고 피교육자들과의 토론 부분을 강화하여 프로그램을 실행함에 있어 일대 일 대면 연구방법에 치중한 점이다. 이는 앞서 인간관계적 접근 방식이 집단을 대상으로 하는 것이 아닌 개인에게 초점을 둔 것과 그 맥을 같이 한다. 물론 개인들 사이에서 공통적으로 나타나는 현상을 분류하기는 해도 어디까지나 피교육자 개인의 반응에 더 많은 관심을 기울인다.

현장 리서치와 절차 평가

인간관계적 접근의 일차적인 관심은 교도관과 재소자의 공통된 욕구가 무엇인지를 알아보는 것이다. 이는 콜버그가 제시한 1단계 수준에서의 개인 욕구가 교도관에게 어떻게 나타나는가를 확인하기 위한 작업이다. 교도관을 대상으로 문화적 다양성에 대한 대상 구성요건과 연구 진행 절차를 정리하면 다음과 같다(로라 B. 마이어스, 2000; 191-2).

① 대상자 구성요건

- 기간 및 시간 : 4년간에 걸쳐 한 회기 당 4시간 실시[5]
- 대상 : 단기수용 일반 소년원 교도관, 소년원 교도관, 소년원과 구치소 교도관
- 대상 인원 : 18~20명 (때에 따라 50명까지)

---

5 이 연구가 진행된 시기가 오래되었기 때문에 문화 배경이 다르고 피교육자들의 구성요건이 다른 국내에서 직접적인 적용은 불가능할 것이다. 다만 마이어스 이후로 미국과 국내에서도 이와 관련된 연구가 나오지 않았기 때문에 원용하여 새롭게 프로그램을 구성해볼 필요가 있다(1995년~1998년까지).

- 나이 : 평균 41세
- 나이 분포 : 22세~60세
- 인종 분포 : 백인 75%, 흑인과 히스패닉 25%
- 성별 : 여성 50% 이상
- 학력 : 대학 학사 학위 이상 1/3 이상, 나머지는 고졸과 전문대 졸업

②진행 절차

- 프로그램 교과 내용 제공 뒤 교과 내용에 대한 반응을 청취
- 주어진 교과 내용을 수강하지 않은 집단과 토론
- 최종 토론을 교육이 끝난 뒤 수행하면서 피교육자들의 사고형태 분석
- 교육 프로그램 코디네이터와의 면담

분석 결과

위의 요건과 진행 절차에서 피교육자인 교도관들이 생각하는 기대치는 대체로 부정적이었는데, 왜 이러한 부정적인 대답을 했는지를 편안하게 열린 자세로 얘기를 나누게 했다. 교도관들의 도덕 수준을 자연스럽게 탐색하면서 교육 프로그램에서 시행하는 인간관계적 접근의 의미를 검토했다.

위 절차에서 마이어스는 교도관을 3개 집단으로 분류했다. 첫째, 재소자들에 회의적인 교도관 집단이다. 이들은 도덕 교육이 가진 부정적인 특성에 더 익숙해져 있는 사람들이다. 마이어스는 충분히 설명하고

있지는 않지만, 이 집단은 말하자면 재소자는 일종의 나쁜 사람이고 법을 위반한 자이면서 현실적으로는 도덕감을 적용할 여지가 없는 사람으로 보는 집단이다. 이들은 이미 재소자를 대하는 자신의 방식에 익숙해져 있으며 그들을 도덕적으로 대할 필요가 없다고 본다. 둘째, 결과를 통해 행위를 평가하는 규칙 공리주의 관점[6]을 갖고 있는 집단이다. 이 집단은 최선의 옳은 행위가 있을 것이라는 가정을 두고 그들의 문화적 다양성의 특성이 무엇인가를 알아보고자 노력한다. 이들은 앞의 회의적 집단과는 달리 재소자들과의 관계를 정상적으로 돌려놓으려 하고, 가능하면 그들과의 관계를 바람직한 방향으로 전개하고자 하는 욕구를 갖고 있다. 이런 면에서 이 집단은 재소자들을 다룸에 있어 선의지를 갖고 서로에게 좋은 결과를 만들어내고자 한다. 셋째, 기적응(Already Converted)된 교도관으로 재소자와의 문화차이에서 어떻게 하면 더 좋은 처우 방식을 배울 수 있을 것인가를 진지하게 고려하는 집단이다.

이러한 분류를 통해 마이어스가 내린 결론은 앞의 두 집단인 회의적 집단과 규칙공리주의 집단에게는 재소자를 대하는 기존의 사고방식과는 다른 형태가 필요하고, 기적응 집단에게는 새로운 사고형태가 상대적으로 덜 필요하다는 사실이다. 그러나 이러한 결론은 어디까지나

6 공리주의는 흔히 행동 공리주의와 규칙 공리주의로 나뉘는데, 전자가 구체적이고 개별적인 행위의 결과를 통해 행위를 평가한다면 규칙 공리주의는 행위에 전제된 규칙의 일반적 이행의 결과를 통해 행위를 평가한다. 행위 공리주의자는 '최대 다수의 최대 행복'을 산출하는 행위 자체를 선택한다는 측면에서 주어진 상황에 충실하다면, 규칙 공리주의는 '최대의 선'을 산출할 것으로 예상하는 규칙을 합의하고자 하는 입장이다. 규칙 공리주의는 공리주의의 일반 원칙에는 따르되 최대 행복의 결과를 장기적인 관점에서 고려하는 경향이 있다.

확률적인 것이지 수치상으로 정확하게 나눌 수 없다. 왜냐하면, 도덕의 수준을 명확하게 제시한다는 것 자체가 불가능하기 때문이다. 그럼에도 마이어스가 얻어낸 결과는 다음과 같은 의미를 지닌다.

첫째, 인간관계적 접근은 감성적 접근과는 다르다(로라 B. 마이어스, 2000; 193). 실제 재소자를 대하는 교도관의 의식에 일정 정도의 비도덕성이 있다고 보지만 그들을 불쌍하거나 측은한 대상으로 보지 않는다. 그리고 측은한 느낌을 살려 재소자를 도덕적으로 대우하지도 않는다. 그러므로 회의적 집단에서는 감성적 차원을 도덕적 차원으로 이행하는 것이 필요하다. 마이어스가 이러한 감성 수준을 도덕 이상의 수준으로 이행할 것을 강하게 주장하고 있지는 않지만, 그러한 개연성이 있다는 것은 추측해볼 수 있지 않을까 한다.

둘째, 규칙 공리주의 집단에서 실제로 규칙이 작동하지 않는다(로라 B. 마이어스, 2000; 193). 교도관이 재소자를 대할 때 교도소의 수많은 규칙 하나하나가 다 좋은 결과를 산출할 것이라는 확신이 없을 수도 있다. 그런 면에서 규칙은 완전하지 못하다. 교정행정에 따라 나오는 일련의 모든 규칙을 교도관이 안다는 것은 현실적으로 불가능하다. 또한, 재소자 개인에게 그러한 규칙을 적용하는 것이 항상 최대 행복을 만들어낸다고 확신하기도 어렵다.

셋째, 기적응 집단에게는 인간관계적 접근의 방식이 더 이상 필요하지 않다. 오히려 앞의 두 집단에 이러한 접근의 필요성을 제기한다(로라 B. 마이어스, 2000; 193-4). 필요하다면 그들은 더 많은 노력을 통하여 인간관계적 접근을 지속할 것이고, 다른 두 집단에 자신들의 사고와 행동을 전파해야 한다고 생각한다.

현실적으로 교도소에서 제기되는 많은 윤리 문제는 처음 두 집단 유형의 교도관에 의해 일어난다고 볼 수 있다. 우리가 흔히 일부 교도관의 문제라고 치부해버리는 교도소에서의 인권이나 부정부패는 앞의 두 집단 유형에서 발생한다. 마이어스의 분석 결과를 통해 확인할 수 있는 사실은 이러한 일부 교도관의 윤리의식이 어느 지점에 와 있는가를 재확인하는 데 있다. 콜버그가 제시한 3단계에 있는 교도관의 현실적 분포에 대하여 회의적이라면 '일부 교도관의 행태'라는 표현은 적절하지 않을 수도 있다. 그리고 그러한 행태가 일어나는 원인을 어디에서 찾아야 하는가도 깊이 생각할 필요가 있다.

인지학습 모델에 대한 반응

①인간관계적 접근의 강화

피학습자인 교도관들과 대화를 통해 마이어스는 교도관이 재소자와 관계를 원활하게 수행하지 못하는 원인은 언어장벽, 계층 간의 차이, 살아온 문화 차이에 있다고 본다. 특히 회의적 집단에 속한 교도관이 이러한 문제점을 강하게 제기하는 반면 기적응 집단들은 이러한 문제점을 해결하고자 하는 노력이 강하다. 회의적 집단의 문제는 재소자들이 교도관과 다른 가치관을 가질 수 있다는 사실을 인정하지 못하고 자기들 방식으로 그들을 끌어내려는 데 있다. 재소자의 문화 차이를 차이로서만 받아들이는 데 익숙해 있다는 뜻이다. 특히 재소자보다 교도관의 위치를 우월하게 상정하고 있어서 재소자의 생각에 귀를 기울이지 않는다. 마이어스가 흥미 있게 지적하고 있듯이, "재소자들은 교도관이 자기네들을 바꾸려고 하는 태도 때문에 자신의 잘못을 바꾸려고 하지 않는다."(로라 B. 마이어스, 2000; 195)는 말에 유의할 필요가 있다. 다른 사람의 권리나 문화를 이해하려고 하지 않는 그런 태도로는 합당한 행위가 나올 수 없다.

교도소가 가진 가장 대표적이고 상징적인 처벌 기능 때문에 교도관의 태도가 만들어졌을 수도 있다. 국가가 죄인을 처벌한다는 상징이 존재하고, 이러한 상징을 현실화하는 주체가 교도관이라면, 그 상징은 잘못 운영될 여지가 있다. 만약 교도관이 그 상징의 본질적 주체를 자신이라고 생각한다면 상징을 직접 수행하는 주체로 남기를 원할 것이고 자신이 처벌의 본질적 주체와 현실적 주체의 두 기능을 모두 담당한다고 생각할 수 있다. 교도관이 재소자보다 우월한 존재로 여겨지는 배경에는 이러한 처벌 상징의 왜곡과 남용 문제가 있다. 재소자가 교도관보다 윤리적이지 않다는 선입관은 국가의 처벌 상징이 너무 단순한 수준에서 교도소 안에 적용하기 때문이다. 타인의 권리나 정상적 도덕감이 교도소라는 환경에서 왜곡될 때 윤리 문제가 발생하며 교도관과 재소자 사이의 소통은 쉽게 단절될 수밖에 없다.

②문화학습의 과정

마이어스는 문화학습 과정에서 인간관계를 어떻게 배우느냐 하는 것을 중요한 요소로 본다. 배움의 기능은 바로 한 개인의 배움이며 그런 개인이 자신의 문화 차이를 온몸으로 배워나가는 데 있다. 그리하여 이전에는 전혀 몰랐던 타인의 문화에 대해 열린 마음을 갖고 이야기를 나누며, 마음을 어떻게 여느냐에 따라 타인의 문화를 존중할 수 있다고 본다. 이러한 존중이 쌓여 서로 다른 문화에 대하여 신뢰를 형성한다.

③낡은 생각을 버리고 새로운 사고 형태 보이기

타인의 문화에 대한 이해는 결국 자신이 갖고 있던 오래된 편견을 버리고 상대방의 처지에 있을 수 있는 능력에 달려있다. 우리는 모두 인종, 성차, 장애, 성 의식, 그 외 많은 것들을 비판 없이 습득해 왔다. 예를 들어 일본인은 어떻고 중국인은 어떻고 하는 식으로 자신의 제한된 경험을 마치 완전한 지식처럼 받아들이는 경우가 많다. 교도관이 재소자를 대하면서도 이러한 편견이 있을 수 있다. 만약 어떤 교도관이 교도소에 들어오는 재소자를 두고, 그들은 모두 태생적으로 인간성에 문제가 있는 사람이라는 식으로 규정했다고 가정해보자. 아마 그는 재소자를 교화하는 데 일정 정도의 한계를 긋고 시작할 것이다.

누구나 피치 못할 상황에 이르면 법을 위반할 수 있고, 또 도덕적 결함 외의 수많은 이유로 재소자가 될 수 있다. 다른 조건에서 그는 정상적인 사회활동을 함에 있어 문제가 전혀 없을 수도 있다. 자신은 옳다고 여기지만 객관적으로 봐서 편견에 불과한 이러한 생각은 교도관이 재소자를 불공평하게 대하거나 미움이나 경멸로 대하는 원인이 된다. 자신의 낡은 생각을 버리는 것은 교정을 합리적으로 수행하기 위한 시작이다.

교도관에 대한 재소자의 저항이나 비난은 교도관의 생각에 도전하는 것이라 생각할 수도 있지만 재소자의 행동을 자기 식의 경험으로 재단하지 않기 위해서는 재소자들 행동양식의 정체가 무엇인지를 객관적으로 이해하려는 노력이 필요하다. 이를 위해 교도관은 재소자와 끊임없이 대화를 나누고 질문을 하면서 한 인간을 통해 자신의 문화적 시야를 넓힌다는 자세를 갖는 것이 중요하다.

④효과적인 의사소통과 문화학습의 방법

타인의 문화를 배우는 가장 기초적인 방법은 의사소통의 차이를 인지하는 일이다. 사람들 사이의 갈등은 생각의 차이 때문에 발생하는 듯 보이지만 실제로는 이러한 차이를 전달하는 언어적 또는 비언어적 방법, 흔히 말해 부수적이고 표면적인 전달 방식 때문에 일어나는 경우가 많다. 이런 요소는 절대 사소하지 않으며 그 자체가 갈등 요인을 제공하는 큰 원인이 된다. 행동, 표정, 웃는 스타일 등이 많은 오해를 일으킬 수 있으며, 사소한 화법으로 인해(실제 이런 화법 자체가 각자의 문화적 배경을 증명하는 것이기도 하지만) 종종 큰 싸움이 일어난다. 그리하여 마이어스는 의사소통을 원활하게 하기 위한 기법 두 가지를 제시한다.

첫째, 피교육자들은 세 집단으로 나누어 서로 다른 형태의 저녁을 먹는 상황을 가정하게 한 뒤 그때마다 필요한 화법을 사용하게 하였다. 한 집단은 남녀가 아주 멋진 레스토랑에서 우아하게 저녁을 먹는 장면이고, 다른 한 집단은 소박한 동네 식당에서 스파게티를 먹으면서 대화하는 장면이고, 마지막 한 집단은 집에서 간단히 커피와 케이크를 먹는 장면이다(로라 B. 마이어스, 2000; 197). 이 실험에 참가한 남녀들은 그들의 화법이나 여러 가지 몸짓을 주어진 상황에 따라 다르게 나타냈다. 이 기법을 통해 피교육자는 대화라는 것이 주어진 상황에 따라 달라질 수 있는지를 배우게 되고, 대수롭지 않은 상황이나 조건에서 대화방식이 다르게 나타날 수 있음을 알게 했다.

둘째, 피교육자는 인종 문제나 국민성 문제를 주제로 토론하면서 언어나 말씨의 차이, 또는 존중이나 존경의 방식 등이 어떻게 다르게 표현되는가를 배운다. 자신의 여행 경험을 통하거나 문제에 따라 토론을 하는 과정에서 자연스럽게 문화 차이에 대한 의식을 확장한다. 차이에 관한 다양한 사례를 통해 거기서 일련의 공통되고 보편적인 문화의식을 갖고, 최소한 어떠한 경로를 통해 차이를 극복하면서 의사소통을 이루어낼 수 있을지를 알게 한다. 대화하는 법을 배우고 서로 다른 문화의 공통분모를 생각하고, 잘못된 화법이 어떤 문제를 일으키는지를 확인하며 차이와 차별의 문제를 인식함으로써 적절한 문화의식을 습득하게 한다.

위와 같은 문화의식 교육을 통해 마이어스는 교도관들에게 교육을 받기 전과 받은 후에 어떤 변화가 일어났는지를 점검한다. 기적응 집단은 자신들이 이미 가진 문화의식을 더 강화했고, 규칙 공리주의 집단은 문화의식에서 비롯된 방법을 사용했다고는 하지만 충분히 이를 인지하지 못했다. 그리고 회의적 집단은 여전히 주제의 심각성을 인식하지 못했다(로라 B. 마이어스, 2000; 199). 마이어스는 회의적 집단의 이러한 문제점도 교육 기간이 좀 더 길었다면 어느 정도 해결할 수 있었을 것으로 본다. 사실 4시간의 교육을 통해 문화 차이에 대한 문제를 완전히 해소할 수 있기를 기대한다는 것은 어려운 일이다. 그리고 또 하나 그가 지적하는 것은 대학을 졸업한 사람과 그렇지 못한 사람과의 차이점이다. 대체로 대학을 나온 교도관은 그렇지 않은 경우보다 문화의식에 대한 이해도나 수용 능력이 빠른 편이었다(로라 B. 마이어스, 2000; 200-201).

마이어스의 이러한 주장에는 다소 억지스러움이 있다. 그는 대학을 졸업하지 못한 교도관의 경우 심리학 개론조차 읽을 기회가 없었을 수도 있다고 말하지만, 학력 차이가 문화의식의 이해와 수용 능력에 영향을 끼친다는 것은 적절하지 않은 듯하다. 그의 주장을 보다 설득력 있게 하려면 사회 전반적인 교육 여건상 도덕성 발달 논의가 충분하지 못했음을 지적해야 할 것이다. 사회 전체적으로 도덕성 교육과 인성교육과 같은 것을 무시한다면 대학을 나왔다고 해서 이러한 분위기에서 예외가 될 수 없다.

타인을 어떻게 대하여야 할 것인가의 문제는 단순해 보이지만 이를 어떻게 실천하느냐에 그 핵심이 있다. 그리고 그 실천은 쉽지가 않다. 타인과의 관계 설정이 갖는 메시지는 간단한 것이고 누구나 잘 알고 있다. 교도관은 재소자를 정상 인간으로 대해야 한다는 사실도 잘 알고 있다. 그러나 세부사항에 이르면 이러한 메시지의 본질은 사라지고 자신의 편견이나 타인에 대한 몰이해 등으로 애초의 취지를 잊어버린다. 이런 면에서 마이어스가 제시하는 인간관계적 접근 방법은 교도관의 윤리의식을 재고할 수 있게 하는 중요한 기제가 된다. 인간관계적 접근 방법에 따른 교육 프로그램은 교도관에게 문화의식에 대한 이해도를 높여나가는 데 많은 부분 도움이 된다. 이는 교도관의 직업의식을 보다 전문화하고 윤리적으로 대처하는 방법을 배우게 하는 데 도움이 된다.

마이어스는 자신의 교육 프로그램 한계를 다음과 같이 지적하는데, 이는 다른 교육 프로그램에서 흔히 발생하는 한계이기도 하다. 예를 들어 짧은 교육 기간, 표본 집단의 다양성 제한 때문에 발생하는 프로그램의 신뢰성 문제 등이다. 그러나 이러한 한계에 비해 그가 제기한 교도관 대상의 도덕성 교육 프로그램은 국내에서도 일정 기간을 시행하여 우리에게 맞는 프로그램을 제시하면 좋을 것이다. 이는 두 가지 중요한 사항으로 연결되는데, 첫째, 교정윤리 강령 제작의 기초가 된다. 윤리강령은 만들기는 쉽지만 그것을 실제로 교도소의 현실 상황에서 제대로 작동시키기는 어렵다. 교도관이 어떤 윤리의식을 갖고 교정활동을 하고 있는지를 모르면 윤리강령은 자칫 피상적인 강령이 되어 교도관에게 이중의 피해의식을 심어줄 수 있다. 둘째, 교정과 관련된 대학이나 대학원의 학과에서의 교정윤리 교과과정을 구성하는 데 있어 도움을 준다. 아직 제대로 된 교정윤리와 관련하여 적절한 교과과정을 구성하지 못하고 있는 대학에서는 마이어스의 이러한 인간관계적 접근 방법이 교정윤리 과목의 교과과정을 만드는 데 일조할 것이다.

지금까지 논의한 마이어스의 인간관계적 접근 방법은 교도관이 재소자를 대하는 방식을 좀 더 정교하게 만들어주는 역할을 한다. 나아가 교도관의 윤리 행동양식을 단순히 당위의 문제로 몰고 가는 차원에서 벗어날 수 있게 한다. 이 둘 모두가 갖는 장점은, 교정윤리를 과학적이고 체계적으로 연구할 수 있게 하는 계기를 마련한다는 데 있다.

교정윤리는 교도소와 관련된 체제 담론으로만 논의되어서는 안 된다. 한편으로 교정윤리가 재소자를 직접 대면하는 교도관의 인성 문제로만 귀착하면 문제의 작은 부분만 다루게 되는 잘못을 범하며 부패와 같은 근본 문제를 제대로 취급할 수 없다. 교도소 민영화라든지 지역 자치에 의한 감시체제, 또는 전자감시 등의 제도가 교정윤리 논의를 풍성하게 하는 역할을 한다고 하더라도 여전히 현실적으로는 많은 한계를 갖고 있다. 교도소처럼 감시와 처벌의 기능이 중심 담론이 되는 곳에는 항상 윤리 문제가 있다. 대신 교정행정이 적절하고 정당하게 기능한다면 부패의 최소성과 부정성은 어느 정도 지켜진다고 본다. 이에 더해 윤리적 접근 방식의 다양한 교육 프로그램이 도움이 된다. 이 장에서는 논의하지 않았지만 펠킨스(George T. Felkenes)가 제안하는 대학에서의 교정윤리 과목의 교과과정에 대한 논의가(펠킨스, 1987) 국내에서도 정착되고 교도관에 대한 윤리 재교육이 상시로 이루어진다면 교정의 본래 목표에 한 걸음 더 나아갈 수 있다.

3장
CORRECTIONAL ETHICS

회복 정의와 관계윤리

최근 국내 교정학계는 교정의 회복 정의 또는 사법에 따른 이론적이고 실천적인 논의를 통해 새로운 전기를 맞이하고 있다. 그에 따라 교정 방법에도 많은 변화가 이루어져 왔다. 이 장에서는 회복 정의가 갖 무엇인가 는 물음을 윤리적으로 풀어보고 이것을 관계윤리라는 관점에서 접근하고자 한다. 즉 회복 정의는 관계윤리적 특성을 갖는다는 명제에 관한 주장이다. 회복의 의미가 가해자와 피해자의 관계 복원을 중점 테제로 다루는 한 관계가 무엇이냐는 물음이 함께 요구된다.

많은 사람들이 교정윤리는 교도관과 재소자가 만나는 구치소나 교도소라는 공간에 한정된다고 생각한다. 그러나 회복 정의를 교정의 목적과 방법으로 삼게 되면 공간의 변화를 확장되는 장점이 있다. 관계윤리적 접근은 공간의 변화에 상관없이 적용할 수 있으며, 어떤 면에서는 회복 정의가 이러한 관계윤리적 접근의 중요성을 더 강화하는 측면이 있음을 알 수 있다.

1절에서는 회복 정의는 관계윤리적 접근이 더 많이 요구될 수 있다는 사실에 주목하고, 2절에서는 몸의 자율성과 관계의 중요성을 교도소의 안과 밖, 박탈과 회복의 개념을 통해 살펴보고자 한다. 3절에서는 찰스 콜슨과 하워드 제어의 회복적 정의의 바탕에 관계윤리가 있다는 특성은 본질적이다는 사실을 재확인한다. 4절에서는 레비나스의 책임 중심의 정의관이 지금의 회복적 정의에 대한 논의를 심화시킬 수 있음을 보여주고자 한다. 결론으로 회복 정의의 핵심은 관계윤리 확장의 연속선상에 있어야 한다는 사실을 재확인한다.

1. 회복 정의, 그리고 몸의 자율성과 관계윤리

나는 지금까지 교정의 관계윤리적 특성을 교도소나 구치소에서 재소자와 교도관 사이에서 발생하는 부분에 한정해서 다루었다. 이는 재사회화를 위한 역할이 교도소나 구치소라는 공간에서만 수행되어야 한다고 가정했을 때, 교도관의 역할은 무엇이 되어야 하며, 교도관은 재소자를 대함에 있어 어떤 방식을 전제로 해야 하느냐는 문제의식에서 출발했기 때문이다. 만약 수감 상태에서 일반적이고 정상적인 윤리적 관계를 한동안 상실한 채 사회에 나오게 되면 윤리적 민감성이 더 악화될 수 있으리라고 보았기 때문이다. 또 다른 이유는 교정의 역할은 철저하게 수감 공간에서 이루어져야 하며 교도소 밖에서 행해지는 것은 교정의 역할을 벗어날 것이라는 생각 때문이었다. 물론 보호관찰이라는 영역이 교도소 밖에서 이루어지면서도 교정의 큰 한 축을 형성하고 있다는 사실을 무시한 것은 아니다. 그런데도 교정이 이루어져야 하는 곳은 어디까지나 교도소라는 제한된 공간이라는 상식적인 이유에서였다. 많은 경우 교정윤리에 대한 지금까지의 논의들은 교도소 공간 안이라는 전제로 진행된 것이다.

최근의 회복적 정의와 관련된 논의를 살펴보면서 교정의 공간을 상당한 수준에서 확대할 수 있을 것이라는 확신이 생긴다. 이와 더불어 기존의 재소자와 교도관 사이에 적용했던 관계윤리의 특성을 가해자라고 지칭하는 범죄자, 그리하여 재소자의 신분에 놓여있는 그들과 교도소 밖의 피해자들, 나아가 간접적으로 손해를 끼친 사회 공동체 일반에 적용할 수 있을 것이라는 가능성을 생각해 본다.[7] 관계윤리는 재소자를 인간적인 관점에서 대해야 한다는 휴머니즘적 관점이 지배하고 있다. 그리고 무엇보다 사회생활의 기본 요건으로서 관계의 기능적인 면을 북돋워 줄 수 있는 교정이 되어야 하고 그것은 재사회화에 반드시 필요한 요건이다. 그러나 이제 이런 기능적인 면을 넘어서서 왜 관계라야 하는가에 대한 보다 근본적인 질문을 할 필요가 있으며, 이

---

7 회복 사법의 실천적 방안이나 적용 모델 제시는 아래 논문들에 자세히 기술되어 있다. 김영식의 "교정단계 회복적 사법 적용사례에 관한 연구," 문영희의 "회복적 사법제도 고찰을 통한 교정복지 개선방안," 박광민/강지명의 "교정단계에서의 회복적 사법의 실현," 박상식의 "교정단계에서의 회복적 사법의 실천 가능성" 등이다. 이 논문들에서는 다양한 국내외 사례들이 소개되어 있으며, 논자가 제안하고자 하는 회복 사법에서의 관계윤리적 특성을 프로그램 구성에서 직간접적으로 다양하게 제시하고 있다.

에 대답할 수 있는 교정 정신으로 회복적 정의(restoring justice)에 주목한다.

회복 정의 또는 회복 사법으로 지칭되는 이 말은 기존의 교정 틀을 획기적으로 변화시키고 있다. 그것이 가진 현실 적용의 어려움 등은 차치하고라도 인문학자의 눈에 비친 회복적 정의는 교정의 코페르니쿠스적 전환이다. 이러한 전환을 통해 정의를 철저하게 복수나 응보로 보는 편협된 시각을 넘어설 수 있고, 동시에 피해자가 국가나 정부라는 제삼자에 의해 소외되어 처벌이 이루어지는 문제점을 해결하며, 궁극적으로 피해를 본 사회 공동체의 권한이나 책임의 영역까지 두루 취급할 방법을 제시할 수 있다. 다시 말해 질적 차원에서는 피해에 대한 책임의 성격을 분명히 하며 양적 차원에서는 피해의 규모를 수용하는 수준을 증진시킬 수 있다. 이는 조나단 번사이드가 강조한 '관계적 정의'(relational justice)와도 정확히 일치하는 것이며, 그가 말하는 관계는 우리가 익히 알고 있는 회복적 정의의 속성을 잘 표현하고 있기도 하다. 회복은 궁극적으로 관계의 정상화이다. 그런 면에서 조지 케리(George Carey)의 '회복적 관계성'(restoring relationship)도 결국은 하나임을 말해 준다. 회복은 가해와 피해 관계의 정상적 회복 내지는 복원이기 때문이다. 그렇다면 회복 정의는 관계윤리를 회복하는 것이며 이 장에서 제안하고자 하는 중심 주제인 '회복적 정의는 관계윤리적 특성을 갖는다'는 명제와도 일치한다.

여기서는 크게 두 저자의 책을 통해 논의를 시작하고자 하는데, 하나는 찰스 콜슨의 《사람과 공동체를 회복시키는 정의》이고 다른 하나는 하워드 제어의《회복적 정의 실현을 위한 사법의 이념과 실천》이다. 앞의 책이 대체로 교정의 정의 문제를 다루고 있다면, 뒤의 책은 회복적 정의에 대한 변화 확대를 통해 구체적이고 실천적인 방법을 제시한다. 물론 이 두 책만으로 회복 정의를 일반화할 수 없으므로 민감한 논쟁이 되는 사항들에 대해서는 이와 관련된 국내 논문을 다수 참고한다. 왜냐하면 위의 두 책이 가진 많은 장점에도 불구하고 관계윤리의 필요성에 치중한 나머지 관계윤리가 어떻게 작동해야 하는지에 대해서는 치밀한 논의를 하지 못하고 있기 때문이다. 이런 점을 보완하기 위하여 관계의 문제를 윤리적으로 접근했던 레비나스의 관점을 제시한다.

물론 찰스 콜슨이나 하워드 제어가 제시하는 관계윤리의 특성이 레비나스의 것과 크게 다르지는 않다. 무엇보다 레비나스의 관계윤리는 회복 정의에서 논의해 온 가해자 대 피해자라는 구도를 넘어서서 사람 대 사람의 일반적 관계를 얘기하고 있다는 점에서 그 진폭이 상당히 넓다. 다만 교정에서 피해자를 약자라는 개념으로만 바꾼다면 레비나스와 회복 정의의 논의 구조가 서로 크게 다를 바는 없다. 레비나스를 통한 보완이 필요한 지점은 회복 정의에서 다루고 있는 피해자의 의미를 철학적으로 더욱 분명하게 할 수 있고, 가해자가 피해자를 대하는 방식, 그리고 왜 가해자는 피해자를 그렇고 그런 방식으로 대해야 하는가에 대한 윤리적 근거를 충분하게 제공할 수 있다. 회복 정의에서 실제적인 다양한 모델로 가해자와 피해자와의 만남, 직접 대면, 회합의 의미를 레비나스를 통해 재점검할 수 있으며, 가해자의 범죄에 대한 자기 인식과 책임감, 피해자에 대한 존중, 배려 등을 윤리적인 관점에서 살펴볼 수 있다. 특히 회복 정의에서 말하는 공동체라는 용어는 단순히 광범위한 피해 영역의 수준을 넘어 본격적인 사회정의의 문제를 발생시킨다는 점은 재고해야 한다.

레비나스는 삼자(third person) 개념을 통해 사람들 간의 일대일 대응관계의 본질을 훼손시키지 않으면서도 공동체 영역으로 정의의 개념을 확산시키려고 했다. 그의 관계윤리 중요 키워드인 책임의 경우를 예로 들어보자. 책임이 성립하는 조건은 직접 대면 차원인데, 직접 대면할 수 없는 사회 일반으로 확대하면 책임은 보장할 수 없다. 여기에서 일종의 '윤리적 비약'(an ethical jumping)이 발생한다. 이러한 윤리적 비약 문제는 레비나스의 이웃 정의를 논의하다 보면 이해하기가 상당히 곤혹스러운 지점이다. 즉 타인의 얼굴을 통한 직접 대면 때문에 책임이라는 윤리감을 형성한다면 내가 모르는 제삼자인 타인에게서 동일한 윤리감을 기대하기는 어렵다. 더 큰 문제점은 지금 내 눈앞에 있는 타인이 내가 모르는 타인보다 더 급하게 책임져야 할 사람인가를 판단할 수 없다. 이는 곧 일반적으로 알려진 사회정의에서의 공정과 평등의 문제로 정의의 특성이 변질되는 문제를 낳게 되며, 직접 대면의 책임으로서 관계윤리의 본질적인 속성을 헤치게 되는 결과가 일어난다.

이와 유사한 문제가 교정의 회복 정의에서도 나타날 수 있다. 만약 가해자가 직접 손해를 입힌 피해자와 직접 대면을 통해 양측 모두 일정 정도 회복했다고 가정하자. 그러나 지금의 처벌 운용방식에서는 피해를 받은 공동체에 대한 회복은 현실적으로 직접 대면해서 해결할 수 없다. 그것은 공리적인 잣대에 더해 처벌 권한의 위임으로 피해를 해결할 수밖에 없다. 이렇게 되면 회복적 정의에서 강조하고 있는 가해자의 범죄에 대한 책임이나 피해에 대한 이해, 피해자에 대한 존중과 같은 직접 대면의 덕목이 약화된다. 왜 이것이 문제가 되느냐 하면, 이 부분을 명확하게 설명할 수 없으면 회복 정의 또는 회복 사법은 기존의 형사 사법에서 말하듯이 범죄를 사람과 사람의 관계가 아니라 추상적이고 보편적인 국가와의 관계로 환원시켜, 가해자의 범죄가 국가에 대한 범죄로 변질되기 때문이다. 이는 결과적으로 회복 정의의 본질적 덕목인 책임이 실종되는 결과를 낳게 되며 정의의 과정 자체가 무의미하다. 이 점은 형사 사법과 회복 사법이 질적으로 다른 것이 아니라 일종의 연속체로 간주해야 한다는 제어의 주장과 닮아있다. 제어는 기존의 《회복적 정의란 무엇인가》에서 주장한 형사사법과 회복 사법의 극단적인 이원론적인 구조에서 탈피하여 다소 유연한 태도를 보이면서 이 난제를 해결하려 했다. 하지만 책임의 주체가 추상화되면 회복 정의는 의미가 없다. 그리고 굳이 이것을 교정 정의에서 코페르니쿠스적인 전환이라고 부를 수도 없다.

이러한 논의를 남겨두고라도 교정에서 정의를 관계윤리라는 관점에서 다루는 것은 상당한 의미가 있다. 앞서 말했다시피 교도소라는 제한된 공간에서만 논의하고자 했던 관계윤리의 특성을 회복 정의에서는 교도소의 안과 밖에서 광범위하게 다룰 수 있다. 이는 재사회화의 경로를 확장하는 데 도움을 줄 수 있다. 그리고 직접 대면의 윤리를 강조하는 레비나스의 윤리를 가져오면 회복 정의에서 제안하고자 하는 가해자-피해자 사이에서 발생하는 책임과 존중의 특징을 보다 명확하게 할 수 있다. 이러한 논의를 위해 교도소 안에서의 재소자들의 자율성 회복이 관계윤리와 관련이 있음을 간단히 적시하고, 관계윤리의 필요성을 찰스 콜슨의 교정에서의 정의 일반과 함께 얘기할 것이다. 마지막으로 하워드 제어의 회복적 정의에 대한 구체적인 논의를 진술한 뒤 레비나스를 통해 이러한 회복 정의에 관한 논의를 그의 관계윤리 정의라는 관점에서 재확인하고자 한다.

감옥의 시공간에서 죄수들이 바라는 것은 어떻게 하면 하루빨리 교도소를 벗어날 수 있느냐하는 것이다. 그러나 현실적으로 이를 실현하는 방법은 주어진 기간 안에 교도소 생활에 잘 적응하는 일뿐이다. 문제는 "잘 적응하는 것"이 무엇이냐이다. 바람직한 교정윤리의 결과는 어떤 면에서 그들이 잘 적응할 수 있도록 도와주는 데 있으며 궁극적으로 그들을 재사회화하는 데 있다. 재소자를 인격적으로 대우하는 것 하나만으로도 주어진 형기를 잘 마치게 할 수 있으며, 탈옥하고자 하는 욕망을 대신할 방안이 될 수 있다. 최정기는 탈옥의 욕망을 부정적인 방식으로 일어나지 않게 하면서도 수형 기간을 지낼 방안을 제시한다. 첫째, 수형자 집단이 주체적이 되도록 돕고 그들이 자율적인 방식을 배울 수 있는 수형 생활을 만드는 것이다. 둘째, 수형자를 사회의 지배 권력으로 배제하지 않고 그들의 집단적 주체성을 인정해주는 것이다(최정기, 91-93).

감옥 안 수형자들의 주체성을 인정한다는 사실이 다소 이상적으로 들릴 수 있고, 교정의 윤리원칙의 순위에서도 자율이 무조건 우선적인 것은 아니지만, 교정윤리가 건전하게 작동되려면 이러한 자율성 회복은 재소자가 적응하는 데에 도움을 준다.

교도소에서 재소자가 사회보다 가장 많은 부분을 상실하고 손상되는 윤리적 덕목이 자율성이다. 이는 교도소라는 특수 공간에서 어쩔 수 없이 발생하는 것이긴 하지만, 손상된 자율성을 그대로 둔 상황에서 출소한다고 하더라도 사회에 적응하기란 쉽지 않다. 스스로 판단하고 결정하는 덕목은 일반적인 사회생활의 부가적인 특성이 아니라 생존과 직결되어 있다. 자율성의 상실은 장기간의 수형 생활을 겪다 보면 자신의 몸을 스스로 감당할 수 없는 지경에까지 이르게 한다. 교정윤리의 처지나 교정에서 교도관이 할 수 있는 최우선의 시혜는 주어진 여건 아래에서 재소자들에게 최대한 자율을 허용하는 것이다. 바람직한 교정윤리의 결실은 그들이 자율적인 삶의 태도를 다양한 방식으로 설정해주는 것이다.

재소자들의 재사회화가 실패하는 원인을 들여다보면 이러한 자율적 삶의 손상에 기인하는 부분이 많다. 문제는 이것이 교정 현장에서 기본적인 질서를 침해하지 않는 선에서 어떻게 지혜롭게 이루어지느냐하는 데 있지만, 그들의 자율성 자체를 인정하지 않는 것과 그것을 진지하게 고민하는 것과는 큰 차이가 있는 것은 분명하다. 자율성을 습관화하는 작은 방안 중 하나는 주체를 코드화하지 않는 것이다. 주체의 코드화, 즉 재소자의 이름을 부르지 않고 번호로 대신하는 방식은 언뜻 편리할지 모르지만, 재소자가 서서히 자신의 주체성을 훼손하는 기제로 작용한다. 여기에는 인간의 존엄성 상실과 인격의 물화라는 문제 이전에 주체적으로 설 수 있는 작은 기제마저 앗아가게 하는 원인이다.

번호, 즉 코드화는 편리하다. 관리의 효율성도 가져온다. 그러나 재소자의 몸의 자율화에는 도움이 되지 않는다. 갇힌 자의 몸에 자율성을 부여하는 것이 필요하고 정당하다면 이름을 불러 주는 것이 맞다. 한국적 정서에서는 존칭을 같이 사용하는 것도 좋을 것이다. 이름에 존칭을 함께 부르는 것은 일반 사회에서는 너무나 자연스럽고 당연하다. 그렇지 못하면 비록 교도소라는 공간이 사회로부터 격리된 곳이라 하더라도 재사회화라는 교정 본연의 임무와는 점점 멀어질 수밖에 없다.

갇혀있는 사람의 몸은 사회에서처럼 정상일 수 없다. 갇힌 심리 상태는 얼굴에 보이고 몸으로 표현되며 행동으로 나타난다. 불만, 불안, 고통 이런 것들이 몸 밖으로 드러날 수밖에 없다. 이런 점에서 교도관이 재소자를 다룸에 있어 필요한 것은 재소자의 몸에 대한 관찰력을 높이는 일이다.

계호감호에서 계호가 잘 이루어지려면 그들의 몸과 행동에 유의해야 한다. 그들의 말과 행동이나 얼굴에서 그들의 심리 상태를 잘 읽어낼 수 있어야 한다. 교정의 기초는 이러한 몸의 관찰에서 시작한다. 관계성을 이해한다는 것도 결국 교도관이 재소자의 몸에 관심을 두는 데 있다. 재소자에 대해 충분한 시간을 갖고 인내심으로 대해주는 것, 그리하여 좋은 인간관계가 성립될 수 있는 조건을 교정 처우의 핵심으로 삼아야 한다.

구금되는 순간 재소자는 사회의 일상적 삶이 중단된다. 이것은 사회와의 단절이나 소외 정도 이상으로 개인의 삶을 피폐하게 한다. 교정의 본래 의미는 그들이 최초 생활했던 사회의 일상적 삶의 양식을 회복하여 연속적으로 진행되도록 하는 데 있다. 즉 그들의 삶에서 단절이 이루어지지 않게 도와주는 것이다. 우리는 너무나 쉽게 교도소 공간을 사회와 단절시키는 것으로 속단하고 그들로 하여금 그것을 알게 모르게 인지시키면서, 다른 한편으로는 교정의 최고 가치를 실현한다면서 재소자의 재사회화를 외치는 모순을 안고 있다. 만약 진정으로 교정을 얘기하려면 재사회화를 강화하기 위해 재소자를 소외시키지 않으면서 사회와 단절되지 않는 수단을 취해야 한다. 비록 교도소가 현실적으로는 격리 공간이지만 교정 처우의 모든 양식은 격리하지 않는 방식으로 진행해야 한다. 이 모순을 해결해줄 방법이 바로 관계의 회복이며 이 회복의 역할은 일차적으로는 교도관에게 있고 교정 행정의 방식에 있다.

자유형 또는 구금형에 의한 갇힘 상태의 장기화가 낳는 가장 큰 피해는 일차적으로는 재소자 개인의 자율 능력의 감소이지만 더 큰 피해는 인간관계의 상실이다. 여기에는 교도소로 들어오기 전에 가졌던 현실적인 인간관계의 단절을 비롯해 형기를 마치고 출소했을 때의 사회복귀에 필요한 관계의 역량조차 상실되는 것을 포함한다. 자유형이 신체형보다 분명히 진일보한 면이 있지만 개인의 미래 관계 역량까지 피해를 줄 필요는 없다. 그런 면에서 이백철이 주장하는 "구금형이 본질에서 사회와의 교류를 차단함을 근간으로 하는 체계임에도 불구하고, 범죄자의 사회복귀와 사회와의 재통합을 그 주요 목적으로 하고 있다"는 사실에 유의할 필요가 있다(이백철, 2013; 7). 자유형 또는 구금형은 한편으로는 가두어야 하고 다른 한편으로는 잘 풀어주어야 하는 상반되는 교정의 목적에 근거하고 있는 듯하다. 물론 구금형인 가둠은 외적이고 형식적인 처벌 방식에 해당하고 풀어줌은 이 시대 교정의 내적이며 목적에 부합하는 지향점일 수 있다. 교정에서의 재사회화 개념이나 회복적 정의의 많은 담론은 이러한 모순을 실질적으로 해결할 수 있어야 한다.

이백철이 그의 평화 교정학에 대한 일련의 논의를 통해 최근 제시하고 있는 주제 중 '좋은 사람 vs 나쁜 사람'과 '안과 밖' 개념은 위의 모순된 현실에 대한 좀 더 근본적인 해결 방법을 제시한다. 그는 '좋은 사람 vs 나쁜 사람'이라는 개념을 통해 "교도소 안의 공간과 교도소 밖의 공간에서 사람들을 상호주체적으로 두고 그들 사이에서 발생할 수 있는 인간관계의 역할과 특성을 재고"할 것을 주문한다(이백철, 2013; 17-18). 그리고 "우리가 모두 가해자이고 피해자일 수 있다는 공감"(이백철, 2013; 18) 의식과 '관계의 평화'(이백철, 2013 ; 18)는 회복적 정의의 근간이 궁극적으로는 관계의 회복에 있음을 보여준다. 좋은 사람과 나쁜 사람의 구분을 없애야 한다는 주장의 이면을 들여다보면 처벌의 대상은 죄를 지은 사람이 아니라 그 사람의 죄에 있음을 의미한다. 신체형은 죄를 지은 사람에게 집중되어 있으며, 일정 정도 이러한 집중이 분산되었다고 할 수 있지만, 구금형도 사람에게 집중되어 있기는 마찬가지이다. 그러나 범죄의 다양한 생물적 사회적 원인을 살펴보면 죄인을 미워하기보다는 죄를 미워해야 하는 것이 더 정당하다. 처벌의 목적도 죄에 집중하는 것이 옳다. 앞서 살펴본 바처럼 구금형이 낳는 폐해는 범죄 자체보다는 범죄자에 집중된 탓에 정확하지 못한 처벌의 부작용이 발생한다는 것이다. 인간의 자율 능력과 관계 역량은 한 개인이 온전한 삶을 살아가기 위한 기초적인 것인데, 죄를 처벌한다는 이름으로 이러한 개인의 능력과 역량마저 손상시키고 있다. 이러한 손상을 그대로 두고 재사회화를 요구한다는 것은 옳지 않다.

교정 현장에서 이루어지는 교도관의 재소자에 대한 태도는 나쁜 사람을 대하는 것이 아니라 그들이 가진 나쁨에 집중되어야 할 것이다. 이것은 범죄 일반을 추상화시켜 책임의 소재를 무화하려는 데 있는 것이 아니라 처벌의 정확성을 높이는 데 있으며, 교정의 목적을 효율적으로 달성하려는 데 있다. 이백철이 언급한 '공범의식'에 대한 논의도 죄인이 아니라 죄에 있다. 범죄를 객관화하는 가운데 범죄를 보는 중립적 관점이나 합리적 해결 방식을 얻어낼 수 있다.

한영선은 재소자의 관계 단절의 요인으로서 물품사용의 박탈, 편안함의 박탈, 접촉과 소통의 박탈, 오감의 박탈, 프라이버시와 자아정체성의 박탈, 사색의 박탈 등을 제시하고 있다. 그리고 이러한 박탈로부터의 회복으로 치유와 보호를 들고 있다(한영선, 2016; 95-110). 한발 더 나아가 이백철은 리처드 사이트(Richard Seiter)의 '유사 공간'(parallel universe)[8] 이라는 개념을 빌려 교정 시설의 이상적인 방향은 "시설의

---

8 이 용어에 대한 번역은 아직 국내에 정착되지 않은 듯하다. 'universe'라는 용어는 우주를 뜻하지만, 사이

안을 밖과 가장 근접하게 하는 것"이라고 주장한다. 즉 "물리적 환경에서부터 구성부문 간의 관계에 이르기까지 모든 영역을 포함하는 것"으로 본다(이백철, 2013 ; 18). 이백철은 이 관계를 메꾸기 위해 "교도소의 안과 밖이 같아질 수 있는 이상적 조건"을 제시하고, 그 방법으로 "생명, 자유, 사랑과 같은 인류의 보편적인 희망이 교정에서 살아 숨쉬게 해야 하고, 이러한 희망을 실현하기 위하여 끊임없이 수단을 창출해야 한다"고 주장한다(이백철, 2013; 19).

한영선과 이백철 모두 강조하고 있는 것은 구금의 상태가 재소자에게 자율성과 관계성을 가장 많이 훼손시킨다는 데 있다. 재소자에게 가해지는 여러 가지의 박탈 형태는 사람에게 집중되어 있다. 그리고 교도소 공간과 사회 공간의 극단적인 차별적인 태도는 이러한 박탈을 더욱 가속화할 수밖에 없다. 이러한 문제점을 해결하기 위해 한영선이 대안으로 제시하는 치유와 보호, 그리고 이백철이 제시하는 생명, 자유, 사랑에 대한 희망 등은 어디까지나 관계회복에 있다.

교정에서 흔히 말하는 재소자들이 변화해야 한다는 주문은 단순히 나빴던 사람이 좋은 사람이 된다는 그런 얕은 차원에서의 변화가 아니다. 진정한 변화는 관계의 정상성을 잃지 않게끔 해주는 것이다. 여기서 말하는 관계의 정상성이란 나쁜 사람을 착한 사람으로 만들겠다는 사람에 대한 개입이 아니라 그들이 사회에서 원초적으로 누려왔던 자율과 관계성 유지와 증진을 위한 윤리적 가치 개입이다. 이러한 주체

트는 아마 물리적 공간이라는 의미로 이 용어를 사용하고 있고 교도소 공간을 은유적으로 표현한 듯하다. 'parallel'은 평행, 병렬이라는 뜻이지만 교도소의 안과 밖의 공간이 극단적인 분리가 아닌 유사해야 함을 강조하고 있는 듯해서 약간의 의역을 통해 '유사 공간'이라 번역했다.

는 어디까지나 교정 일선에 있는 교도관이다. 수많은 교정 프로그램이 있지만, 교도관이 재소자를 대하는 일상적이고 지속적인 윤리적 태도가 가장 우선이다. 이런 점에서 최옥채도 "범죄인의 변화를 위해서는 교도관과의 신뢰관계가 중요하다"는 사실을 지적하고 있다(최옥채, 2012; 238). 관계윤리의 의의나 방식을 찰스 콜슨, 하워드 제어, 그리고 레비나스의 회복 정의에 대한 논의를 통해 살펴보도록 하자.

2. 찰스 콜슨과 하워드 제어의 교정 정의

재소자 자율성 회복의 자연스러운 방법은 타인들과의 관계를 스스로 만들어 가는 능력을 키우는 것이다. 관계의 손상은 눈에 보이는 현상이고 이러한 현상의 이면에는 낮은 수준으로 떨어져 있는 개인의 자율성에 문제가 있다. 콜슨이 그의 책에서 기술한 어느 교도소 재소자의 표현을 보자. 그들은 "무표정한 얼굴에 눈빛은 차갑고 무정하기 그지없었다."(찰스 콜슨, 2002; 22) 이는 전형적인 타인과의 관계성 상실을 표현하며 스스로 나서서 타인과의 관계를 회복하려는 자세의 결핍을 의미한다. 가해자-피해자 회복의 거시적 정의는 잠시 비켜두고라도, 만약 재소자가 밝은 표정에 따뜻한 눈빛으로 사람들에게 정감 있게 말을 건넬 수 있다면 적어도 그의 재사회화는 성공했다고 말해도 된다. 타인에 대한 존중과 공감, 그리고 배려는 적극적이고 긍정적으로 타인에게 다가서려는 태도가 없다면 이루어지지 않는다. 피해자를 만나고 피해에 대한 책임의식을 가질 수 있는 능력은 개인이 나서서 타인과의 관계를 형성하고자 하는 의지에 달려 있다. 이는 바로 자율적인 삶의 방식 전환과 관계회복에 있다.

콜슨은 그의 책에서 성경 원리에 의한 정의를 얘기하고 있지만, 정의의 가장 기초는 스스로가 자신의 잘못을 인정하고 그에 대한 책임을 갖는 데 있다. 그가 기독교의 원죄를 정의의 기초 근거로 가져오는 이유도 원죄의 교리가 "개개인에게 자기 행동에 대한 도덕적 책임을 지게 하는 교리"이기 때문이다(찰스 콜슨, 2002; 65). 이러한 논거는 회복적 정의의 핵심인 '가해자의 피해자에 대한 책임의식'의 근거가 된다.

가해자가 피해자를 만나게 할 수 있는 윤리적인 근거로서 레비나스 또한 책임을 얘기한다. 그 책임의 출처는 콜슨과 달리 '고통의 현상학'에 근거해 있다. 누구의 주장이 더 설득력이 있는가는 차치하고라도 가해자가 피해자 또는 약자를 만날 수 있는 회복 방식은 가해자의 책임의식에 있으며 그것을 실제로 가능하게 하는 자율성 회복에 있다. 루이스(C. S. Lewis)는 이러한 자율성의 특징을 '의지'라고 본다(찰스 콜슨, 117). 즉 재소자가 자신의 잘못을 인정하고 선한 방향으로 변화하려는 의지 없이는 어떤 것도 이루어지지 않기 때문이다. 책임은 요청되고 만들어지는 것일 수도 있다. 그것은 법적 표현으로서 보상과 배상의 어떤 것이다. 그러나 책임의 근거가 어디에서 나오는지를 따지면 얘기는 달라진다. 그것은 칸트가 한때 말했듯이 인간 이성의 합목적적 원리에 근거하는 것이기도 하며, 콜슨이 말했듯이 기독교적 원죄에 의한 것이기도 하다. 레비나스는 그것을 타인 얼굴의 고통에 근거한 것이라고 말한다.

만약 형사적 정의가 아닌 회복 정의를 말하고자 한다면 책임이 형성되는 근거에 주목해야 할 것이다. 회복적 정의에서 말하는 책임은 만들어지는 것이라기보다는 인간이 본래 가진 것이다. 그렇지 않으면 회복 정의의 책임은 단순히 보상의 수준으로 떨어지며 보상이 끝나는 순간 책임은 무책임으로 종결한다. '나는 그에게 책임을 다했다.'는 식의 과거형으로 돌아간다. 이는 진정한 의미에서의 회복 정의가 말하고자 하는 책임이 아니다.

콜슨이 말하는 책임은 도덕적 책임이다. 그것은 타인에 대한 무한한 지속성을 갖는 것이다. 콜슨이 가장 우려하는 부분도 회복 정의의 책임이 형사사법 수준의 책임으로 돌아가는 것이다. 그는 "범죄는 도덕적인 문제"라고 주장한다(찰스 콜슨, 2002; 85). 이는 범죄를 개인의 책임으로 간주하는 것이며 범죄행위의 원인을 범죄자의 도덕적 책임 부재에 두는 것이다. 이러한 책임의 도덕성은 동시에 피해를 복구하는 과정에서 도덕적으로 작동해야지 법적으로만 처리되어서는 안 된다. 책임의 도덕성 문제는 범죄의 원인, 과정, 회복 전 단계에 걸쳐 요구된다. 콜슨에게 있어 잘못된 사회제도는 개인의 책임 부재이며, 범죄의 원인도 그의 잘못된 선택으로 만들어진 것이므로 개인에게 책임이 있는 것이며, 일어난 범죄를 해결하는 것도 개인인 범죄자를 "도덕적으로 책임 있는 존재"(찰스 콜슨, 93)로 대해주는 것이다.

잘못된 사회는 교도소를 닮아간다고 한다. 교도소의 이러한 부정적인 표현은 개인의 도덕적 책임의 부재의 합을 의미한다. 즉 재소자 누구도 범죄행위의 원인, 결과, 그리고 해결 방식을 자신의 책임으로 인정하지 않는다는 뜻이다. 잘못된 사회는 누구도 책임을 지지 않으려는 사회이기도 하다. 좋은 사회 공동체는 개인의 자유로움이 우선이며 이러한 자유로움은 상대적으로 개인의 양심이나 책임이 발달한 곳에서 만들어진다. 콜슨이 기독교적 원죄 원리를 가져오는 이유도 공동체 안의 개인 각자의 책임의식을 근거로 하는 삶의 방식이 필요했기 때문이다. 회복 정의는 가해자가 책임의식을 갖는 것으로 출발하여 피해자에게 그러한 의식을 충분히 인지시켜 주는 전 과정을 통해 이루어진다. 즉 범죄는 가해자의 '심사숙고의 산물'이며 범죄행위의 해결책 또한 "완전히 새로운 책임성 있는 생활방식으로의 전환"이라는 사실을 인식함으로써 회복 정의의 완성도를 높일 수 있다(찰스 콜슨, 2002; 100).

회복 정의에 대한 다양한 담론이 책임의 필요성과 의미에 치중했다면 콜슨은 실제로 그것이 어떤 방식으로 진행하여야 하는지를 말하고 있다. 그가 다양한 실천 사례를 갖고 제시하는 것은 다음에 논의할 하워드 제어의 회복 정의의 실제적인 논의인데 레비나스의 논의와도 상당한 수준에서 닮았다.

그러한 대표적인 근거가 직접 대면과 공동체라는 개념이다. 실제로 회복 정의의 실현 과정은 피해자와의 직접 대면과 공동체에 관한 관심에 있다. 이 둘은 결국 피해가 만들어진 상황 전체에 대한 회복을 의미하며 달리 말하면 피해를 해결하기 위한 상황 전체의 관계회복을 의미한다. 물론 레비나스가 범죄행위 상황 전체를 적시하여 논의한 적은 없다. 그럼에도 그가 가해자-피해자의 구도를 '나-약자,'또는 '나-고통받는 자'의 구도로 넓게 전환한다면 이러한 회복 정의에 대한 논의에 뛰어들지 못할 이유는 없을 것이다. 그는 자신의 윤리에서 얼굴 보기라는 직접 대면의 중요성을 말하며 이웃 정의라는 맥락에서 공동체를 인식하고 있다.

데이비드 리(David Lee)의 상호대면 관계(encounter relationship), 즉 '얼굴을 맞대고 상부상조하면서 기꺼이 서로를 책임지는 자그마한 관계'(찰스 콜슨, 106; 재인용)는 가해자가 피해자를 만나는 방식이기도 하지만, 동시에 '공동체적 결속'(찰스 콜슨, 2002; 128)이 되는 방법이기도 하다. 가해자와 피해자 관계의 회복은 공동체의 회복과 같이 갈 수 있어야 사회정의를 완성할 수 있다. 여기에서 콜슨이 조나단 번사이드의 관계중심 정의(relational justice)를 가져와 입증하려는 회복 정의의 성격이 잘 드러난다.

콜슨이 정의와 관련해 가장 강조하는 점은 '범죄를 저지르게 되면 그것은 가해자와 더 넓은 사회 사이의 관계를 해치게 된다'는 데 있다(찰스 콜슨, 2002; 134). 그는 범죄를 인간의 관계성을 깨는 것으로 보며 회복이란 이러한 깨어진 관계의 회복에 있는 것으로 간주한다. 물론 그의 관계회복은 하나님과 인간의 관계회복을 고려하는 수준으로 그 폭이 상당히 넓을 뿐만 아니라, 기독교인이 아닌 사람들의 관점에서는 쉽게 동의할 수 없는 부분도 있다. 그런데도 그가 개인의 책임과 공동체의 책임이라는 두 축의 균형을 잃지 않으려는 노력은 충분히 인정해야 할 것이다. 그가 "개개인이 객관적인 법의 지배 아래서 자기 행동에 대한 책임을 지게 하되 언제나 공동체의 맥락에서 그리고 항상 개인의 변화 가능성과 깨어진 관계 및 도덕적 질서의 치유 가능성"(찰스 콜슨, 2002; 136)을 언급할 때, 그가 주장하고자 하는 관계의 의미는 직접 대면과 공동체를 거치는 관계회복에 있다.

콜슨이 사례로 제시한 회복 정의 프로그램인 맨토 프로그램을 보자. 이 프로그램은 개인적 책임 인정, 대인관계 증진, 사회적 기술 개발, 취업 준비처럼 관계를 강조한다(찰스 콜슨, 2002; 146). 이 프로그램에는 개입, 간섭, 관여의 직접 대면의 요소가 들어 있으며 존경과 사랑이라는 관계윤리적 덕목으로 구성되어 있다. 회복 정의의 핵심이 가해자와 피해자를 회복의 과정에 관여시키는 것이고 관계 중심적 정의가 가해자와 피해자의 관계회복에 있다면 위의 맨토 프로그램은 책임의 인정과 대인관계 증진이라는 활동을 의미한다. 얼굴을 마주하는 상호대면의 프로그램은 이 외에도 많이 있을 수 있다. 그러나 콜슨이 말하고자 하는 회복은 곧 관계의 회복이라는 점에서 회복 정의와 관련된 많은 프로그램이 여기에서 크게 벗어나지 않는다고 봐야 할 것이다.

물론 콜슨에게서 하워드 제어처럼 회복 정의의 구체적인 논의들을 기대할 수는 없으며, 그의 기독교적 원죄에 근거한 회복의 큰 그림을 기독교인이 아닌 사람이 받아들이기도 쉽지 않다. 그런데도 그가 국내외적으로 논의되고 있는 회복 정의와 관련한 많은 논의에서 책임의 출처를 이렇게 깊이 있게 다루고 있는 점은 충분히 인정해야 할 것이다. 어떤 면에서 그는 회복 정의의 핵심을 말하고 있다고도 볼 수 있다. 책임이 작동하는 영역이 가해자-피해자의 관계에서뿐만 아니라 피해가 발생한 공동체까지 회복의 영역으로 보고 있다는 사실이 중요하다.[9] 이런 점은 하워드 제어의 설명에서 자세히 살펴볼 수 있다.

회복 정의 또는 사법과 관련한 여러 논의나 주장을 보면 과연 이것이 범죄를 줄이는 데 강조점을 두는 것인지, 아니면 범죄행위와 관련한 일련의 과정을 정밀하고 엄격하게 처리하고자 하는 것, 즉 피해의 의미를 정확하게 규정하고자 하는 데 있는 것인지 혼란이 올 때가 있다. 회복 정의가 호응을 받는 이유는 후자 쪽에 있을 수도 있겠지만, 그것이 교정 방법으로 채택될 시 재소자의 사회복귀나 재사회화에 도움이 될 것이라는 생각이 지배적이다. 앞서 회복 정의를 교정의 코페르니쿠스적인 전환이라고 단언한 것은 실제로는 후자 쪽에서 만들어진 담론 때문이다. 하워드 제어가 그의 책《정의란 무엇인가》의 실제 제목을 '렌즈를 바꾸면서'(Changing Lenses)라고 했을 때, 이는 단순히 렌즈를 바꾸는 수준이 아니라 범죄행위와 관련된 기존의 시각 전체를 바꾸는 혁명에 가까운 것이다. 범죄는 어떤 시대나 사회를 막론하고 있어 왔다. 범죄의 감소를 위해 회복 정의만이 유일한 대안은 아니다. 회복 정의를 많은 사람이 환영하는 이유는 피해자, 관계, 책임 등인데 이는 범죄 예방의 효과에 있다기보다는 범죄를 취급하는 관점을 인간적이고 도덕적으로 변환하고 재조정하는 데에 있다고 할 수 있다.

제어가《회복적 정의 실현을 위한 사법의 이념과 실천》에서 반복하

---

9 재소자들의 자율성 회복과 이를 위한 방법이 재소자-교도관의 관계에 있다면, 콜슨이 말하는 관계는 교도소 밖을 향해 있다. 하지만 둘 다 범죄에 대한 처벌보다는 예방, 구체적으로는 재범률을 줄이고 재소자들의 정상적인 재사회화를 염두에 둔 점은 같다. 재소자들로 하여금 자율성을 강화할 수 있도록 하고 교도관들이 그러한 자율성 증진에 일조할 수 있게 하는 과정이 관계윤리이다.

여 강조하는 것도 범죄예방이나 억제에 대한 것이라기보다는 일어난 범죄행위에 관련된 사항을 어떻게 취급해야 할 것인가에 있다. 이런 면에서 범죄에서 응보 이론을 대척점에 놓았던 초기의 그의 생각은 위의 책에서 상당한 수준으로 유연하게 정리되어 있다. 즉 응보 이론과 회복 이론이 서로 성격이 다른 것이 아니며 일종의 연속선상에 있는 것으로 보고 있는 점이 그러하다. 한편으로 나는 전통적으로 응보 이론을 통해 범죄예방이나 억제를 주장에 대해서 회복 정의가 적절한 대답을 해주지 못하고 있지는 않은가 하는 의심이 들 때가 있다. 앞서 교정에서 관계윤리적인 접근을 교도소 안으로 제한을 두고자 했던 이유는 교정이 범죄 예방이나 억제에 더 가까워서 응보 이론의 개선 수준에 머물고 있다고 생각했기 때문이다. 이런 점에서 회복 정의가 갖는 놀라울 정도의 긍정적인 기능에도 불구하고 그것이 범죄 발생을 감소시키는 대안이 될 수 있다는 주장에는 의문이 생긴다. 이런 점을 예상하면서 찰스 콜슨이 제기했던 책임의식이나 피해 처리의 문제 등을 제어는 어떻게 논의하고 있는지 살펴볼 필요가 있다.

제어가 한국어판 서문에서 밝혔듯이 그는 회복 정의의 의미를 다음과 같이 정리하고 있다. "회복적 사법은 단순히 프로그램만을 의미하는 것이 아닙니다. 오히려 많은 상황에 적용할 수 있는 일련의 원리와 철학입니다. … 회복적 사법은 건강한 관계를 만들고, 유지하고, 그리고 관계가 손상된 경우 이를 회복시키는 것에 관한 것입니다."(하워드 제어, 2015; 7-8) 그의 회복 정의는 규모의 사법이라 할 수 있으며 콜슨이 주장하는 정의와도 그 진폭을 비슷하게 유지하고 있다. 콜슨도 그의 정의를 교정에서 가해자-피해자 회복 프로그램 이상의 것으로 확대해서 적용할 수 있다고 보며, 책임의 범위를 상당히 넓게 보려고 한다. 이는 동시에 그들의 회복 정의를 교정 영역뿐만 아니라 상담, 치료, 교육, 복지 등 다양한 영역에도 적용할 수 있는 여지를 보여준다. 그리고 이러한 규모의 회복 정의는 책임의 문제를 대함에 있어 콜슨과 유사한 논의를 만들어낸다.

제어는 회복 과정에서 "가해자는 가해행위에 대하여 어느 정도의 책임을 인정해야 한다."(하워드 제어, 2015; 21)고 말하며, 가해자는 "반드시 책임을 지도록 장려되어야 하며, 가해행위로 인하여 영향을 받은 사람이 그 과정에 참여해야 한다."(하워드 제어, 2015; 22)고 한다. 이러한 과정을 통해 피해의 경험을 극복할 수 있는 계기를 마련할 수 있다. 제어가 책임의 작동 방식을 콜슨보다 좀 더 정밀하게 제안하는 점이 눈에 띈다. 가해자는 피해자에게 "내가 책임을 질 것이며 당신은 아무 잘못도 없다."(하워드 제어, 2015; 28)라고 말하는 과정에서 피해자를 진정으로 대면한다. 이는 피해자의 피해에 대한 이해나 관심의 증폭을 가져오며, 피해의 원상회복, 그리고 궁극적으로는 "잘못을 바로잡기 위한 노력"(하워드 제어, 2015; 47)과 가해자가 "자신의 행동을 변화"(하워드 제어, 2015; 67)시키는 수준으로까지 나아간다. 가해자가 피해자의 피해를 제대로 인지하고 잘못을 인정하고 그에 합당한 배상을 하며 가해자 자신의 삶에 변화가 올 수 있도록 하는 것이 회복 정의에서 말하는 책임의 특징이라 할 수 있다. 물론 이때의 책임은 가해자가 내면으로 잘못을 인정하는 수준 이상의 것으로서 피해자의 불만이나 욕구를 어느 정도 채워줄 수 있다. 즉 회복 정의에서 책임은 가해자 홀로 내면적으로 감당하는 책임부담이 아니라 피해자를 동반하는 책임이다. 다만 콜슨에게서는 분명하게 나타나는 책임의 도덕성이나 지속성이 제어에서는 선명하게 드러나지 않는 것이 문제이다.

제어에 따르면 피해의 복구는 어떤 시점에서 종료되는 것이어야 한다. 물론 이 차이점은 콜슨이 기독교적인 관점에서 책임을 가져오고 제어보다 책임의 무한성을 주장하기 때문이라 할 수 있다. 제어에서 보이는 책임의 출처는 분명하지는 않지만 일종의 요청이라는 느낌이 든다. 그가 "회복적 사법은 무엇보다 당연히 해야만 하는 것이기 때문에 행해지는 것이다."(하워드 제어, 2015; 21)라고 했을 때, 그도 무의식적으로 인간으로서 마땅히 가져야 할 자연스러운 의무와 책임을 말하고 있다. 그러나 콜슨처럼 종교적인 배경을 지니고 책임의 성격을 규정하고 있지는 않다.

책임에 대한 구체적인 조건이 제어가 콜슨에 비해 한발 더 나아갔다면 가해자와 피해자의 관계의 문제에서 제어의 논변은 콜슨에 비해 좀 더 구체적이다. 그는 "범죄는 사람들에 대한, 그리고 사람 사이의 관계에 대한 침해이다."(하워드 제어, 2015; 33)라고 정의한다. 불법한 행위의 인과관계는 꼬리를 물고 연결되어 있으며 모든 것은 '관계의 망' 속에 있어서 하나의 범죄는 곧 관계의 손상을 가져올 수밖에 없다. 그는 "관계성은 범죄의 원인이자 결과"라고 주장한다(하워드 제어, 2015; 34). 이렇게 되면 범죄는 결과적으로 피해자 개인을 넘어서 공동체에 가해진 피해가 된다.

이러한 관계망의 훼손을 막기 위한 전체적 노력이 개인이나 사회의 회복으로 나타나며 정의로 나타난다. 흥미로운 점은 콜슨이나 제어 모두 정의를 개인이 빠진 공리적이거나 계약적인 사회정의로 규정하지 않는다는 사실이다.

정의의 원초적 의의는 어디까지나 개인에게서 출발하여 개인의 힘들고 어려운 문제를 해결하는 것에서 시작해야 한다. 개인의 욕구를 해결했다고 해서 공동체 전체의 욕구가 저절로 해결되는 것이 아니므로 공동체와의 관계망을 가져오는 것이 중요하다. 정의가 개인적인 것인가, 사회적인 것인가 하는 논의는 아마 풀리지 않는 숙제로 남을 수 있다. 레비나스의 정의 또한 개인적인 것에서 치중되어 있어서 사회정의론자들의 처지에서 보면 불충분한 정의론이 될 수 있다. 이것은 레비나스에게 제삼자 개념을 가져오는 원인이 되었고, 콜슨이나 제어에도 원죄나 관계망에 대한 용어를 가져와 설명하지 않으면 안 되는 원인이 된다.

제어도 피해의 범위를 콜슨처럼 공동체에 적용한다. 회복 정의를 교정에서 코페르니쿠스적인 전환이라고 했을 때, 제어가 의도했던 것은 이들이 말하는 공동체에 있다. 제어에서 선명하게 드러나는 점은 피해 당사자를 국가나 정부기관이 아니라 피해를 실제로 입은 피해자에게 제한하는 것이며, 굳이 넓힌다면 피해를 실제로 입은 일정 지역의 공동체 정도로 한정하는 것이다. 이는 범죄를 사적 측면에서 보자는 것이다. 공동체도 어디까지나 그러한 피해를 본 곳의 사람들을 의미한다. 국가나 사회가 피해를 보았다는 것은 레토릭에 불과하며 콜슨도 지적했다시피 그것은 자연법에 따른 것이며 홉스나 루소 등의 국가주의자들 사유의 산물이라 할 수 있다. 사건의 피해를 본 피해 당사자가 피해 보상의 권한을 가져야 한다.

"국가가 공동체의 이름을 내세워 앞장서게 되면, 공동체 의식의 약화를 초래하게 된다."는 주장은 귀담아들을 필요가 있다(하워드 제어, 2015; 31, 재인용). 여기에서 공동체는 직간접적으로 피해를 본 지역의 사람들과 물건을 의미한다. 그러므로 회복 정의의 과정에서 공동체는 "관심을 가진 사안별 공동체"가 되고 '소규모의 공동체'라야 하지 국가나 사회와 같은 추상적이고 일반적인 규모의 공동체가 아니다(하워드 제어, 2015; 42). 공동체라는 말을 오용하게 되면 공동체가 정체불명의 집단성으로 남게 될 수 있다. 제어는 이 공동체의 규모나 성격이 '사안별' 그리고 '소규모'라는 식으로 아주 분명하게 지시한다. 이렇게 되었을 때 회복 정의의 실제적 작동 원리인 만남, 직접 대면, 모임 등의 특성이 나타날 수 있기 때문이다.

제어는 이런 특성들을 상세하게 기술하고 있다. 직접적인 대면을 위해서 "적절한 사전 검토와 준비, 그리고 안전장치"를 갖출 것을 주문하고, 가해자-피해자 모임을 위해서는 가해자와 피해자가 "서로 얼굴을 마주하고, 서로에게 직접 질문하며, 어떻게 잘못을 바로잡을지를 함께 협의"하기를 원한다(하워드 제어, 2015; 40). 여기에서 콜슨이 가해자가 잘못을 느끼고 책임의식을 갖게 하는 의지의 중요성을 주장했다면, 제어는 존중의 중요성을 주장한다. 존중은 가해자와 피해자 "모두를 위한 존중"이어야 하며, 가해자와 피해자의 관심을 "균형 있게 배려"하는 수준의 존중이다(하워드 제어, 2015; 52). 서로를 존중하는 분위기에서 피해자는 자신의 피해를 말할 수 있어야 하고 가해자는 그러한 피해를 인정해야 한다. 이때 가해자는 자신의 범죄에 대한 수치심을 당연히 받아들이고 피해자는 가해자도 피해의 한 당사자일 수도 있다는 식으로 이해의 폭을 넓힐 수 있다. 이러한 요건이 갖추어진 만남이나 모임일 때 회복의 긍정적인 효과를 만들 수 있다.

범죄에 대한 처벌이 복수나 보복이 아니라 가해자가 피해에 대한 책임의식 확보를 통해 공동체의 공공복지까지 수렴해야 한다는 회복 정의의 목적은 분명 응보 이론에 기초한 논의보다 발전한 것이다. 특히 피해자를 정확히 집어내어 피해받은 것에 상응하는 윤리적 행위가 이끌어져 나와야 한다는 생각은 정의를 보는 눈을 새롭게 한다. 피해를 본 개인이 소외되어 있었다는 사실을 우리는 오랫동안 간과하고 있었지는지도 모른다. 서구에서 회복 정의에 대한 논의가 나온 지가 오래되었고 한국에서도 피해자 회복에 대한 논의가 분분함에도 여전히 지금의 사법 체계는 그것을 온전히 인정해주지 않고 있다. 콜슨과 제어가 비록 사법의 체계 안에서 정의의 문제를 논의했지만 나는 이것이 정의의 물음을 본격적으로 묻는 중요한 경로 중 하나라고 생각한다. 그들은 정의에 관한 물음을 피해자라는 개인에게서 출발시켰다. 레비나스의 정의에 대한 논의도 정의를 사회적 차원이 아닌 개인으로부터 출발하여 묻기 시작함으로써 기존의 정의를 사회정의로만 인식하게 되는 틀을 바꾸고 있다.

3. 레비나스의 책임 정의

데이비드 핼펀은《국가의 숨겨진 부》에서 숨겨진 부를 "인간의 행복에 지대한 영향을 미치는 요소"(데이비드 핼펀, 2012; 12)로 규정하면서 그 요소를 신뢰와 사회규범, 네트워크, 그리고 사회구조 네 가지로 든다. 이 요소들은 비록 광범위한 면이 있지만, 흔히 말하는 정의사회를 이루기 위한 조건이다. 범죄와 관련하여 얘기하면 이런 요소들이 약한 사회에서는 이기적 행동을 더 쉽게 용인하며 사람들은 피해의 위험을 과대평가하고 사회적 신뢰는 낮아진다. 핼펀은 이를 두고 "범죄에 대한 두려움은 상당 부분 자신에 대한 반영"에 있다고 말한다(데이비드 핼펀, 2012; 183). 밤길을 편히 걷지 못하는 것은 타인에 대한 신뢰가 그만큼 부족함을 뜻한다. 또한, 타인에 대한 존중과 돌봄이 없는 사회는 그만큼 행복지수가 떨어질 수밖에 없다. 신뢰, 존중, 또는 돌봄의 미덕은 한 국가의 숨겨진 부라고 명명되는 것이지만 실제로 이런 것들이 제대로 작동하지 못하는 사회에서는 정의가 기능할 수 없다.

정의의 키워드로 불리어 온 공정과 평등의 개념 등은 다른 방식으로 그 역할을 할 수는 있지만, 그것은 어디까지나 사회라는 규모의 차원에서 필요한 정의의 덕목이지, 개인과 개인의 직접 대면 상황에서는 거의 쓸모가 없다. 오히려 개인들 사이의 관계를 논할 때는 신뢰, 믿음, 존중, 돌봄, 배려와 같은 것들이 더 필요하다. 레비나스는 이런 점에서 개인과 개인 간의 관계에 초점을 맞추어 정의론을 제안한다. 그는 정의론에 대한 반성을 통해 "내가 존재한다는 사실이 부정의는 아닌가. 내가 생존하기 위한 이기적인 나의 존재 유지 경향(conatus essendi)이야말로 폭력으로 나타나지 않는가. 그리고 나의 자유를 국가가 담보한다는 것이 과연 정의로운가"를 묻는다. 그는 콜슨이나 제어와 다소 다른 맥락이지만 국가가 나의 자유를 위탁받은 탓에 내 앞에 놓인 (내가 책임져야 할) 부정의마저 국가가 관리한다는 사실에 대해 주목하고 있는 것이다. 그는 개인이 누려야 하거나 관리해야 할 자유를 국가가 가져가 버렸을 때 발생하는 문제를 정의의 부재라고 본다. 이는 범죄를 두고 "국가는 사건을 수사하고, 절차를 진행하며, 안전을 보장하는 등의 제한적인 임무를 수행하지만 주된 피해자는 아니다"(하워드 제어, 2015; 85)라는 주장과 같은 맥락에 있다. 자유도 나의 자유여야 하며 피해도 나의 피해여야 한다. 위임된 정의는 정의가 아니며 위임된 피해도 진정한 의미에서의 피해가 아니다. 이런 점에서 책임이 중요하다.

책임 윤리로서의 정의는 정치경제 이론으로서의 정의가 아니라 삶의 방식으로 전환되어야 한다. 정치이론이 아닌 윤리로서의 정의가 필요하며 추상화되고 일반화된 정의가 아닌 구체적인 개인의 생활세계에서 만들어지는 책임의식 강화가 필요하다. 나는 너라는 개별적 인간에게 책임을 지는 것이지 내가 져야 할 책임을 국가가 대신 책임을 진다는 말은 성립할 수 없다. 사람이 책임을 지는 것이지 국가가 책임을 지는 것은 아니다. 국가나 사회가 책임을 진다고 했을 때 이미 책임의 소재는 떠나버린다. 레비나스가 직접 대면의 필요성을 얘기하는 것도 개인의 책임 부재로 인해 정의감이 상실되고 부정의에 대한 참여의식이 사라지는 것을 걱정하기 때문이다. 정의감이라고 했을 때 그것은 하나의 정신 행위이지 법적 절차는 아니다. 그리하여 국가에 위임된 개인의 자유와 권리 중심의 정의를 개인의 주체적인 책임 중심의 정의로 변화시키는 일이 중요하다.

레비나스의 정의는 타자 우위의 정의이다. 일차적으로는 나와 너라는 구체적인 관계에서 정의가 발생하는 것이지만 그에게 있어 정의는 타인의 우위를 인정하고 그를 존중하는 일에서부터 진정한 의미가 살아난다. 타인이 나보다 우위에 있는 존재라고 함은 다소 이상하게 들릴 수 있고 심지어 계몽적일 수도 있다. 이는 앞서 콜슨이 정의의 출처를 개인의 원죄로 보거나 제어가 자연적 의무로 규정한 것과 같은 맥락으로 볼 수 있지만, 레비나스는 이것을 타인의 고통에 대한 현상을 통해 설명하고자 한다. 그는 타인은 절대적 타자성과 외재성을 가진 존재로서 나로 동일시하거나 전체화할 수 없다고 본다. 그리고 그렇게 나와 다른 타인에게서 발견하는 연민이나 슬픔은 그의 요구와 부름에 의해 만들어진다. 타인의 고통과 어려움을 알아채는 순간 나는 책임을 지는 존재가 되는 것이다.

그러므로 타인의 호소, 그의 부름에 대한 응답, 곧 그에 대한 책임이 정의의 근원이 되며 타인 얼굴의 맨 모습, 레비나스의 표현대로라면 타인의 벌거벗음을 인식하면서 대화하고 응대하며 나의 자리를 내주는 것이다. 이때 나의 책임은 다른 어떤 것으로도 대체 불가능하다. 그것은 즉각적으로 발생하는 책임이며, 직접 개입하는 책임이다. 국가는 나의 이런 책임을 대신할 수 없다. 이런 면에서 우리는 책임의 소재지가 정확히 어떤 상황에서 만들어져야 하는가를 알 수 있다.

레비나스에게 있어 책임은 철저히 관계적인 것이며 타인에게서 나오는 것이다. 지금까지 논의해 온 회복 정의의 관점에서 본다면 가해자는 피해자와의 관계 속에서 책임을 강하게 느낄 수 있다. 만약 응보이론의 차원에서 피해자를 무시하거나 배제한다면 가해자는 책임을 느낄 조건을 전혀 가질 수가 없다. 그는 피해자를 볼 수 없고 그렇게 되면 책임을 질 최소한의 가능성도 없게 되기 때문이다.

레비나스에게 있어 책임으로서의 정의는 “대화 속에서 얼굴의 응대”를 통해 가능하다(김도형, 2011; 249; 재인용). 또한 개인만이 “타인의 비밀스러운 눈물을 볼 수 있다.”(김도형, 2011; 250; 재인용) 가해자가 피해자의 욕구를 듣고 그의 눈물을 볼 수 없다면 그는 책임을 질 최소한의 조건마저 얻지 못한다. 피해자의 요구에 대한 직접성과 긴급함은 개인이 개인을 보는 절차가 생략된 곳에서는 발견할 수 없다. 국가가 피해를 대신한다는 논리 자체가 레비나스에게 오면 절대 불가능하다. 그러므로 정치적 정의는 이웃에 대한 즉각적인 책임을 중단시킬 수밖에 없다.

칸트의 경우 보편법칙과 정언명법에 근거한 실천행위를 주장하지만, 이러한 주장의 문제점은 레비나스가 지적하고 있다시피, 각자의 이성에 근거한다고 하더라도 여전히 주제의 개별성에 근거하고 있다. 또한, 갈등을 타협과 계약에 의한 합리성에 근거한다고 하더라도 여전히 자기중심적일 수밖에 없다. ‘나’로부터 시작하는 일인칭 관점에서 갈등 해결 방식의 문제점은 타인을 진정으로 존중하거나 인정하지 않는다는 것, 타인에 대한 참다운 배려가 결핍되어 있기 때문이다. ‘계산된 평화' 또는 '일시적 평화'라고 함은 바로 이러한 자기중심적인 관점에서 갈등 해결 방식을 기술하는 식의 평화이다(정기명, 2012; 151). 그러므로 타인을 보는 데에서 출발하는 갈등 해결 방식을 통해야 문제 해결에 성공할 수 있다.

회복 정의는 가해자와 피해자의 갈등 해결이 논의되는 과정이기도 하다. 레비나스를 가져올 때의 장점은 가해자의 자기중심적인 사고방식을 없애고 피해자의 관점에서 문제를 보는 데 있다. 가해자는 피해자의 호소를 경청하고 그를 자기 안으로 받아들이고 가해자는 피해자를 볼 수 있어야 한다. 레비나스는 얼굴을 보는 행위 그 자체가 사람을 윤리적이게 한다고 말한다. 회복 정의에서 직접 대면의 의미는 레비나스에게 오면 책임이 발생하는 조건이 된다. 피해자를 직접 보며 대화하는 과정에서 문제 해결의 실마리를 찾을 수 있다. 이는 사람을 대하는 방식에 있어 정직함이 정당한 윤리를 발생시키는 것을 의미한다. 정직하지 못하면 가해자의 책임의식은 항상 자의적이고 일회적이 될 수밖에 없다. 회복의 과정은 관계 맺기에 있으며, 레비나스 식으로 말하면 타인의 얼굴과 시선을 수용하는 과정이 회복의 과정이기 때문이다.

정의에 대한 물음은 약자를 보호하고 조화로운 사회를 회복하는 데 있다. 정의의 역사를 보면 사회의 환경과 조건이 그 당대의 정의관을 형성한다는 사실을 알 수 있다. 즉 사회의 물적 조건이나 가치에 의해 정의의 의미가 달라진다. 예를 들어 도시, 국가, 개인, 자본, 노동, 계급 등 사회구성 요소나 자본주의, 신자유주의, 사회주의, 공동체주의 등 다양한 입체적 이념들이 정의관의 모양을 변화시킨다. 나아가 정의의 역사 속에는 항상 목적론적 변화가 있어 온 탓으로 질서, 행복, 자유, 권리, 그리고 공정과 분배라는 시대마다 추구하는 목적에 따라 정의를 기술하는 방식이 달라져 왔다. 서양 사회를 볼 때 플라톤의 경우는 폴리스의 발달로 개인과 사회의 질서 기획을 위한 정의, 아리스토텔레스는 정치 공동체의 행복과 미덕 찾기로서의 정의, 벤담은 행복 증진으로서의 정의, 칸트는 개인의 자유와 권리 찾기로서의 정의, 그리고 지금 이 시대는 공정과 분배의 원칙에 따른 사회정의를 주장해 온 것처럼 정의는 시대의식을 철저하게 반영해 왔다.

정의의 역사를 되돌아볼 때 변하지 않는 진실 하나는 정의의 참모습인 상호성이다. 상호성에는 주고받기의 속성이 있다. 데이비드 존스튼은 정의감은 상호성을 통해 표현되어야 한다고 한다. 그는 "건전한 사회의 정의관은 균형 상호성에 뿌리를 내리고 있다"고 말한다. "정의감에는 인간들의 관계에서 상호성을 존중할 줄 아는 감수성이 필요하다. 다른 사람들로부터 잊지 못할 은혜를 입은 사람이 어떤 방법으로든 그 은혜에 보답해야겠다고 느끼는 것은 너무나 당연한 일이다."라고 말한다(데이비드 존스튼, 2011; 333-343). 함무라비는 정의의 목표를 강한 자들이 약한 자들을 억압하지 못하게 하는 데 두었다. 비록 그의 법전 196조에 등장하는 "자유민의 눈을 뽑은 자는 그 눈을 뽑는다"는 표현이 계급적 편견을 드러내는 약점이 있지만, 정의의 진실은 어디까지나 죄에는 그에 상응하는 대가를 지급해야 함을 보여준다.

이 시대는 '자유민'이라는 용어에 시민이나 사람과 같은 개념을 대치하고 있다. 시민들 사이의 상호존중, 인간들 사이의 상호성 등처럼 인간 보편의 절대적 상호성이 정의관에 자리하고 있다. 존 롤스가 같은 것으로 보답하려는 성향으로서의 '균형 상호성'을 언급할 때 그 상호성은 시대의 제약을 뛰어넘어 일관되게 흐르는 정의의 정신이라 할 수 있다. 지금 사회는 규모의 정의, 즉 사회정의에 치중한 탓에 인간의 얼굴을 한 개인적 정의감이 많이 약화되어 있다. 계약의 파기나 불평등한 분배, 즉 소득과 재산, 의무와 권리, 권력과 기회 등을 어떻게 나눌 것인가 등의 문제에 자본주의 경제 논리를 적용한 탓에 개인이 마땅히 가져야 할 원초적 정의감을 상실했다.

개인적 정의감 상실에서 오는 문제점이 회복 정의의 담론을 어렵게 만든다. 응보 사법이든 회복 사법이든 이 둘을 관통하는 것은 가해자와 피해자의 상호성에 대한 것이다. 그런 점에서 이 둘이 서로 대척점에 놓여야 할 필요는 없다. 다만 응보주의적 사고에는 정의를 사회적으로 접근하려는 태도가 강하고 회복주의적 사고에는 개인적으로 접근하려는 태도가 강한 정도이지 둘 다 정의의 기본 속성인 상호성을 갖고 있다는 사실에는 변함이 없다.

회복 정의의 의의는 정의의 상호성이 무시되거나 손상되는 데 있지 않고 국가로 대표되는 공권력의 수준에서 개인적 차원으로 변화되어야 함을 보여주는 데 있다. 회복 정의에서 가장 많이 등장하는 관계의 특성이 가해자와 피해자의 윤리적 관계라는 사실을 볼 때 문제 해결 방법이 어디에 있는가를 잘 알 수 있다. 레비나스 정의는 책임의 무한성에 있다. 즉 정의란 더 나은 정의를 욕망하는 정의가 되어야 한다. 우리가 어떤 하나의 고정관념의 정의관에 머물 이유는 없다. 사회의 불만과 갈등을 줄이고 인간관계를 더 행복하게 해줄 수 있는 정의가 있다면 그러한 정의를 추구해야 한다. 책임의 무한성은 한 사람이 다른 사람에게 해 줄 수 있는 최대의 선의지가 될 것이다.

교정 현장에서의 정의의 실현 방식도 마찬가지다. 재소자를 맞아들이는 방식에 문제가 있다면 수정해야 할 것이고, 재소자의 책임을 바람직한 양식으로 이끌 수 있는 방식이 있다면 그것을 선택해야 한다. 교정의 결실은 죄를 지은 자들의 변화에 더해 관계 회복에 있다. 이는 표피적으로 보면 재소자의 회심이나 회개로 나타나겠지만, 실질적으로는 관계의 정상성을 회복하는 데 있다. 범죄자 또는 위법행위자, 그리하여 재소자로 불리는 사람들을 악적 존재로 취급하는 문제를 떠나 그들이 일상적인 관계윤리를 회복하는 것이 중요하다. 지금의 교정에서 이루어지는 처우 방식들이 관계성 회복에 초점을 맞추어 진행할 때 교정윤리의 목적을 달성할 수 있다. 회복 정의의 핵심은 관계윤리 확장의 연속선상에 있기 때문이다.

3부
교정의 윤리원칙과 강령

1장 교정의 윤리원칙과 윤리적 의사결정
1 윤리적 의사결정
2 상담과 사회복지의 윤리적 의사결정
3 교정에서의 윤리적 의사결정

2장 교정윤리의 규정과 윤리 담론
1 교정윤리 규정의 사례와 분석
2 교정윤리의 적용 및 평가
3 국내 교정윤리 담론

3장 교정윤리 강령
1 교도관의 자율성과 책임
2 교정윤리 강령의 구성
3 교정윤리 강령의 요건

우리 사회는 정치, 경제, 법, 교육, 종교 등을 포함한 거의 모든 영역에서 윤리 문제로 진통을 겪고 있다. 윤리 상실은 개인의 도덕성 차원에 머물지 않고 사회 전반에 걸쳐 비효율성을 가져오며 선진국형 민주사회로 도약하는 데 있어 장애 요인이 된다. 이런 시점에서 교정에서도 윤리에 관심을 두고 교정의 민주화와 선진화를 도모하려는 시도는 시의적절하며 의미 있는 작업이다.

3부에서 다루게 될 교정윤리 강령 연구와 제작은 국내에서 처음 기획되는 것으로 교정행정의 혁신에 이바지할 수 있을 뿐만 아니라 다른 인접 관련 기관의 윤리규정에도 긍정적인 파급 효과를 가져올 것으로 기대한다. 교정윤리 강령이 제대로 만들어지면 재소자의 안전과 인권 증진, 교정직 근무자의 전문성 강화, 교도소 환경의 공정과 정의의 명시적 구축, 책임과 배려윤리의 실천 등 국내 교정의 새로운 정체성을 제시하는 데 도움을 줄 수 있다. 그리하여 ①민주화 추세에 걸맞은 한국적 교정의 정체성 제시, ②교정행정의 전문성 확보 및 인권 문제의 구체적 실행 근거 마련, ③교정공무원과 재소자의 인간적이고 윤리적인 관계 설정 제시, ④재소자의 재사회화와 교정의 진정성 및 완결성 강화 등에 일조할 수 있다. 이에 다음과 같은 사항들이 본격적으로 연구되어야 한다.

첫째, 국내 교정윤리 강령에 관한 규정이 없는 상황에서 우리보다 앞서 교도 행정이 발달한 선진국의 교정윤리 강령의 윤리 및 철학적 기초를 개관하면서 윤리규정과 윤리 도구 생성을 어떻게 해야 할 것인가를 모색한다. 둘째, 한국의 교정 상황에 맞는 적절하고 합리적인 교정윤리 강령을 마련하기 위하여 구치소나 교도소의 교정행정 전반에 대한 이해와 사례를 종합적으로 분석하고 평가하며 인접 분야의 다양한 규정과 강령을 검토한다. 셋째, 본격적인 국내 교정윤리 강령을 구축하고 그것의 현실 적용 가능성을 탐색하여 이에 맞춤된 교육 연수프로그램을 제작한다. 주의할 점은 윤리강령이 추상적이고 형식적으로 흘러가는 문제점을 보완하기 위하여 국내의 교정 현장의 사례를 분석하여 강령 내용을 구성한다. 1부와 2부에서도 강조했듯이 관계윤리의 정신을 반영하여 한국적 정서에 맞는 윤리강령을 만들어갈 필요가 있다. 그리하여 교정윤리 강령 관련 연수프로그램을 제작하고 기획하는데 도움을 줄 수 있어야 한다.

한국에 맞는 윤리강령을 만들게 되면 교도관과 재소자 간의 불필요한 갈등을 해소할 수 있으며 교도관의 신분을 보호하기 위한 윤리적이고 법적인 장치를 마련할 수 있다. 그리고 미국구치소협회(AJA)와 미국교정협회(ACA)의 윤리강령과 국내 다양한 윤리규정을 비교·분석하는 과정에서 자연스럽게 한국의 교정 실정에 맞는 윤리강령을 제시할 수 있다. 이러한 기획을 통해 국내 교정의 전반적인 문제점을 짚어보는 계기를 마련하고 장기적으로는 교정행정의 전문성과 민주성, 그리고 합리성을 증대할 수 있다.

교정윤리 강령의 제작 과정을 통해 기대할 수 있는 효과는 다음과 같다.

첫째. 외국 교정윤리 제작의 기본적인 태도와 접근 방식을 이해함으로써 국내 교정윤리 강령 규정의 항목 설정을 비판적으로 선별할 수 있는 안목을 키울 수 있다. 둘째, 국내의 교정윤리 강령을 위한 방법론 개발을 통해 강령의 적합성과 신뢰도를 높이며, 교정 행정에 실제로 시행하여 타당성을 증대할 수 있는 시안을 마련할 수 있다. 셋째, 교정윤리 강령에 따라 교정행정의 전문성을 가져올 수 있을 뿐 아니라 한국의 교정 현실에 적합하게 사용할 수 있는 학문적 기초를 제공할 수 있다. 넷째, 교정윤리 강령의 구조화를 통해 대학에서의 교정윤리 강의 활성화와 교정직 근무자 채용이나 교육의 기준을 마련할 수 있다. 다섯째, 인접 사법 기관과 차별되는 교정행정 고유의 정체성을 확보할 수 있으며 국제적으로도 교정의 선진 모델을 제시하는 데 도움을 줄 수 있다.

지금까지 교정에 대한 논의를 재소자의 몸에 두고 다양한 논의를 했다. 교도소에 갇힌 재소자의 몸은 단순하게 죄를 짓고 벌을 받아야 하는 정도의 차원을 넘어 한 인간의 몸의 문제를 어떻게 생각해야 할 것인가를 생각하게 한다. 재소자의 몸을 교정과 관련하여 이해하기 위해선 관계라는 차원에서 그들의 몸을 생각하는 태도가 중요하다. 3부에서는 교정의 윤리적 담론이 어떻게 전개되고 있으며 또 어떻게 하면 바람직한 방향으로 전개되어야 할 것인지 알아본다. 국내에 교정윤리와 관련한 연구서가 거의 없는 상황에서 많은 부분 외국 연구들을 통해 논의를 전개할 수밖에 없는 한계가 있지만, 적어도 이러한 논의를 통해 교정윤리에 대한 다양한 의견들이 만들어질 수 있으리라 확신한다.

이제부터 교정의 윤리원칙을 어떻게 만들고 교도관의 윤리적 의사결정이 어떻게 이루어져야 할 것인가에 대해 구체적으로 살펴보자. 이는 재소자들이 교도소에 갇혀있는 상황을 인문학적으로 접근하는 수준을 넘어 교정 행정의 구체적이고 기술적인 문제까지 다룸으로써 가능할 것이다. 다만 3부를 기술하는 과정에서 느끼는 한계점은 교정윤리에 대한 논의가 교정학계에서 충분히 이루어지지 않은 탓에 인근 연구인 복지나 상담의 연구 방법을 부분적으로 빌려오지 않을 수 없었다는 것이다. 복지나 상담이 교정과 직접적인 연관은 없지만 어떤 면에서는 교정 현장에서 교도관은 복지사나 상담자의 역할을 해야 한다는 사실에 주목할 필요가 있다. 실제 많은 교도관이 교정행정에서 복지나 상담의 기능을 중시하고 있는 것을 간과해서는 안 된다. 이런 면에서 복지와 상담에 적용되는 윤리적 의사결정은 교정에서도 일정 부분 응용 가능하리라 본다. 특히 '교정에서 왜 윤리적 의사결정이 있어야 하는가' 하는 물음은 복지와 상담의 다양한 논의를 가져올 필요성을 어느 정도 보여준다.

*1*장

CORRECTIONAL ETHICS

교정의 윤리원칙과 윤리적 의사결정

교정윤리 강령 제작 시 중요한 선결 조건은 윤리원칙과 윤리적 의사결정의 절차를 체계화하는 것이다. 이 장에서는 교정윤리 강령을 만들기 전에 필요한 윤리원칙과 의사결정 생성의 구성 요건을 살펴보고자 한다.

1절에서는 윤리강령 제작의 과정을 보면서 교정의 윤리적 의사결정의 필요성과 교정윤리의 의미를 짚어 본다. 이는 교정이 구금이냐 교화냐 하는 측면에서의 교정과 교정행정의 정체성, 그리고 교정의 전문성 문제와도 관련이 있다. 2절에서는 상담과 사회복지에서의 윤리적 의사결정을 분석하고 이를 교정의 윤리적 의사결정과 비교한다. 그리하여 상담과 사회복지의 어떤 부분을 교정 영역으로 선택적으로 가져오고 버릴 것이며 어떤 부분을 새로 추가할 것인가를 모색한다. 3절에서는 교정의 윤리원칙과 윤리적 의사결정을 구조화하여 하나의 의사결정 모형의 사례를 제시한다. 그리하여 관계윤리 관점에서의 윤리이론과, 존엄, 정의, 배려, 자율, 책임 등을 윤리원칙으로 하여 교정실천의 가치 내용과 윤리적 의사결정 원칙의 세목을 구축한다.

교정윤리 강령은 처벌과 교화의 문제를 적절하게 해결할 수 있는 장치이며, 교정의 인권 문제, 재소자의 재사회화 문제를 해결하는 데 도움이 된다.

형사사법의 정신을 건전하게 유지하려면 교정윤리에 대한 이론적 방법의 활성화와 교정윤리의 실천에 대한 모색이 무엇보다 중요하다. 교정윤리가 추상적인 윤리적 담론으로 끝나지 않기 위해서는 교정행정이나 법, 그리고 교도관의 직무규칙을 윤리적으로 실천하고 행동할 수 있는 메뉴얼이 만들어져야 한다. 이는 교정행정의 전문성 향상과 재소자의 재사회화에 일조할 수 있다.

교정의 윤리원칙과 윤리적 의사결정 절차가 합리적일 때 교정윤리 강령 제작의 기초로 작용할 수 있으며 교정윤리의 체계적인 프로그램으로 발전하여 교도관의 재교육 등에도 유용하게 쓰일 수 있다. 이로 인해 교정직의 역할을 안전과 보호라는 차원을 넘어서 입체적이고 적극적인 차원으로 전환하고 교정의 정체성을 재확인하는 계기를 마련할 수 있다.

이 장은 윤리이론과 윤리원칙의 정합성을 밝혀 윤리원칙에 근거한 윤리적 의사결정의 절차를 체계화하는 데 있다. 교정 고유의 윤리원칙과 윤리적 의사결정을 어떻게 만들어낼 것이냐는 물음에 만족스러운 답을 얻기 위해서 윤리원칙의 근본인 윤리이론을 어떻게 선정하고, 그것을 윤리원칙과 어떻게 연계시키고 인과관계를 증명할 것인지 찾아야 할 것이다. 이는 윤리적 의사결정과 윤리강령에 이르기까지 전체 흐름을 일관성 있게 설명할 수 있는 관건이 된다. 그리하여 관계윤리의 특성을 분명히 하고, 윤리원칙을 추출하여 교정에 적합한 내용을 구성하고 윤리적 의사결정 절차를 완성하게 된다.

교정윤리 강령은 교정의 처벌과 교화의 문제를 적절하게 해결할 수 있는 장치이며 인권 문제와 재소자의 재사회화 문제를 해결하는 데 도움이 된다. 올바른 강령을 구축하려면 그에 알맞은 윤리원칙과 윤리적 의사결정에 대한 충분한 논의가 있어야 한다. 상담이나 사회복지 분야에서는 상담사나 사회복지사에게 윤리적 딜레마가 발생했을 때 이를 해결하기 위한 장치를 마련하고 있다. 가장 근간이 되는 것은 윤리강령이며 이에 따른 윤리적 의사결정이다. 윤리강령과 윤리적 의사결정 사이에는 밀접한 관련성이 있다. 윤리적 의사결정에 대한 논의가 이상적인 윤리강령을 만들어내고 그렇게 만들어진 윤리강령에 근거하여 윤리적 의사결정 절차의 수준과 실행 방식을 만든다. 좋은 윤리강령은 윤리적 의사결정에 대한 담론이 충분하게 논의되었을 때이다. 동시에 윤리강령은 윤리적 의사결정의 수준을 높이는 지름길이다.

교정에는 아직 이러한 윤리강령이 제정되어 있지 않았고 윤리적 의사결정에 대한 논의가 없다. 비록 〈형의 집행 및 재소자의 처우에 관한 법률〉이나 〈시행령〉, 〈시행세칙〉, 〈교도관의 직무규칙〉을 마련하고 있지만, 이것으로는 교도관의 윤리적 재량권을 발휘하지 못하는 한계가 있다.[10] 교정 체제가 복잡해지고 인권 문제가 많이 발생하는 상황에서 법률이나 직무규칙으로는 재소자의 욕구를 적절하게 수용할 수 없다. 무엇보다 교정의 재소자 처우에 관한 법률과 직무규칙을 매개할 수 있고, 교도소 환경의 인권 사각지대를 메워주면서 적극적인 교정실천이 충족될 수 있는 윤리강령이 필요하다. 그리고 이러한 윤리강령을 구축하기 위한 윤리적 의사결정에 대한 논의가 필요하다.

윤리적 의사결정 절차가 마련되면 교도관이 법률이나 직무규칙을 직접 현장에서 실천할 수 있는 즉각적인 문제 해결 능력을 가질 수 있다. 법률이나 직무규칙을 적용하기에 앞서 교도관이 이러한 절차에 익숙해지고 매뉴얼에 따라 움직인다면 긴급하게 발생하는 재소자의 여러 문제를 좀 더 효율적이고 체계적으로 해결할 수 있다. 상담이나 사회복지에서는 내담자나 클라이언트의 당면한 문제를 해결하기 위하여 윤리적 의사결정 절차를 다양하게 구성하고 있다. 각각의 윤리강령을 통해 윤리적 문제를 해결한다. 비록 늦은 감이 있지만, 교정에서도 윤리적 의사결정의 절차를 논의함으로써 재소자 처우에 관한 법률을 효과적으로 적용하고 직무규칙 활용도를 높일 수 있는 계기를 마련했으면 한다.

논의의 성격을 분명하게 하기 위해 이와 관련된 전체 흐름을 간단히

---

10 교정에서 법률, 시행령, 직무규칙과 연계해서 볼 수 있는 책으로는 이언담의《교정관계법령 판례집》이나 안양교도소에서 출판된《사례별 교정실무》가 도움이 될 것이다. 비록 본격적인 윤리적 의사결정의 전체 과정을 파악하는 데는 한계가 있지만, 규정과 관련되어 판례가 이루어진 상황이나 사례 등을 실제로 개괄하는 데 도움이 된다.

정리해보자. 윤리적 의사결정에 앞서 윤리원칙을 마련해야 하며, 동시에 윤리원칙은 적합한 윤리이론을 근거로 구성해야 한다. 이러한 일련의 과정을 통해 더욱 이상적으로 윤리강령을 제작할 수 있고 완결된 교정윤리 교육이 프로그램될 수 있다. 이를 도식화하면 다음과 같다.

윤리이론→윤리원칙→윤리적의사결정→윤리강령→윤리교육

위의 흐름도는 교정윤리 영역의 전체 모습을 보여주고 있으며 윤리적 의사결정이 어디에 있는지를 보여준다. 교정에서 적합한 윤리원칙 세목을 어떻게 만들며, 그러한 세목 구성을 위해 교정의 정신에 부합된 윤리이론을 어떻게 선정할 것인가 하는 것은 교정학의 정체성을 묻는 총체적인 물음이다. 윤리교육은 이러한 논의가 체계적이고 일관성 있게 정리되었을 때 교육 프로그램으로 적절성을 유지할 수 있다. 윤리적 의사결정을 논의하는 과정에서 교정에 적합한 윤리이론과 윤리원칙의 특성과 윤리강령의 특정 세목을 구체화하고 현실화할 수 있다. 윤리이론이나 윤리원칙을 포함하여 윤리적 의사결정을 논의할 수 있는 장을 마련할 수 있다면 교정 전반에 걸친 법률이나 직무규칙, 강령을 실제로 실행할 수 있는 메뉴얼을 구성하는 데 있어 이바지할 수 있을 것이다.

논의의 필요성과 독특성을 정리하면 다음과 같다. ①교정에서의 윤리적 의사결정 모형 구축을 통해 윤리적 딜레마의 해결 방법을 모색하고, ②교정의 윤리적 의사결정을 통해 윤리강령의 세목 구축의 질적 수준의 가능성을 높이며, ③교정 고유의 윤리이론과 윤리원칙의 기초를 마련하여 교정윤리의 정체성을 재확인하는 것이다. 이러한 논의에 앞서 전제되어야 할 것은 교도관의 역할이 재소자의 수용 기간에서 안전과 관리라는 소극적 차원을 넘어 그들의 문제점을 듣고 해결하고자 하는 적극적 차원으로 확대되어야 한다는 데 있다. 이러한 전제가 과연 얼마나 현실적일 수 있느냐의 물음은 둘째로 하더라도 교화와 재사회화라는 교정의 의미를 실현할 수 있는 계기가 되리라는 데는 의심이 없다. 이를 위한 서술방식은 상담과 사회복지에서 이미 구축한 윤리적 의사결정과 윤리원칙을 기초로 하고, 단순히 이들 영역의 논의를 빌리는 수준에서 벗어나 교정 고유의 특성을 살릴 수 있는 윤리적 의사결정의 모형을 찾아보고자 한다.

1. 윤리적 의사결정

교정의 형사 사법적 정의는 기본적으로 처벌에 있다. 그러나 범죄행위에 대해 과도한 처벌이나 과도한 적용이 교정 현장에서 일어나서는 안 된다. 교정에서 윤리적 접근이 필요한 이유는 바로 처벌의 남용과 오용을 방지하는 데 있다. 처벌에 대한 이해 수준은 교도관의 윤리의식에 좌우된다. 만약, 교도관에게 능동적이고 긍정적인 윤리의식이나 윤리적 재량권이 없다면 그들은 주어진 법률이나 직무규칙에 따라 수동적으로만 움직이게 된다. 이는 결과적으로 교정에서 교화 자체를 다룰 수 있는 여지를 상실하게 한다. 역설적이긴 하지만 실제로 이러한 윤리의식이나 윤리적 재량권이 있어야 윤리적 딜레마도 일어날 수 있을 것이며 그 딜레마를 해결하고자 하는 윤리적 의사결정 절차의 필요성도 느끼게 된다.

교정에서 윤리적 의사결정의 궁극적 논의는 단순히 교정 사법의 핵심인 처벌 문제를 우회 또는 회피하려는 데 있는 것이 아니라 '적정한 처벌' 유지에 있다. 적법하거나 상식적인 처벌의 기준을 넘어서지 않도록 하는 것은 교도관의 윤리적 재량에 달려 있으며, 사법 정의는 교도관의 윤리적 의사결정과 재량권이 정상적으로 이루어질 때 가능하다.

교도관이 재소자를 윤리적으로 대우한다는 것은 자칫 법 절차에 따르지 않고 인간적으로 친절하게 대우하는 것으로 착각하기 쉽다. 그러나 상식적인 의미에서의 인간적 대우 때문에 윤리적 접근의 합리적 절차를 놓친다면 그 교도관의 의사결정은 일시적이거나 자의적인 것이 되며 또 다른 형태의 차별이나 형평성 문제를 만들게 된다. 처벌을 예방이나 응보 기능으로 사용하든 그렇지 않든 간에, '적정한' 처벌이 자칫 주관적으로 이루어짐으로써 처벌이 지나치게 행해지지 않기 위한 구조적 장치로서 윤리적 접근이 있어야 한다. 이러한 접근에는 반드시 객관화된 절차가 있어야 하며 그것이 바로 윤리적 의사결정의 과정이다. 재소자에 대한 윤리적 또는 인간주의적 처벌의 의미는 일어날 수 있는 처벌에 대한 윤리적 접근을 합리적으로 판단하고 결정하는 절차를 개발하는 것이다. 교정윤리의 실천이 그저 '마음 좋은' 교도관이 수

행해야 하는 정도의 일로 끝날 수 없는 이유가 여기에 있다.

교정윤리는 교정의 윤리 영역에 제한해서 다루어져야 한다. 교정윤리를 지나치게 광범위하게 적용하거나 운용하면, 교정의 행정적인 면이나 법적인 면이 침범된다. 교정윤리가 교정행정과 교정법에 영향을 주지 않는다는 의미가 아니라, 어디까지나 취급 영역이나 경계를 분명하게 해야 하고 교정윤리를 무한정으로 적용해서는 안 된다는 것이다. 이러한 경계 문제를 소홀히 하면 교정의 윤리적 의사결정 모형의 효용성을 떨어뜨리는 결과를 가져온다. 교정윤리를 정의하고자 할 때 주의해야 할 점은 교정행정이나 교정법과의 구분이다. 윤리적인 면이 행정의 전문성에 영향을 미치고 행정의 전문성과 일정 정도 비례한다는 점을 간과하는 것은 아니다. 실제로 전문성이 약한 교도관은 기관의 윤리 기준을 교과서 식으로 이해하려는 경향이 강하고 윤리판단을 내려야할 때 적극적으로 대처할 수 없는 일이 발생하게 된다. 또한 윤리의식에 대한 전반적인 이해나 적용 능력이 없다면 건전하고 이성적인 주관을 갖고 재소자를 대할 수 없다. 그러나 윤리의식과 전문성은 어디까지나 서로 다른 형태로 기능하며 같은 것이 아니다. 이 둘을 혼동하면 행정의 전문성에 의해 윤리의식이 저절로 만들어지는 것으로 오해하기 쉽다.

윤리는 자율과 책임이라는 적극적 의식에 의해서 만들어지는 것이다. 전문성에 윤리의식이 비례한다는 주장은 결과적 산물이지 전문성 자체가 윤리의식의 충분조건이 될 수는 없다. 행정의 전문성이 제도적이고 간접적인 차원에서 이루어진다면 윤리의식은 구체적이고 직접적인 재소자에 관한 관심으로 이루어진다. 즉, 교도관의 윤리적 의사결정을 통해 다듬어지기 때문에 교도관의 구체적이고 직접적인 태도가 더 중요하다. 이 구분을 도식화하면 다음과 같다.

윤리적인면: 구체적,직접적---행정적인면: 제도적,간접적

윤리는 법률과 차이를 갖는다. 윤리적인 면을 그대로 법적으로 운용한다면 굳이 윤리강령을 만들 필요가 없어지며 모든 문제를 법적인 차원으로 떠넘기게 된다. 그러므로 윤리는 어디까지나 법적인 차원으로 전개되기 전 단계나 법적 효력이 발생할 수 없는 단계에서 논의해야 한다. 이를 다음과 같이 도식화할 수 있다.

윤리적인면: 내적,예방적---법적인면: 외적,결과처리적

교정윤리의 내적 그리고 예방적 의의는 교도관이 재소자를 다룸에 있어 법률에 근거하여 처리하는 방식을 취하지 않으며, 사후 보고하는 방식을 취하는 단계에 다가가지도 않았다는 것을 뜻한다. 교도관은 주어진 행동의 갈등이나 딜레마에 봉착하여 어떻게 이를 윤리적으로 해결하고 극복할 것인가를 생각해야 한다. 그리고 주어진 상황이 법적으로 확대되고 기계적이고 제도적인 과정에 놓이지 않도록 노력해야 한다. 교정윤리는 교도관이 재소자에 대한 구체적, 직접적, 내적, 예방적 고민을 총체적으로 드러내는 영역이다. 바로 이 지점에서 교도관의 윤

리적 의사결정이 중요하다. 교정법은 이미 주어진 과거의 것으로서 현재 상황에서 윤리적 반성을 통해 그 본래의 법적 임무를 수행할 수 있다. 즉 윤리적 판단에 의한 자기 수정적이고 현재 진행적인 접근을 통해 행정이나 법률의 적용 여지를 확대할 수 있다.

행정과 법은 윤리적 판단의 고유한 기능으로 인해 활성화된다. 사회복지나 상담에서 윤리적 의사결정의 다양한 모형이 제공되고 있지만, 기관의 행정이나 법률은 윤리의 이러한 관계를 명확하게 하고 있지는 않다. 이 상호관련성을 주의 깊게 다루지 못하면 교정윤리의 정체성과 엄밀성을 훼손할 수 있다. 교정윤리의 윤리적 의사결정에 대해 생각하면서 이러한 차이점을 분명히 하여 교정윤리의 고유성을 담보해야 한다.

2. 상담과 사회복지의 윤리적 의사결정

교정에서 윤리적 의사결정과 관련하여 제기하고자 하는 물음은 다음과 같다. ①교정 현장에서 발생하는 윤리적 갈등은 어떤 것이 있는가, ②이러한 윤리적 갈등이 발생할 수밖에 없는 근본적인 이유는 무엇인가, ③윤리적 갈등을 해결하기 위한 체계적인 노력에는 어떤 것이 있는가, ④바람직한 윤리적 결정은 어떻게 정당화되는가. 이러한 물음은 교정 전반에 대한 것이며 지속적으로 탐구해야 할 사항이기도 하다. 그러나 대략적이나마 이를 설명할 수는 있다. 즉 갈등의 모든 상황은 교정 현장에 있는 교도관이 재소자를 대하는 과정에서 일어나며 어떤 경우에는 교정기관과 재소자 사이의 중재 과정에서도 일어날 수 있다. 교도관이 재소자를 직접 대면하는 과정, 그리고 자신의 능력과 권한 즉 재량권에서 일어나는 경우도 있을 수 있다.

상담사나 사회복지사가 내담자나 클라이언트를 대할 때 윤리적 의사결정을 하듯이 교정에서도 교도관은 사회복지사나 상담자와 동일 또는 유사한 수준의 범주에서 의사결정을 하는 경우가 많다. 그러므로 교도관의 윤리적 의사결정 논의를 유의미한 수준으로 끌어올리기 위해서는 상담이나 사회복지에서 이루어지는 의사결정 절차를 점검하고 그 과정에서 유사 항목을 추출할 필요가 있다. 그리고 이러한 추출 과정에서 어떤 항목을 생략하고 추가하면서 어떠한 윤리적 의사결정이나 원칙 항목을 가져올 것인가, 그리고 항목의 우선순위 문제, 그에 따라 맞춤 된 윤리원칙이 무엇이 되어야 할 것인가를 논의해야 한다.

이 장에서는 윤리적 의사결정에 초점을 맞추기 때문에 윤리원칙 자체에 대해 자세한 논의는 하지 않겠다. 다만, 결론 부분에서 관계윤리를 통한 윤리원칙 구성의 가능성을 간단히 기술하되 교정윤리의 윤리원칙과 윤리적 의사결정의 방법론으로서 타인과의 관계 속에서 만들어지는 타자 배려의 관계윤리에 주목한다.[11] 교정윤리 강령은 윤리적 의사결정에 대한 다양한 논의를 필요로 한다. 윤리적 의사결정은 교정

11 1부와 2부에 걸쳐 레비나스의 타자윤리(ethics for others)를 바탕으로 교정의 관계윤리를 구성하기 위해 다양한 논의를 했다. 여기서는 그의 타자윤리 개념을 재소자에 적용하며 책임 윤리를 교도관이 재소자를 대하는 방식에 유용하게 사용할 수 있다는 점을 재확인한다.

고유의 윤리원칙이 만들어질 때 가능하다는 사실은 윤리강령을 구성하는 선결 조건이다. 한편 강령으로만 윤리적 의사결정을 내릴 수 없는 한계도 있다. 윤리강령은 아무리 잘 구성 되더라도 제한적일 수밖에 없다. 왜냐하면 교도관 개인의 윤리의식 재량에 의존하여 최종판단을 하기 때문이다.

교도관의 윤리적 의사결정 모형 개발에 있어 다음과 같은 점을 생각하면서 논의를 진행하고자 한다. ①기존의 상담과 사회복지에서 다양한 윤리적 의사결정 모형을 비교 분석한다. ②비교분석의 결과를 통해 교정실천 현장에서 발생하는 윤리적 갈등을 해결할 수 있는 기본 모형을 제시한다. ③교정에서 윤리적 의사결정 모형을 통해 교정윤리 강령의 항목 구성 가능성을 점검한다. 단 교정윤리 강령의 전체가 아닌 특정 항목의 세부사항을 구조화한다. ④교정의 윤리적 의사결정 논의를 통해 교정의 핵심 가치를 분류하고 관계윤리에 대한 윤리원칙을 만든다.

교도관의 역할은 많은 부분 상담사나 사회복지사의 역할과 중복되어 있다. 그런데 교정에서 교도관이 상담사나 사회복지사의 역할까지 할 수 없다. 그럼에도 교도관의 역할을 현실화하고 전문화할 필요는 있다. 상담이나 복지 차원에서 교정위원이 나름대로의 역할을 하고 있지만, 교도관들이 좀 더 긍정적이고 적극적인 상담과 사회복지의 역할을 수행할 수 있도록 교정 체제를 구축하는 것이 필요하다. "교도관은 상담사와 사회복지사의 역할을 할 수 있다"는 명제는 일종의 당위적 명제로서 교정의 역할을 확대하는 계기가 될 수 있다. 상담과 사회복지에서 윤리적 의사결정이론을 빌려오는 이유는 무엇보다 현재 교정에 그러한 논의가 없기 때문이다. 그러므로 상담과 복지의 자세를 함축해 운용하여야 할 것이다.

교도관이 윤리적 의사결정을 해야 하는 일이 발생하는 이유는 현대 교정에서 처벌의 개념이 수용과 감금으로 바뀌었고 최근에 들어와서는 재소자들의 재사회화 등으로 회복 사법에 중심이 옮겨가고 있기 때문이다(하워드 제어, 2010; 6장). 근대에 들어와 신체 처벌은 수용과 감금으로 대체되었기 때문에 교도관에 의한 처벌은 의미가 없다. 오히려 재소자들로 하여금 가해자로서의 책임의식을 갖게 하고 회복 정의에 일조하는 것이 더 의미가 있으며 이에 따른 정상적인 윤리 관계가 더 요구된다고 할 수 있다.

이제 윤리적 의사결정이 상담이나 사회복지 영역에서 어떻게 이루어지고 있는지 살펴보자. 상담에서의 윤리적 의사결정의 모형은 최원호의 《상담윤리의 이론과 실제》 그리고 금명자의 〈상담자의 가치와 윤리〉에서 나타난 여러 의사결정 모형을 참고할 것이고, 사회복지에서 윤리적 의사결정 모형은 김기덕, 양옥경, 이효선, 오혜경, 그리고 서미경 외 2인의 사회복지 윤리와 철학 관련 서적에서 분석된 로웬버그와 돌고프, 그리고 리머의 모형들을 참고할 것이다.[12]

12 다양한 윤리 의사결정 모형을 원저자의 글에서 직접 인용하지 못했지만 재인용을 하면서 최대한 국내 번역자와 연구자들의 윤리 의사결정 모형에 대한 인용이나 설명을 상호 교차 검색하여 원저자들의 모형 제시의 정확성을 높이고자 했다.

상담에서의 윤리원칙과 윤리적 의사결정

상담은 상담자의 직관에 따라 즉각적인 판단을 내려야 하는 직관적 수준에서의 의사결정과 심사숙고하여 비판적이고 분석적인 윤리판단을 내려야 하는 경우로 나뉠 수 있다. 후자의 의사결정에는 윤리강령과 윤리원칙이 필요하며 이 두 가지 조건에 어긋나는 경우가 발생할 때는 윤리이론을 고려해야 한다.

윤리적 의사결정은 "상담자의 무책임한 행동은 내담자의 상처를 배가시키는 결과를 초래하기 때문에 상담자의 윤리적 결정 모형 마련이 중요하다. 어려운 문제에 직면하여 내담자의 문제 해결에 좀 더 바람직한 도덕적 판단과 윤리적 결정을 내릴 줄 아는 상담자의 태도와 행동이 요구된다."(최원호, 2008; 166) 이와 같은 윤리적 판단이 필요한 경우가 교정에서는 자주 발생한다. 긴급한 상황에서 판단을 내려야 할 경우가 많은 교정 현장의 교도관은 윤리적 의사결정을 내리기 위해 다양한 윤리적 의사결정 모형에 익숙해져 있어야 한다. 상담에서 자주 사용되는 윤리적 의사결정 중에서 세부 항목이 잘 드러나 있는 슈타들러(H. A. Stadler)의 모형을 살펴보자(최원호, 2008; 170-172). 그의 윤리적 의사결정은 크게 4단계로 이루어져 있다.

1단계: 대립하는 윤리원칙을 명료하게 밝힌다. 키치너가 제시한 다섯 가지 윤리원칙 중 무해성, 자선, 자율성, 정의의 원칙 순으로 항목을 정하여 결정을 내린다.

2단계: 합리적인 윤리적 전략을 수립한다. 이에는 정보의 수집, 수집된 정보에 대한 분석 및 종합, 윤리원칙 순위 배정, 전문적 자질을 갖춘 동료와의 상의가 포함된다.

3단계: 수립한 내용을 행동으로 옮기기 위한 준비단계로서, ①상담자 자신이 상담에서 바라는 결과를 자문하여 이에 대한 분명한 답을 구한다. ①그러한 상담결과를 위해 행동해야 할 항목을 선정한다. ②행동결과가 내담자, 내담자 가족 등 관련자들에게 어떤 영향을 미칠지에 대해 평가한다. ③기대하는 가치 간의 갈등을 규명한다. ④내담자에게 가장 도움이 되고 위험이 적은 일련의 행동과정을 결정한다. ⑤실제 행동으로 옮기기 위한 준비를 위해 그 행동이 지니는 대중성과 보편타당함, 정의로움 등을 파악하여 문제가 없도록 한다.

4단계: 준비된 행동을 실행하는 단계이다. ①계획한 행동을 실현하기 위해 상담자 자신의 자아를 강화한다. 상담자 스스로가 자신이 하고자 하는 행동에 대해 확신을 가지는 것이 무엇보다도 중요하다. ②행동의 구체적 단계를 재확인한다. ③결정한 행동과정을 행동으로 옮긴다. ④행동한 결과에 대하여 평가한다. 평가과정을 통하여 실제 행동에 대한 피드백을 얻는다.

최원호는 윤리적 문제 발생의 유형과 단계를 명확하게 하기 위한 윤리적 상호 의사결정 모형을 제안하는데, 그는 문제의 유형이 개인에서 나왔는지 아니면 조직에서 나왔는지를 보고 그에 따라 다른 처방을 내린다. 만약, 윤리적 문제가 개인에서 나왔다면 상담자의 즉각적인 판단과 행동으로 문제 해결에 필요한 시간을 줄여 내담자의 위기상황에서 효과를 발휘할 수 있다. 그러나 문제가 복합적 유형일 경우 직관적 수준의 평가는 오히려 걸림돌이다. 복합적 문제 유형은 비판적 평가수준과 윤리원칙, 이론 및 규율과 단계별 합리적 전략 등을 두루 참조하여 접근하는 것이 훨씬 효과적이다. 그리하여 최원호는 "의사결정 과정에서 개인적 요인과 상황적 요인 간의 차이를 규명하려는 신중한 의사결정이 요구된다."고 말한다(최원호, 2008; 174).

위의 의사결정 방식 외에 외국의 다양한 방식을 살펴보자. 하스와 말로프(Hass, Malouf, 1995)는 판단을 내려야 할 문제가 윤리적 문제인가를 확인하는 것이 중요하다고 주장한다. 이를 위해 내담자가 제기한 문제를 윤리적 갈등으로 비화하지 않고 기술적으로 해결할 수 있는지 살펴보는 작업을 우선시한다. 다음으로 상담자의 윤리적 선택의 영향력과 관련 기준의 확인을 위해 윤리강령, 기관의 내규, 관련 법조문 등을 참조하거나 슈퍼바이저나 경험이 많은 동료나 전문가의 의견을 청취한다. 이런 사전 작업이 이루어진 후에야 윤리적 결정의 논리성을 확보할 수 있다(최해림 외, 2010; 43-50; 재인용).

스페리(Sperry, 2007)는 7단계 윤리적 결정 전략을 제시하면서 1단계 이전에 0단계를 설정하여 이 0단계에서 '윤리적 민감성'의 중요성을 강조한다. 이는 하스와 말로프가 지적했던 "윤리적 문제인가 아닌가" 하는 것에 대한 신중한 대처 방식일 수 있다. 주어진 물음이 윤리적 문제인가를 결정하는 것은 상담자가 얼마나 문제에 대한 윤리적 민감성을 갖고 있느냐에 따라 달라질 수 있기 때문이다. 그는 0단계를 "아직 결정해야 할 문제는 없지만, 문제에 대한 준비 차원으로서, 윤리적 민감도를 높이고 전문가의 관점에서 윤리적 숙고를 하는 단계"라고 정의한다(최해림 외, 2010; 50-51; 재인용). 힐, 글래서, 하던(Hil, Glaser, Harden, 1995)도 7단계를 제시하는데 주로 문제의 정의에서 대안 마련, 대안 검토, 실행과 평가의 일반적 의사결정을 많이 반영하며 적용을 실천해보고 이를 지속해서 살피는 것이 특징이다. 단 초기 단계에서 윤리적 문제를 정의하고 해결책을 내림에 있어 내담자와 협력하는 것을 필수적으로 고려해야 한다고 한다(최해림 외, 2010; 51-52; 재인용).

웰펠, 하니건-파를리(Welfel, Hannigan-Farley; 1996)는 10단계를 제시한다. 1단계에서 상담의 도덕적 차원에 대한 민감성을 높이려는 부분에서 스페리와 일치하고 3과 4단계에서 윤리강령이나 규정 그리고 다른 판례가 없는지를 확인하는 특징을 갖고 있다(최해림 외, 2010; 52-54; 재인용). 나머지는 앞의 결정 과정과 거의 일치한다. 월던(Walden; 1997)은 8단계의 과정을 통해 관련된 윤리 기준을 검토하고 조언을 받아 결과를 예상하는 과정을 제시하는데, 기존의 절차와 크게 다를 바가 없지만 마지막 7과 8단계에서 다양한 결정의 결과를 열거하고 그 중에서 가장 우수해 보이는 판단을 택하는 것이 특징이다(최해림 외, 2010; 54-55; 재인용).

상담의 윤리원칙에 대한 논의는 키치너(Kitchener)가 1984년에 제안한 윤리 5원칙인 자율성 존중의 원칙, 무해성의 원칙, 자선의 원칙, 정의의 원칙, 성실성의 원칙이 대표적이다(최원호, 2008; 159-165; 재인용). 그리고 카튼과 타르비다스(Cotton, Tarvydas)가 1998년에 만든 자율성, 선행, 피해 없음, 정의, 성실의 5원칙이 있으며(최해림 외, 2010; 247; 재인용), 햅워스와 루니, 그리고 라선(Hepworth, Rooney, Larsen)이 만든 4원칙 등이 있다(최해림 외, 2010; 247; 재인용).

윤리적 의사결정을 위하여 윤리원칙에 대한 논의를 먼저 다루어야 한다. 복지에서는 로웬버그와 돌고프, 그리고 리머의 윤리원칙을 통해 교정의 윤리적 의사결정과 관련한 윤리원칙이 만들져 있다.

사회복지에서의 윤리원칙과 윤리적 의사결정

윤리적 의사결정은 사회복지 분야에서 연구가 많이 되어 있는 편이다. 주로 미국 쪽에서 만들어진 것이 대부분이지만 국내에서는 한국 실정에 맞게 재구성되었거나 새롭게 만들어진 예도 있다. 그러나 대체로 네 가지 경향을 띠면서 의사결정이론이 만들어져 있는데, ①윤리적 분석의 정향을 논의하는 로즈(Rhodes)의 연구, ②윤리원칙에 주목하는 루이스(Lewis)의 연구, ③의사결정의 단계를 체계적으로 조직화하려는 조세프(Joseph)나 메티슨(Mattison)의 연구, ④윤리적 의사결정에 필요한 윤리원칙과 절차를 모두 포함하여 이 두 요소를 포함하려는 로웬버그와 돌고프(Lowenberg & Dolgoff), 그리고 ⑤리머(Reamer)의 연구가 있다(양옥경 외, 2004; 268-269; 재인용).

여기에서는 양옥경이 지적한 바처럼 사회복지에서 윤리원칙과 절차에 대한 논의를 체계화하려는 시도가 돋보이는 로웬버그와 돌고프, 그리고 리머의 연구를 [표 3]에서 살펴보고자 한다. 로웬버그와 돌고프, 그리고 리머의 윤리적 의사결정 모델을 표로 비교하면 다음과 같다.

[표 3] 로웬버그, 돌고프, 리머의 윤리 의사결정 모델

로웬버그와 돌고프의 윤리적 의사결정	리머의 윤리적 의사결정
1단계: 무엇이 문제인지 그리고 문제를 야기하 는 요인은 무엇인지를 확인한다. 2단계: 누가 클라이언트이고 피해자인지, 지지 체계와 다른 전문가 등 해당 문제에 관련된 사람과 단체는 누구인지를 확인한다. 3단계: 사회적 가치, 전문가로서의 가치, 클라이 언트와 사회복지사의 개인적 가치 등 두 번째 단계에서 확인된 다양한 주체들이 주어진 문제와 관련해서 어떠한 가치를 가졌는지 확인한다. 4단계: 주어진 문제를 해결하거나 혹은 최소한 문제의 정도를 경감시킬 수 있는 개입목표를 명확히 한다. 5단계: 개입수단과 개입대상을 하나하나 분명하게 확인한다. 6단계:확정된 목표에 따라 설정된 각각의 개입 방안의 효과성과 효율성을 평가한다. 7단계: 누가 의사결정에 참여할 것인가를 결정한다. 8단계: 가장 적절한 개입방법을 선택한다. 9단계: 선택된 개입방법을 수행한다. 10단계: 선택된 개입방법이 수행되는 것을 검토하며, 예상하지 않았던 결과가 나타나는지 주의를 기울인다. 11단계: 결과를 평가하고 추가적인 문제들이 무엇인지 확인한다.	1단계: 어긋나는 사회복지 가치와 의무를 포함해서, 윤리적 쟁점이 무엇인지 확인한다. 2단계: 윤리적 결정으로 영향을 받을 수 있는 개인, 집단, 조직체 등이 누구인지 확인한다. 3단계: 가능해 보이는 모든 실천활동과 관련된 당사자, 그에 따른 이득과 위험 등을 잠정적으로 분명히 해본다. 4단계: 각각의 행동방안에 대한 찬성과 반대 논리를 아래의 사항을 고려하여 충분히 검토한다. a. 윤리이론, 원칙, 지침(예를 들어 의무론적, 결과론적 관점들과 그에 근거한 윤리지침들) b. NASW 윤리강령 및 법률적 원칙들 c. 사회복지 실천이론들과 원칙들 d. 개인적 가치(종교적, 문화적, 인종적, 정치적 이념을 포함해서), 특히 자신의 개인적 가치와 충돌하고 있는 것들. 5단계: 동료 혹은 적절한 전문가와의 상의(기관의 직원, 상사, 관리자, 변호사, 윤리학자) 6단계: 결정을 내리고 의사결정 과정을 기록한다. 7단계: 결정내용을 모니터, 평가, 기록한다.
사회복지를 비롯하여 모든 영역에서 사용 가능	주로 사회복지에 제한되어 사용 가능

로웬버그와 돌고프, 그리고 리머의 윤리적 의사결정 모형은 교정윤리의 의사결정 모형을 구축하는 데 도움이 된다. 로웬버그와 돌고프는 윤리적 측면의 명확성과 바람직한 도덕적 개입을 위해 윤리적 사정심사와 윤리원칙의 우선순위를 논의하고 있다. 윤리적 의사결정이 절차의 형식적 단계를 지시한 것이라면 다음은 단계마다 참고해야 할 윤리원칙 사정심사와 윤리원칙의 우선순위이다.[13]

윤리적 사정심사

① 자신이 직면하고 있는 윤리적 갈등상황과 관련하여 자신의 개인적 가치들을 확인한다.
② 윤리적 결정과 관련된 사회적 가치들은 무엇인지 확인한다.
③ 문제와 관련하여 전문가로서의 가치와 윤리를 확인한다.
④ 당신이 취할 수 있는 윤리적 선택으로 어떠한 수단이 있을 수 있는지 확인한다.

그리고 아래와 같이 질문한다.

① 어떤 윤리적 행위가 클라이언트 및 다른 사람의 권리와 행복을 최대한 보호해줄 수 있는가?
② 어떤 윤리적 행위의 대안이 가능한 최대로 사회의 권리와 이해를 보호해줄 수 있는가?
③ 1~3항 사이의 갈등을 최소화하기 위해서 당신은 무엇을 할 수

---

13 윤리적 사정심사와 윤리원칙의 우선순위에 대한 사회복지에서의 적용사례는 서미경/김영란/박미은의 《사회복지 실천윤리》 92-96쪽의 "윤리적 의사결정 스크리닝의 적용"을 참고(이 부분은 교정에서 윤리적 딜레마와 관련된 판례나 사례를 분석할 때 활용할 수 있음).

있는가?

④ 어떠한 행위가 최소한의 해악 원칙(the least harm principle)을 지킬 수 있는가?

⑤ 각각의 행위의 대안들은 어느 정도 효율적, 효과적, 윤리적인가?

⑥ 각각의 대안들이 가지고 있는 단기 혹은 장기적인 윤리적인 측면들을 고려하고 비교해 보았는가?

윤리원칙의 우선순위

① 윤리규칙심사(Ethical Rules Screen, ERS)

a. 미국사회사업가협회(NASW) 윤리강령집에 적용할만한 규정이 있는지 살펴본다. 이러한 〈NASW 윤리강령〉은 사회복지사의 개인 가치체계보다 우선한다.

b. 하나 혹은 둘 이상의 〈NASW 윤리강령〉이 있다면 그것들을 따른다.

c. 주어진 문제 상황에 적용할만한 〈NASW 윤리강령〉을 발견할 수 없거나, 문제와 관련된 몇 가지 규정이 서로 상충하는 지침을 제공한다면 윤리원칙심사를 이용해야 한다.

② 윤리원칙심사(Ethical Principle Screen; EPS)

a. 생명보호의 원칙(principle of the protection of life)

b. 평등 및 불평등의 원칙(principle of equality and inequality)

c. 자율과 자유의 원칙(principle of autonomy and freedom)

d. 최소 해악의 원칙(principle of least harm)

e. 삶의 질의 원칙(principle of quality of life)

f. 사생활 보호와 비밀보장의 원칙(principle of privacy and confidentiality)

g. 성실의 원칙(principle of truthfulness and full disclosure)

리머의 윤리원칙심사

리머는 윤리학자인 앨런 거워스(Alan Geworth)의 윤리학에 근거하여 개인의 자유와 안녕(well-being)을 윤리원칙심사 지침으로 구성하고 있는데, 자유와 안녕에 대한 개인적 권리가 모든 가치의 본질적인 근거라고 본다(양옥경 외, 2004; 300; 재인용).

① 인간활동에 필수적인 전제조건(생명 그 자체, 건강, 음식물, 주거지, 정신적 균형상태 등)에 대한 위해와 관련된 규범들은 거짓 정보 제공이나 비밀의 폭로, 그리고 오락, 교육 등과 같은 부차적인 것들의 위협과 관련된 조항에 우선한다.

② 개인의 기본적 안녕(인간활동에 필수적인 수단이나 조건을 포함해서)에 대한 권리는 다른 사람이 소유한 자기 결정에 대한 권리에 우선한다.

③ 개인의 가지는 자기 결정에 관한 권리는 자신의 기본적인 안녕에 대한 권리에 우선한다.

④ 자유로운 상태에서 스스로 동의한 법률, 규칙, 규정을 준수하는 것은 이러한 법률, 규칙, 규정과 어긋나는 방식으로 자유롭게 행동할 수 있는 개인의 권리에 우선한다.

⑤ 개인이 가지는 안녕에 대한 권리가 자신이 자발적으로 참여한 단체의 법률, 규칙, 규정, 협정 등과 충돌할 때는 행복에 대한 권리가 우선한다.

⑥ 기아 등과 같은 기본적인 해악을 예방해야 한다는 의무와 주택, 교육, 공적 부조 등과 같은 공공재를 제공해야 한다는 의무는 개인이 자신의 재산에 대해서 전적으로 가지는 처분권에 우선한다.

양옥경은 리머의 윤리원칙에서, 윤리원칙의 논의 수준을 한 단계 높여 의무와 가치 사이의 우선순위를 밝힌 점, 의사결정 과정에서 야기될 수 있는 개념의 혼란과 적용과정에서의 자유재량을 줄일 수 있다는 점, 원칙과 과정을 통합하고 있다는 점을 높이 평가하고 있다. 그럼에도 개인들 사이 안녕의 우선순위나 개인의 자유와 집단의 자유 우선순위를 결정하는 어려움이 있다고 보고 있다. 이런 점은 오혜경도 지적하고 있다시피 윤리원칙의 지침은 "모든 딜레마를 해결해 줄 수는 없다…. 가장 기본적인 지침은 클라이언트 개인 사례에 이 지침을 적용하는 데 어떤 해석을 내려야 할 것인지"에 달려 있다(오혜경, 2005; 57). 김기덕은 8가지로 정리하고 있는데 이를 요약하면, "윤리적 의사결정은 이성적이고 합리적이며 단계별로 이루어지는 과정으로서 사회복지사의 심리적인 요인에 따라 절충과 우선순위를 고려해야 하는 동시에, 결정절차와 결정원칙을 참고하여 자유재량(discretion) 하에서 관련 당사자들이 함께 결정에 참여하는 과정이다"라고 한다.[14]

14 김기덕이 8가지로 정리한 것을 재정리한 것임. 김기덕《사회복지윤리학》의 253-258쪽 참고.

이제 로웬버그와 돌고프, 그리고 리머의 윤리적 의사결정 절차를 교정의 윤리적 의사결정 논의에 적용해보자. 물론 사회복지 윤리에서 의사결정이 분명 교정과는 다른 것은 분명하다. 그러나 윤리적 갈등에서 비롯되어 윤리적 실천과 윤리적 의사결정에 나타나는 윤리적 의사결정의 특성이 근본적으로 다를 수 없다고 본다.

3. 교정의 윤리적 의사결정

교도관의 윤리적 갈등도 상담사나 사회복지사처럼 자신의 의무를 수행함에 어떤 것이 가장 윤리적으로 최선인가를 판단하고자 할 때 일어난다. 이 갈등은 "처벌인가 교화인가"라는 원초적인 것에 있다. 처벌이 감금과 수용이라는 맥락에 있다면 교화는 대체로 재소자의 재사회화 등 회복에 더 많은 의미를 두고 있다.[15] 이러한 구분이 교정을 바라보는 시대적 변화이긴 하지만, 교정 현장에서는 이 구분이 모호한 경우가 많다. 즉 미시적인 차원으로 들어가면 비록 감금이나 수용은 이미 처벌의 의미가 이미 내재하고 있음에도 그러한 유지를 위한 지속적인 규제나 질서 자체가 재소자들에게는 이차적이고 부가적인 처벌로

15 이윤호는 재소자들이 "처음부터 아무런 기술이나 장비나 능력을 갖추지 못했던 사람이지 결코 그들이 기술이나 지식을 잃어버린 것이 아니라"는 사실에 주목하여 그들을 재훈련하고 재교육한다는 것을 잘못된 인식에 근거해 있다고 주장한다. 이런 면에서 교화는 "이차적인 것"이지 처벌이 본질적인 것이라 본다(이윤호의 《교정학》 37쪽 참고).

느껴질 수 있다. 실제로 규제나 질서를 위해 교도관의 적극적 개입이 일어날 수 있고 이로 인해 재소자 처벌이 가중될 수 있으며 인권 침해가 일어날 수도 있다. 그러나 어떤 면에서는 바로 이 지점에서 윤리적 판단이 필요하며 적절하고 합리적인 개입의 절차를 위해서 윤리적 의사결정이 필요하다.[16]

교정의 윤리적 갈등 정도는 상담사나 사회복지사와 다르다. 상담이나 사회복지에서는 개인의 자유의지와 자기 결정을 전제하고 있지만, 교정에서 재소자들은 수용이라는 조건에서 제한되어 있다. 이 경우 상담과 사회복지의 중요 이슈인 개인의 비밀보장과 같은 권리는 교정에서는 현저히 약해질 수밖에 없으며, 오히려 수용이라는 조건 때문에 억압과 강제 등이 양성화될 수 있다. 잠시 인권의 경우를 살펴보자. 상담과 사회복지에서는 비밀보장이 인권의 기본으로서 가장 먼저 적극적으로 보호해야 할 우선순위라면 교정에서는 차선으로, 소극적으로 취급되는 사항이 될 수밖에 없다. 그 결과 비밀보장의 권한은 '최소한의 원칙'이 된다. 물론 재소자의 비밀보장 자체를 무시하는 것은 아니지만, 상담과 사회복지에서 갈등 요인을 취급하는 방식과 교정에서의 방식은 달라야 한다.

윤리적 갈등은 교도관과 재소자라는 일대일 또는 일대 다의 인간적

---

16 교정의 여러 다양한 교화개선 모형, 예를 들어 의료모형, 경제모형, 적응모형, 재통합모형, 정의(justice) 모형 등은 윤리적 의사결정 모형과는 직접적인 관련이 없지만, 윤리적 의사결정 모형을 구축할 때는 간접적으로 도움을 줄 수도 있다. 즉 의료모형은 상담모형, 경제모형은 복지모형으로 확대 가능한 부분이 있다. 의료모형의 경우, 범죄자는 '책임' 부분이 약하므로 자율권을 약화해야 한다는 주장이 성립될 수 있다. 한편 정의모형의 경우, 이 모형에 따라 정의 부분에서 윤리강령의 내용이나 그 정도가 새롭게 기술될 수 있으며, 윤리적 의사결정의 구체적 사례도 교정의 집단 가치나 사회적 가치에 따라 다르게 적용될 수 있다. 교화개선의 모형들에 대한 자세한 소개는 이윤호의《교정학》37~48쪽 참고.

관계 말고도 교도관과 교정정책 사이 또는 교도관과 교정기관 사이에서도 일어난다. 교정기관의 정책은 기본적으로 교도관의 의사결정을 지배하는 상위 갈등 요인으로 재소자를 대하는 과정에 영향을 미친다. 교도관은 기관에 고용되어 있어서 자의적으로 재량권을 행사할 수 없는 부분이 많다. 비록 교정본부의 직무규칙이나 행동강령에 따라 도움을 받을 수 있으나 규정 자체가 교도관 자신의 윤리적 재량권을 구속할 수 있다. 이런 차원에서 윤리강령 내용에 교도관과 기관의 갈등을 합리적으로 해결할 수 있는 장치를 마련하지 않으면 교도관의 윤리판단은 왜곡될 여지가 많아진다.

이제 교정에서의 윤리적 의사결정 모형 구축을 위한 논의를 해보자. 교정에서는 교도관이 의식적이거나 무의식적이거나 윤리적인 결정을 해야 할 때가 많으며 이때 자신의 가치관이 전제된다. 그러나 이러한 가치관이 교도관 개인의 편견일 수 있으므로 먼저 가치 전제의 틀을 합리적이고 객관적으로 구성하고 이를 구체적으로 실천할 수 있는 항목을 구성하여 윤리적 결정절차를 만들어야 한다. 물론 가치의 틀을 구성하기 위하여 교정에 필요한 윤리이론과 원칙을 사전에 선별해야 할 것이다. 윤리원칙 항목을 어떻게 정할 것인가, 우선순위를 어떻게 할 것인가는 중요한 문제이다.

예를 들어보자. 자율성을 우선으로 삼을 것인가 아니면 무해성을 우선으로 삼을 것인가에 따라 재소자에게 어떤 권한을 존중할 것인가에 따라 달라지며 이는 교정의 정체성에도 영향을 미친다. 재소자의 안전이나 보호를 우선으로 한다면 자율성보다는 무해성의 원칙이 앞설 것이다. 다른 예로 특정 재소자가 다른 재소자에게 자살 계획을 말하고 비밀로 했다는 사실을 교도관이 인지했을 때를 가정해보자. 이 경우에는 재소자의 비밀보장을 준수하기보다는 자살을 막는 것이 우선이므로 자살을 할 수밖에 없는 수많은 이유가 있다고 하더라도 자살을 못하도록 조치해야 할 것이다. 또 다른 예로서 단체생활이 중심인 재소자들의 사회에서는 개인과 전체 재소자들의 자유의 우선순위를 어떻게 정할 것인지도 문제가 된다. 개인의 자유가 집단 또는 공동체의 의무와 충돌할 때 부분적으로 개인의 자유는 다음 순위로 밀려난다.

양옥경도 지적했다시피 어떤 특별한 상황에서 조직체와 관련된 원칙이 개별 인간이 가지는 기본적 가치인 자유를 보장하는 의무보다 먼저 채택할 수 있다는 예외조항이 교정에도 적용된다. 재소자 집단은 자발적 공동체가 아니므로 전체 재소자에게 피해를 줄 수 있을 시 특정 재소자의 자유에 제한을 가할 수 있어야 한다. 앞에서 리머가 제시한 ④~⑥항은 개인의 자유 문제는 재소자들이 "자유로운 상태에 있지 않다"는 사실을 전제로 해서 교정에 직접 적용하기가 어렵다. 상담이나 사회복지에서는 개인의 자유가 전제되지만, 교정에서는 개인의 자유가 조건화되어 있지 않고 상황에 따라 달라지기 때문에 이런 점은 사회복지의 윤리원칙 심사를 할 때 제외되거나 완화되어야 한다.

교정의 윤리원칙으로는 형사사법의 제일 원리라 할 수 있는 정의의 원칙이 명확하게 제시되어야 한다. 양옥경은 평등 및 불평등의 원칙을 정의의 원칙으로 치환할 수 있다고 주장한다(양옥경 외, 2005; 293). 여기에 어느 정도 동의할 수 있지만, 교정에서는 이를 좀 더 명확하게 하기 위해 정의의 원칙을 명시적으로 제시하는 것이 더 좋다.

윤리이론으로는 관계윤리, 즉 타자와의 관계를 중요시하는 윤리가 필요하다.[17] 한편 교정의 윤리원칙을 구성하기 위하여 교정 현장의 윤리적 딜레마를 정리한 판례나 사례 수집을 우선할 필요가 있다. 그리고 교정의 윤리적 의사결정에 있어 좀 더 활성화해야 할 사항은 동료나 선배 교도관에 의한 조언이나 자문이다. 상담이나 사회복지에서 기관의 상사나 경험이 많은 동료가 윤리적 의사결정을 할 때 도움을 주듯이 교정에서도 유경험자들의 자문은 중요하다.

[표 4] 교정의 윤리이론, 윤리원칙, 윤리적 의사결정

윤리이론	윤리원칙	교정실천의 가치 내용	윤리적 의사결정 원칙
관계윤리	존엄	• 재소자의 안전과 보호	1. 안전과 생명보호의 원칙
	정의	• 기회 균등과 평등권의 보장 • 사생활보장과 비밀보장 • 진실을 알 권리	2. 객관성의 원칙 3. 비밀보장의 원칙 4. 진실성 원칙
	배려	• 재소자를 위한 경청과 공감 • 재소자의 삶의 질 보장	5. 대화의 원칙 6. 무해성의 원칙
	자율	• 자율과 자유의 독립(자기 결정권) • 재소자의 재사회화	7. 자기 결정의 원칙
	책임	• 재소자 공동체와 집단의 가치 우선 • 규칙준수	8. 최소손실의 원칙 9. 규칙준수 원칙

17 관계윤리의 하위 범주로는 배려, 염려 등의 항목이 제시될 수 있다. 이는 특히 한국적 교정윤리 강령을 고려할 때 집단이나 공동체의 항목, 존칭 항목, 나이 항목 구성과 관련되어 논의히기에 적합한 윤리원칙이라고 생각한다.

지금까지의 논의를 바탕으로 교정의 윤리이론과 윤리원칙, 그리고 윤리적 의사결정 절차를 표로 나타내면 [표 4]와 같다.

교정의 윤리이론으로 나는 앞서 논의했던 관계윤리를 선택하면서 관계윤리의 핵심이라 할 수 있는 레비나스의 윤리이론을 가져와 교정의 윤리이론으로 삼고자 했다. 레비나스의 윤리학은 타자에 대한 책임 또는 타자와의 관계윤리학으로서 그들과의 차이를 통해 진정한 배려와 염려를 실현하려는 특성이 있다. 관계윤리는 레비나스의 타자윤리보다 상위 범주에 속하는 것이지만 관계윤리의 속성을 구성하는 대표적인 윤리라고 할 수 있다. 이 이론을 교정에 가져올 때의 장점은 기존의 공리적 또는 의무론적 윤리의 대칭적인 갈등상황을 해소할 수 있고 책임 윤리가 갖는 협소함을 해소할 수 있다. 특히 재소자를 대하는 방식에 있어 인간적이고 적극적인 관심을 보여줄 수 있다.[18]

[표4]의 5개 윤리원칙은 이러한 관계윤리의 구체적인 실현 원칙으로서 제시한 것이다. 관계윤리와 이 5원칙과의 관련성 논의에 대해서는 좀 더 설득력이 있는 논의가 필요하므로 여기서는 그 관련성의 개연성만 언급하고자 한다. 교정의 5개의 윤리원칙에서 존엄 원칙은 무엇보다 교정의 기본 임무인 재소자의 안전과 보호에 충실할 수 있기 때문이고, 정의 원칙은 교정을 비롯하여 형사사법의 제1 원리로서 가치를 갖고 있다.[19] 배려 원칙은 관계윤리를 가장 잘 설명할 수 있는 것

---

18 교정의 윤리이론을 관계윤리로 정의하고자 하는 것이 나의 생각이다. 교도관과 재소자의 직접 대면 상황과 강자와 약자가 선명하게 이원화되어 규정된 상황에서 레비나스의 타자 중심의 관계윤리는 적절성을 확보할 수 있다고 본다. 여기서는 윤리이론 자체를 상세하게 논의하지는 않지만 이러한 가설을 전제로 하는 것이 교정의 다양한 윤리적 현상을 설명하는 데 도움이 된다.

19 사생활보장 항목은 재소자들의 집단 수용이라는 조건 때문에 사회복지나 상담과는 아주 다른 상황이 발

으로서 상담이나 사회복지에서 전혀 다루지 않았던 새로운 원칙이다. 재소자의 문제에 대하여 교도관이 경청하고 공감하며, 그들의 삶의 질에 관한 관심을 통해 그들의 불만을 해소하고, 인간적 대우를 받을 필요가 있기 때문이다. 자율 원칙은 재소자들이 스스로 자율성을 가지고 삶을 이끌어갈 수 있는 능력을 키우고 그에 따라 정상적인 사회인으로 살아갈 수 있도록 하는 데 도움을 줄 수 있다. 수용과 감금 상황에서 재소자의 자율 의식은 약화되고 이에 따른 자율권 상실을 초래하여 재소자의 재사회화는 더 힘들어 질 수 있다. 책임 원칙에서는 교도소라는 특수한 상황 때문에 규칙준수가 상당히 중요하다. 그러나 교도관은 이에 앞서 집단으로 생활하는 교도소에서 재소자의 관점에서 일어날 수 있는 조건들을 우선하여 고려할 필요가 있다.[20]

다음으로 윤리원칙들 사이에 우선순위가 서로 상충할 수 있는 경우들을 살펴보자. ①정의 원칙이 존엄 원칙과 상충할 때는 존엄 원칙이 정의 원칙보다 우선한다. 정의가 비록 형사사법의 중요 원칙이긴 하지만 교도소의 정체성과 인간의 생명을 보호하는 것보다 앞설 수는 없기 때문이다. ②책임 원칙과 정의 원칙이 상충할 때이다. 대체로 정의 원칙이 우선이지만 재소자 전체와 개인의 존엄이 갈등할 때는 책임 원칙이 더 중요해진다. 이는 정의 원칙 내에서도 기회 균등보다 평등권이 더 앞서기 때문이다.

생할 수 있다. 자기 결정권도 일정 부분 제한될 수밖에 없으므로 책임 원칙에서 8번의 최소손실의 원칙과 어긋나는 경우가 발생할 수 있다.

20 한국적 교정윤리 강령을 만들고자 할 때 이 부분이 가장 중요하다. 즉 한국에서는 개인주의가 발달한 서구와 다른 형태의 집단심리가 나타나므로 교도소라는 공간에 그대로 적용될 수 있다.

다음은 로웬버그와 돌고프, 그리고 리머의 모형에서 공통된 부분을 정리하면서 교정에 적합하다고 생각되는 모형을 새롭게 구성한 것이다.

1단계: 재소자가 가져온 문제의 성격을 살펴보면서 어긋날 수 있는 교정의 가치와 의무를 포함하여, 문제의 윤리적 쟁점이 무엇인지 확인한다.

2단계: 윤리적 결정으로 영향을 받을 수 있는 개인, 집단, 조직체 등이 누구인지 확인한다. 이때 재소자의 문제로 인해 다른 재소자들에게 피해가 생겨나지 않는지를 유의한다.

3단계: 사회적 가치, 전문가로서의 가치, 개인적 가치를 참고로 하여 아래 사항을 충분히 검토한다. ①윤리이론 및 원칙, ②형의 집행 및 재소자의 처우에 관한 법률, 직무규칙, 윤리강령, ③종교적, 문화적, 인종적, 정치적 이념을 포함해서 교도관의 가치, 특히 자신의 개인적 가치와 충돌하고 있는 것들.

4단계: 개입절차를 다음과 같이 정하고 개입대상을 선택한다. ①개입목표 설정→개입 방안의 효과와 효율성 평가→개입수단과 대상 결정→최선의 개입방법 선택→개입에 대한 전체적인 평가. ②개입대상 기관의 직원, 상사, 관리자, 변호사, 윤리학자 등 동료 혹은 적절한 전문가와의 상의.

5단계: 추가적인 문제가 없는지를 확인한 뒤 결정내용을 평가하고 기록한다.

위 모형은 윤리적 의사결정의 절차를 5단계로 단순화시켜 ①문제 자체를 인지하고, ②문제의 환경을 고려하고, ③의사결정 도구를 참조하고, ④개입절차를 진행하여, ⑤결과를 검토하는 것으로 하였다.

재소자가 가져온 문제가 윤리적 문제인가 아닌가를 결정하는 1단계는 윤리적 의사결정을 함에 있어 가장 기본적인 사항이다. 그리고 교도소라는 특수한 공간에서 다양한 집단들의 이익을 살펴보는 것이 중요하며 문제를 접수하고 평가하고 개입하여 마지막으로 종결시키는 전체적인 절차를 무시해서는 안 된다. 윤리이론과 윤리원칙의 정합성을 밝히는 것과 윤리원칙에 근거한 윤리적 의사결정의 절차를 체계화하는 것은 아무리 강조해도 지나치지 않다. 교정 고유의 윤리원칙과 윤리적 의사결정을 어떻게 만들어낼 것이냐는 물음에 만족스러운 답을 구하기 위하여, 윤리원칙의 근본인 윤리이론을 어떻게 선택하며 그것을 윤리원칙과 어떻게 연계시키고 인과관계를 증명할 것인가가 중요하다. 이는 결국 윤리적 의사결정과 윤리강령에 이르는 흐름을 일관성 있게 설명할 수 있게 한다. 그리하여 교정에 적합한 윤리이론을 선정하되 관계윤리의 특성을 분명히 하여 윤리원칙을 추출하고, 윤리원칙을 통하여 교정에 적합한 윤리원칙의 내용을 구성하고 윤리적 의사결정 절차를 완성해야 한다.

지금까지 교정에서 교도관의 윤리적 의사결정 모형 구축의 필요성과 의의를 윤리이론과 윤리원칙 구성과 함께 설명하고자 했다. 이 과정에서 충분하게 논의하지 못한 부분은 교정에 적합한 윤리이론이 무엇이 되어야 하는가이다. 비록 관계윤리와 그에 따른 레비나스의 타자윤리를 언급했지만, 앞으로 이 부분을 자세하게 설명할 수 있어야 윤리적 의사결정의 항목을 충분하게 만들어낼 수 있을 것이다. 교정에 적합한 윤리이론을 만들어내는 일이 중요하다. 윤리이론이 전제되지 않으면 그에 맞는 윤리적 의사결정 행위를 할 수 없기 때문이다. 그런데 비록 윤리이론이 윤리적 의사결정에 앞서 세워져야 하며 인과적으로도 우선하는 것임에도, 실제로 이론을 제작할 때는 윤리교육이나 윤리강령 등에 대한 현실적인 논의가 있어야 한다. 또한 교정 현장에서 다양한 윤리적 의사결정의 시도가 적극적이고 긍적적으로 이루어져야 함을 주의해야 한다. 다만 지금까지의 윤리원칙 논의에서 나온 항목에서 강조된 것이 배려와 책임 등이라고 했을 때, 앞서 논의했던 레비나스의 관계윤리가 그 역할을 할 수 있다.

윤리적 의사결정 절차의 대략적인 순서는 상담과 사회복지 윤리와 크게 다를 바가 없지만, 그 내용을 구성하는 이론과 원칙이 무엇이 되느냐에 따라 교정에 맞춤된 과정이 마련될 수 있다. 윤리적 의사결정 절차는 그에 맞춤 된 윤리강령이 없다면 참고 근거나 기준을 절차에 넣지 못하는 문제가 있다. 윤리원칙과 윤리적 의사결정의 과정이 선행되지 않으면 윤리강령 자체가 완전해질 수 없다.

지금까지의 논의는 형사사법의 요소인 교정윤리에 대한 이론적 방법을 활성화하고 교정윤리 실천에 현실적인 도움을 가져올 수 있다. 교정윤리가 단순히 윤리적 담론에서 끝나지 않고 교정행정이나 법, 그리고 교도관의 직무규칙을 윤리적으로 실천하고 행동할 수 있는 매뉴얼로 거듭날 수 있어야 한다. 그리하여 교정행정의 전문성을 향상하는 데 도움을 주며 장기적인 관점에서는 재소자의 재사회화에도 일조할 수 있어야 한다. 그리고 교정의 윤리원칙과 윤리적 의사결정 절차가 합리적일 때 체계적인 교정윤리 프로그램으로 발전하여 교도관의 재교육 등에 사용할 수 있다. 결과적으로 이 모든 과정이 잘 이루어질 때 교정이 안전과 보호라는 차원을 넘어서 입체적이고 적극적인 차원으로 전환될 수 있고 교정 본연의 정체성이 생겨날 수 있다.

2장

CORRECTIONAL ETHICS

교정윤리 규정과 윤리 담론

이 장에서는 미국 교정에서 윤리 도구와 교도관의 의식조사에 관련한 논의들을 정리하고 평가한다. 1절에서는 교정윤리의 배경과 의미가 무엇인지 살펴보면서 현재 미국의 대표적인 교정기관들이 어떤 교정윤리 규정을 지니고 있는지 검토하고, 2절에서는 교정윤리 강령을 만들기 위한 기초 작업으로 윤리 도구의 제작과 절차 과정에 대한 스토어 교수 연구진의 연구 성과를 정리한다. 3절에서는 국내 교정윤리 연구의 필요성을 제시한다.

비록 미국의 연구와 사례를 중심으로 논의를 전개하지만 필요할 때마다 국내 교정윤리와의 관련성을 짚어보면서 국내 교정 조건에 맞는 윤리 도구 개발의 필요성을 강조하고자 한다. 다른 응용윤리가 그러하듯 교정윤리도 현실에 맞으면서 체계적이고 과학적인 조사방법을 통해 만들어져야 할 것이다.

이제 우리도 교정윤리의 의미와 역할이 무엇인지를 진지하게 물어야 할 시점이 된 듯하다. 다른 응용윤리와 마찬가지로 교정윤리도 교정 현장의 문제를 해결하는 데 많은 이바지를 할 수 있다는 사실이 설득력을 얻고 있다. 교정윤리도 응용윤리의 하나로서 교도소나 구치소에서 교정의 상황을 윤리적인 맥락에서 이해하려는 데 목적이 있다. 교정윤리와 비슷한 역할을 하는 응용윤리 중, 경찰윤리는 일반 형사사법 관련 윤리로서 미국이나 한국에서도 상당한 수준으로 발달하여 정착되고 있다. 경찰관이 범죄인을 어떻게 다루어야 하는지부터 업무와 관련한 수많은 규정은 그것의 실효성을 논외로 치더라도 이미 일반화되어 있다. 아직 한국에서 생소한 것이 있다면 법정윤리 쪽인데, 경찰윤리만큼 발달하지 않았으나 어떤 면에서는 교정윤리보다 더 이해도가 낮은 단계에 있다고 할 수 있다. 형사사법과 관련된 윤리로서 교정윤리나 법정윤리는 사회가 민주화하는 과정에서 반드시 제도적으로 정착될 필요가 있다.

교정윤리는 미국에서도 1990년대부터 논의가 본격화되어, 2000년이 되면서 통계 연구나 훈련 프로그램이 만들어지기 시작했다. 미국교정 연합이나 미국구치소 연합의 인터넷 사이트에서 찾아볼 수 있는 교정윤리 규정도 모두 1990년대 초이며 관련 논문들도 대부분 그 이후 발표한 것이다. 교정윤리의 미국 상황을 알아보기 위해 관련 연구 결과물을 살펴보면 몇 가지 흥미로운 사실을 발견할 수 있다.

첫째, 어떤 연구 영역이든 간에 저술이 있기 마련인데 아직도 교정윤리라는 이름을 내걸고 출판된 본격적인 저술이 없다.[21] 미국 교도소의 교정 역사를 고려해봤을 때 이 영역이 상당히 느리게 진행되고 있음을 알 수 있다. 한편 논문의 수준은 생각보다 상당히 많아 교정직 공무원의 도덕성을 과학화하고 체계화하는 데에 많은 논의가 이루어져 있다. 둘째, 새로운 학문영역이 만들어질 때는 철학적이고 사변적인 논의가 먼저 만들어지는 게 일반적인 상식이다. 그러나 교정윤리 쪽에는 이러한 철학적 논의가 절대 부족하고 상대적으로 해결 모색과 같은 현실성이 강한 논문들이 대세를 이루고 있다.

이러한 현실은 교정윤리가 철학적 논의조차 충분히 할 수 없을 정도로 현실 적응에 급급해 있음을 알 수 있다. 제대로 된 저술이 없다는 사실은 교정윤리의 영향력이 다른 응용윤리만큼 주목을 받고 있지 못하거나 교정윤리라는 응용윤리의 성격 규정이 쉽게 내려지지 않는 어려움 때문인 것이다. 경찰윤리의 경우 시민과의 접촉이 상대적으로 강하기 때문에 일찌감치 제도화되고 학문적으로 연구가 많이 되었다고 한다면, 교정윤리는 교도소 재소자를 대상으로 그것도 아주 좁은 영역에 적용되다 보니 상대적으로 윤리적 논의가 활성화하지 못했을 수 있을 것이라 짐작한다.

기본적으로 응용윤리는 규범 윤리에 의존하고 있다는 사실을 인정한다면 교정윤리의 개념도 규범 윤리의 전통적 개념에 의존해 있을 수

---

21 뉴욕 시립 대 존 제이 칼리지의 존 클라이니(John Kleing) 교수의 저술들을 들 수 있는데 이것도 논문 모음집에 가깝고, 프랑스 질(France Gill)의 《The moral Benefit of Punishment》가 유일하게 저술 형태를 띠고 있는 수준이다.

밖에 없다. 자연법과 같은 오래 묵은 법 윤리, 정의나 공리, 그리고 덕이나 배려와 같은 윤리 개념은 교정윤리를 이해하기 위해선 필요하다. 그러나 교정윤리의 학문적 특성이 무엇이냐 하는 물음에 제대로 대답을 하려면 교정윤리만이 갖는 고유한 특징을 분명하게 드러내야 한다. 인접 경찰윤리와 법정윤리와 비교하면서 교정윤리만의 고유함을 찾아낼 수 있어야 하며, 그다음으로 교정의 직무 행위와 심리 상태를 전제로 어떤 윤리 항목이 적절할 것인가를 찾아야 한다. 예를 들어 교도소는 다른 유사 형사사법 기관보다 사회적으로 격리되고 폐쇄된 공간이며 무엇보다 또는 범죄를 저지른 사람들과 같이 근무해야 하는 환경이다. 그러므로 교도관의 윤리의식이나 윤리감은 다른 사법 기관의 근무자들과 다르게 나타날 수밖에 없다.

교정윤리가 설득력 있는 윤리로 정착하려면 교정만이 갖는 배경조건을 잘 이해해야 한다. 가장 일차적인 것이 교도소이다. 그리고 교도소를 어떻게 이해하느냐 하는 것은 결국 교도소를 운영하는 방식과 그러한 방식을 제도화하는 사회의 성격과 관련이 있다. 그러므로 교정윤리는 교도관의 행위를 넘어서 그 시대의 사회를 반영하는 것이어야 하고 어떤 식으로든 상호관련성을 맺을 수밖에 없다. 교도소와 관련하여 죄와 벌에 대한 관계 변화, 선에 대한 악의 관계 변화. 이러한 것들은 교정윤리의 정체성을 결정함에 있어 중요한 역할을 한다. 특히 최근 교도소의 사설 전환에 따른 교정직의 개방성과 유연성 등은 교도관과 재소자의 관계를 수정하는 데 역할하고 있다. 보호관찰과 같이 '열린 감옥'으로의 점진적 변화 등도 교정윤리를 새롭게 규정하는 데 영향을 미친다.

2부에서는 교도관의 다양한 의식 층위를 교정공동체, 또는 교정가족이라는 이름으로 살펴봤다. 이 장에서는 상당히 기술적이고 구체적인 문제를 주제로 삼아 미국에서의 교정윤리 규정의 생성이 어떻게 이루어져 왔으며, 그러한 규정이 교정에 있어 어떤 영향을 미치고 있는지를 살펴보고자 한다. 이러한 구체적 논의는 한국에 교정윤리 강령이 구축되지 않았고, 비록 부분적으로 있다고 하더라도 교정의 특성을 충분히 살리지 못한 채 다른 일반 공직자윤리의 일반적 형태만 따르고 있는 상황에서 그 필요성이 더욱 절실하다. 비과학적이고 타성에 빠진 잘못된 윤리강령이나 규정은 그야말로 "아무도 지키지 않고 지킬 수도 없는" 말뿐인 강령으로 전락하기 때문에 좀 더 합리적이고 설득력 있는 교정윤리 규정 제작을 위한 노력이 필요하다. 이제 미국 교정윤리의 사례를 제시하여 분석하면서 미국의 연구자들이 교정윤리의 적용 과 평가를 어떻게 전개하고 있는가를 살펴볼 것이다. 이 장 대부분의 논의는 미국의 연구 성과에 전적으로 의존할 수밖에 없었음을 밝힌다.

1. 교정윤리 규정의 사례와 분석

교정윤리 규정은 다른 경우도 마찬가지이지만 특정 응용윤리의 선두에서 그 특정 영역의 성격을 한눈에 보여주는 장점이 있다. 규정을 보면 그 단체가 지향하는 목표나 의의를 알 수 있고, 규정의 철학적 특성도 찾을 수 있다. 먼저 미국구치소 연합과 미국 교정 연합 두 곳의 사이트에서 제시하고 있는 윤리규정의 전문을 살펴본 뒤 그 전문의 내용이 갖는 의미를 살펴보자.

미국구치소연합(American Jail Association : AJA) 윤리규정 전문

교도 일을 맡은 직원으로서 그리고 시민의 일원으로서 나는 국가, 주, 이웃에 모범이 될 것을 맹세한다. 나는 직무와 관련되어 가족과 이웃 동료들의 명예를 훼손하는 행동을 하지 않겠으며, 나라와 주, 지역의 법에 따라 나의 임무를 다하는 훌륭한 직업인이 되고 직무에 따르는 규칙, 정책, 절차, 명령에 책임을 다한다.

직무와 관련해 다음과 같이 약속한다.

1. 내 근무처의 동료, 재소자, 방문자를 비롯하여 근무처의 모든 생활환경을 안전하게 관리한다.
2. 직위, 위치, 조건과 관계없이 누구와도 안정적이고 형평에 맞는 근무환경을 만든다.
3. 비난, 조롱, 위험이나 혼란의 상황에 직면해서도 항상 긍정적인 태도를 보인다.
4. 보고할 사항은 서면이나 구두로 바로 보고하며, 행정기관의 법이나 규칙에 따라 기밀 사항은 비밀을 유지한다.
5. 재소자들에게 항상 공평하고 친절하게 대한다.

6. 재소자의 생활과 가족과 관련된 개인적인 일에는 절대 개입하지 않는다.
7. 구치소를 찾는 방문자들에게 항상 친절할 것과 그들이 구치소의 규칙을 잘 따를 수 있도록 최선을 다한다.
8. 나 자신이 더욱 경쟁력을 갖춘 직원이 될 수 있도록 기회가 닿는 한 교육과 훈련을 게을리하지 않는다.
9. 전화, 서면, 구두로 구치소 안팎에서 늘 소통하되, 내가 몸담은 근무처가 부정적인 이미지로 보이지 않도록 한다.
10. 재소자들이 자신의 태도나 인성을 증진할 수 있는 구치소 환경을 항상 고려한다.
11. 구치소가 잘 운영될 수 있도록 참여적인 자세로 일과 관련한 전문성을 배가하며, 일반인들에게 형사사법 제도가 확대 증진될 수 있도록 구치소의 전문성 이미지를 강화하기 위해 모든 노력을 다한다.

* 위 규정은 1991년 11월에 본 이사회에서 채택, 1993년 5월에 개정함

미국 교정 연합 (The American Correctional Association : ACA) 윤리규정 전문

본 연합회는 회원 모두가 정직하고 인간의 존엄성과 개별성에 대해 존경심을 가질 줄 알며 전문적이면서도 사랑을 실천할 수 있는 서비스 정신을 가질 수 있기를 기대한다. 이러한 목적으로 다음과 같은 규칙을 제시한다.

1. 사람들의 시민적, 법적 권리를 보호하고 존중할 책임이 있다.

2. 모든 직업 조건은 관련 개인의 복지와 공정한 태도에 맞춰 취급해야 한다.
3. 직장 동료들이 상호존중하며 직업의 서비스 질을 높이기 위해 노력한다.
4. 확실하게 증명할 수 있는 경우가 아니면 동료를 공개적으로 비난해서는 안 된다.
5. 형사사법 체제 내에 일어나는 직무의 중요성을 존중하며 각 부분의 일에 협력한다.
6. 개인의 프라이버시가 손상이 오지 않는 범위에서 정보를 공개하거나 공유해야 한다.
7. 사람들이 범죄 행위로부터 안전할 수 있도록 노력한다.
8. 신분을 활용하여 개인적 이익을 취하지 않도록 항상 경계한다.
9. 공무를 행함에 있어 항상 객관적으로 일을 처리할 수 있도록 한다.
10. 이익이 문제가 되거나 양심에 어긋나는 일이 발생하면 어떠한 공식, 비공식 행위나 동의를 해서는 안 된다.
11. 직무의 객관성을 훼손할 수 있는 부적절한 행위, 즉 선물, 도움, 친절을 멀리한다.
12. 의견, 진술, 입장 등에 개인적인 것과 근무기관에 해당하는 공적인 것을 구분한다.
13. 부패하거나 비윤리적인 행동을 보면 관련 기관에 보고하되 증거를 충분히 제시해야 한다.
14. 인종, 성, 신앙, 종족, 나이, 장애 등과 관련해서 어떠한 차별도 있

어서는 안 된다.

15. 타인의 개인정보를 보존할 수 있어야 한다. 자신의 책임과 의무를 넘어서서 타인에 대한 정보를 수집하려고 해서는 안되며 공식적으로 요구되지 않는 한 정보를 공개해서는 안 된다.
16. 채용, 승진, 면직 등은 개인의 이익을 위함이 아닌 계약 동의 등에 따른 공공의 규약에 따라 운용되어야 한다.
17. 자신의 근무처는 안전하고 건전해야 하며 어떤 식의 희롱이나 폭력이 있어서는 안 된다.

* 위 규정은 1994년 주지사와 파견위원회에서 채택되었음

위의 규정을 비교하면 닮은 점이 많지만 약간의 차이도 발견된다. 즉 교정 연합의 윤리규정이 구치소 연합의 윤리교정보다 윤리적 요구를 더 강하게 하고 윤리규정 항목이 더 많다. 이는 기결수를 대상으로 하는 교정 연합의 규정이 근무자에게 좀 더 강한 도덕성을 요구하기 때문이다. 공통으로 나타나는 것에는 개인의 이익보다 공적 이익 우선, 공평무사하고 친절한 태도, 정의와 관련한 고발정신, 동료들을 포함한 사람들과의 공동체적 정신, 차별에 대한 경계, 근무환경의 안정성 및 근무지의 기밀에 대한 보장 등이다. 공평, 형평, 공정, 차별 폐지 등과 같은 용어의 빈도수를 보더라도 교정직의 특성상 재소자들의 일에 편견을 갖지 않고 객관적 취급을 하는 것이 중요함을 알 수 있다.

흥미로운 항목으로서 구치소 연합윤리 규정의 6번과 9번은, 개인적인 일에는 간섭하지 않는다는 것과 기관이 외부에 부정적 이미지로 나

타나지 않도록 노력해 달라는 주문이다. 이것은 구치소나 교도소가 다른 기관과 차별되는 독특한 윤리 항목이라 할 수 있다. 그리고 다른 기관에 비해 재소자들의 내밀한 인적 사항을 직접 다루어야 할 일이 많고, 비례해서 그들의 인격이나 자존심을 최대한 존중하는 것도 특이점이다. 이는 재소자들의 인권과 직접 관련되는 것으로서 교도관은 그들에 대한 최소한의 정보만 공유할 수 있어야 하기 때문이다. 재소자들은 갇히는 순간부터 자존감을 훼손당하는 경험을 했고 많은 부분 절망했다고 볼 수 있다. 이런 상황에서 그들의 개인적인 일에 불필요하게 간섭해서는 안됨을 보여준다. 9번 항목도 다른 기관의 윤리규정에서 보기 쉽지 않다. 근무지의 이미지를 긍정적으로 보이도록 하라는 주문은 구치소나 교도소가 갖는 사회의 눈 때문이라 할 수 있다. 아런 점에서 교도관들은 다른 직장의 근무자들보다 더 자신의 말과 행동을 조심할 수밖에 없다.

이러한 몇 가지 사항을 볼 때 교정윤리 규정을 만듦에 있어 강조해야 할 것은 인권에 대한 강조, 개인 프라이버시에 대한 존중, 형평성에 대한 것들이라 할 수 있다. 즉 다른 유사 사법기관들과의 공통된 윤리규정에 더해 교정윤리만이 갖는 고유한 항목을 첨가할 수 있어야 한다. 그러나 항목의 선택 문제보다 더 중요하게 고려해야 할 것은 크게 두 가지이다.

첫째, 규정 항목이 윤리적이냐 아니냐 하는 윤리적 정체성 문제이다. 위 미국 사례의 두 규정은 모두 윤리규정이라는 전제로 만들어졌지만, 일부분은 윤리와는 전혀 무관한 업무의 효율성과 관련이 된 것도 있다. 예를 들어 구치소 연합의 규정인 8번은 경쟁력을 갖춘 직원이 되기 위해 자기 교육을 강화한다는 것이고, 11번은 구치소 근무에서 일의 전문성을 강화한다는 것인데, 실제 이런 규정을 윤리적인 규정이라 부를 수는 없다. 이것은 윤리와 무관하게 업무 효율을 높이기 위한 일반적인 행정 업무 규정에 불과하다. 윤리규정은 어디까지나 윤리와 직접적인 관련이 있어야 한다.

둘째, 윤리규정 항목의 구체성의 기준을 어디까지 정할 것인가 하는 문제이다. 너무 일반적인 내용은 기관의 특성을 다 드러내지 못하고 결과적으로는 해당 근무자가 무엇을 자신의 윤리 행위의 기준으로 삼을 것인지 불분명하게 한다. 반대로 너무 세부적인 내용을 규정으로 만들어 놓으면 시간이 흘러 새로운 내용이 필요해지고 기존 내용이 낡아지는 문제가 발생한다. 규정 항목의 시효성 문제, 시의 적절성 문제 등은 규정 항목을 구성할 때 반드시 고려해야 할 사항이다.

2. 교정윤리의 적용 및 평가

미국 교정윤리의 규정을 살펴보면서 제기되는 의문은 규정 생성의 근거와 생성 근거의 신뢰성을 확보하기 위한 절차가 제대로 이루어졌는가 하는 것이다. 많은 경우 규정이 만들어지는 과정을 보면 상식화된 규범에 지나치게 의존한 탓에 천편일률적인 내용이거나, 아니면 당시의 일반화된 도덕에 의존하여 아무런 고민 없이 쉽게 동의할 수밖에 없는 규정을 내놓기도 한다. 물론 어떤 규정이 특정 기관에 종사하는 사람들의 상식적 윤리감에 맞는다는 것이 잘못된 일은 아니다. 하지만 믿을만하고 합리적인 절차를 거치지 못한 상식은 자칫 자의적으로 흐르거나 변질될 수 있다. 심하면 몇몇 주류에 의해 지배 이념으로 이용될 소지가 있다.

의료윤리의 예를 보자. 이를 전문적으로 연구한 사람이 교육하는 경우와 기존의 의사 중에서 평소 존경받는 원로의사가 교육하는 경우를 가정할 수 있다. 오랫동안 경험을 가진 원로의사는 의료경험 없이 의료윤리만 공부한 사람에 비해 학생들에게 더 많은 교훈과 배움을 줄 수 있다. 그러나 이 원로의사가 갖는 경험이 제한적이거나 주관적이라면 뜻밖의 나쁜 결과를 피교육자들에게 줄 수도 있다. 오히려 교육이 갖는 적정 수준의 보편성과 일관성이라는 차원에서 볼 때는 의료윤리를 정식으로 연구한 전문가가 문제점을 더 잘 보완해줄 수 있다는 데에는 이론의 여지가 없다.

여기서 말하는 전문가는 어떤 결과를 이루어내는 동안 과학적이고 합리적인 절차를 밟아온 사람을 의미한다. 그러므로 교정윤리가 실제로 교정 현장에서 설득력 있게 이루어지려면 교도관이 재소자들을 대하면서 일어날 수 있는 모든 윤리적 경우의 합이 무엇인가에 대한 이성적 논의가 있어야 한다. 이것이 없으면 어떤 윤리적 개념은 그 자체의 윤리성으로만 의의가 있을 뿐이지 전혀 실효를 발휘하지 못한다. 예를 들어 용기와 같은 덕목은 교도소에서 사용할 수 있는 빈도수가 현저히 떨어지거나 교도활동에 도움이 되지 않는다. 이러한 윤리 개념은 교정윤리 차원에서는 심각하게 논의할 필요가 없다. 특정 상황에 필요한 덕목을 선별하기 위하여 무엇보다도 빈도수가 높은 개념들을 모으고 분류하는 작업이 필요하다.

다음에 제시하는 두 가지 큰 사례는 미국 아이다호 주 보이스 주립대학교의 메리 스토어(Mary K. Stohr) 교수가 다른 교수들과 팀을 만들어 2회에 걸쳐 교도관들에게 직접 묻고 데이터를 구하는 과정에서 교정윤리의 항목, 윤리 도구 제작 방법, 분석 등을 연구한 결과를 정리한 것이다. 가능한 이 연구 과정을 객관적으로 기술하되 마지막에 몇 가지 의견을 덧붙이고자 한다(Stohr, 2000a; 56-79; Stohr, 2000b; 126-150).

이 결과는 미국의 《The Prison Journal》에 2000년 3월과 6월에 게재한 것인데, 설명할 필요가 없는 세부적인 통계치는 생략했고 대신 우리나라에서 교정윤리에 대한 데이터 습득에 참조할 수 있는 윤리 항목이나 그러한 항목에 접근하는 방식 그리고 그것을 어떻게 분석해서 궁극적으로는 우리에게 맞는 윤리규정을 만들어낼 수 있을까 하는 데 초점을 맞추고자 한다.

사례 1. 스토어 교수팀의 윤리 도구 제작

스토어 교수의 연구팀은 윤리교육과 윤리규정이 교도소와 같은 공공기관에서 민주적 환경을 조성하는 데 중요한 역할을 한다고 본다. 그들은 단순히 교도소를 참관하고 몇몇 근무자들을 인터뷰하는 옛날 방식에서 벗어나, 좀 더 과학적이고 체계적인 연구 방법을 윤리적 매개변수에 적용했다. 그들의 방법은 크게 다음과 같은 순서로 진행된다 (Stohr, 2000a; 60).

① 방법: 윤리 도구(ethical instruments) 제작→자료수집.

② 분석: 인구통계→윤리 도구 신뢰도 분석→인자 분석→항목 평균치 비교→상호 관련 매트릭스 분석.

③ 결과: 윤리 도구의 효용성 대비 윤리 도구 신뢰도 비율은 불확실.

그들이 제안한 윤리 도구는 기존의 연구 방법과는 아주 다른 그들만의 독특한 방식으로 나타났다.[22] 윤리 도구 제작 외의 나머지 분석과 그 결과에 대한 논의는 기존의 수많은 연구의 데이터 취급 방식과 크게 다를 바가 없었다. 실제 미국에서 행해진 이 연구 방법을 빌려올 때 가장 중요시해야 할 점은 윤리 도구 항목이다. 항목만 마련된다면 그것을 점수화하기는 쉽다. 이제 윤리 도구에는 어떤 것이 있는지, 그리고 어떻게 항목별로 정리되고 점수화하는지를 살펴보도록 하자. 나머지 분석과 결과에 대해서는 요약하면서 몇 가지 평가하고자 한다.

스토어 교수팀이 6개 영역의 상위 윤리와 31개의 하위 윤리 항목을 만들면서 가장 강조한 것은 기존의 공공기관이나 경찰윤리의 항목이나 규정과는 완전히 다른 교도관의 윤리가 무엇인가 하는 것이었다. 이렇게 만들어진 항목마다 질문하여 어느 정도 동의를 하느냐 하지 않

22 이 연구는 1997년 미국 서부의 시골 도시에 위치하는 중소규모의 교도소에서 이루어졌다(연구진들은 구체적인 교도소의 이름은 밝히지 않고 있음).

느냐라는 정도를 수치화하였다('절대 동의하지 않음'을 1로 최소화하고 '절대 동의함'을 7로 최대화함). 그리하여 교정 현장에서 각 항목의 윤리 영역이 쉽게 구별되고 확인될 수 있는지를 보고, 한편으로는 어떤 질문이 더 많은 동의를 얻었는지를 알아보고자 한다.

윤리 도구 영역과 항목

① 하위집단의 영향

- 교도관은 다른 동료 교도관의 절도 행위가 있을 시 보고해야 한다(절도).
- 동료 교도관이 재소자를 괴롭히는 장면을 목격하면 보고해야 한다(괴롭힘).
- 동료 교도관이 재소자를 괴롭히는 것을 보고하는 것은 옳은 일이다(보고).
- 교도관만이 교도소에서 일어나는 일을 제대로 이해할 수 있다(이해).
- 교도관은 공적인 일에 충실해야 할 의무가 있다(공공성).
- 대부분의 다른 교도관이 규칙이나 절차를 무시한다면 당신도 그렇게 해도 된다(무시).

② 재소자들과의 관계

- 다른 교도관이 특정 재소자에게 지나친 호감을 보이는 것은 관리 차원상 심각한 것은 아니다(호감).
- 성적으로 공격성을 보이는 재소자는 나쁜 대우를 받아도 문제

가 없다(성적 공격성).

- 욕이나 심한 말투는 재소자를 다룰 때 필요하다(공격성).
- 재소자들과 이성적인 대화는 일을 같이함에 있어 가장 좋은 방법이다(이성).
- 재소자를 조정하기 위해 힘센 동료 재소자를 적절히 이용하는 것은 잠정적으로 부정부패가 일어날 소지를 만든다(힘의 사용).
- 교도관과 재소자와의 성적 관계는 때에 따라 받아들일 수 있다(재소자와의 성관계).
- 재소자들에게 존경심을 보여 봤자 되돌아오는 경우가 거의 없다(존경).
- 교도관이 재소자들을 옳고 공평하게 대하면 결국 그들도 그렇게 된다(공평).
- 재소자들에게 존경의 태도를 보이게 되면 그들에게 쉽게 보이게 되어 오히려 조종당할 수도 있다(조종).

③ 교도관이 가진 힘의 사용

- 교도관이 재소자들에게 존경심을 갖게 하려면 힘을 보여주는 것이다(힘).
- 일반적 상황에서 재소자들은 힘을 사용하지 않아도 잘 따른다(따름).
- 말썽을 일으키는 재소자를 때에 따라 지나치게 때릴 수도 있다(때림).

④ 교도관의 수칙

- 교도소 반입 금지품을 갖고 들어오면 징계를 받아야 한다(금지품).
- 야간 근무 시 잠을 자는 것은 흔히 있을 수 있다(잠).
- 교도관들은 재소자들을 보호할 의무가 있 (보호).

⑤ 자기 근무처에 대한 민주적 참여

- 교도소 고위공무원은 근무처의 활력을 불어넣기 위해 교도관을 지원해야 한다(활력).
- 교도관은 상관들의 명령을 듣기만 하지 스스로 활력을 불어넣지는 못한다(듣기).
- 교도관은 근무처를 활성화하기 위한 다양한 지식을 갖고 있다(지식).
- 교도관은 근무처의 여러 문제를 해결하기 위한 기술과 능력을 갖추고 있다(기술).

⑥ 전문적인 협력관계의 여부

- 다른 교도관에 대한 성적 언급이 꼭 성희롱이라 할 수 없다(성희롱).
- 직장 동료는 정신적, 육체적으로 도움을 주는 존재이다(도움)
- 교도관이 존경으로 대해야 할 우선 대상은 동료라 할 수 있다(존경).
- 서로 다른 성에 대해 혹평을 한다든지 하는 것은 재미라고 할 수도 있다(비난).
- 재소자들이 보는 앞에서 동료 교도관의 개인사를 말하지 말아

야 한다(사적인 것).

- 소수계 교도관은 자신을 비방하는 것에 지나치게 민감하게 반응해서는 안 된다(소수계).

이상이 6개 영역과 31개 항목으로 구성된 윤리 도구들이다. 교도관 업무의 윤리성을 묻는 항목으로서 그야말로 거의 모든 경우를 다 언급하고 있다고 할 수 있다. 이 항목은 연구진이 일일이 교도관을 포함한 교도소 직원을 대상으로 하여 다양한 설문 조사를 통해 얻은 자료이다. 이 자료 분석을 보면 윤리적 일반론에 근거한 윤리 개념의 체계적 분류에 의한 것이라기보다는 빈도수가 높은 항목을 수집하는 과정에서 자연스럽게 만들어진 영역 구분이고 거기에 맞게 세부 항목을 구성한 것을 알 수 있다. 단 교도소 한 곳에서 만들어진 항목들을 얼마나 믿을 수 있느냐 하는 문제가 있다. 실제로 연구진들은 교정직 일부 고위 관리자들에게 이러한 연구방식에 대해 핀잔을 듣기도 했다는 사실을 고백하고 있다. 그럼에도 이러한 분류방식은 나름대로 의의가 있다.

연구진은 이 설문을 교도관의 성, 인종, 나이, 직위, 근무연한, 병력, 결혼, 종교, 교육 등에 따라 위 윤리 도구 항목에 어떻게 대답했는지를 모두 기록하여 설문의 배경 근거의 신뢰도를 높이려고 했다. 즉 윤리 도구의 신뢰도 분석을 위해 설문대상자의 인적 배경을 일일이 조사한 것이다. 그 다음 윤리 도구에서 만들어진 항목들을 크게 11가지 대표 항목인 불신, 때림, 괴롭힘, 공평성, 반응, 보호, 보고, 지식, 성적 공격성 등의 정도를 정한 뒤, 윤리 항목의 평균치를 비교하며 윤리지수 상호 관련 매트릭스를 작성했다. 이 모든 일련의 과정에서 연구진은 설문내용의 근거를 최대한 과학적으로 추출하고 그것을 다른 교도소에 적용하여 설문의 효율성을 높이려 했다.

흥미로운 사실은 연구진 스스로가 실제적인 적용의 효용성을 높이 사고 있음에도 불구하고 이러한 항목이 교도관의 윤리지수를 정확하게 산출할 수 있을 것인지에 대해서는 신뢰를 보이지 않는다. 다시 말해 위 설문 항목을 다른 교도소의 교도관에게 적용했을 때, 그들의 윤리감이나 도덕감의 수준을 얼마나 정확하게 만들어 낼 수 있을까에 대해서는 확신하지 못했다. 이 지점에서 지적할 사항은 윤리 도구에 대하여 신뢰도의 불확실성은 연구 방법의 결함에서 온다기보다는 여전히 더 정교하고 다양한 윤리 도구를 개발하지 못한 데 원인이 있다. 연구진도 이런 점 때문에 윤리 도구의 개발을 강조하고 있으나, 윤리 도구를 개발하기 위한 장기적인 기획으로 교정윤리가 대학의 정규과목으로 설치되어 보다 더 깊이 있게 연구되어야 할 것을 주장한다.

사례 2. 스토어 교수의 도덕지수 적용 연구

앞의 사례1이 스토어 교수팀이 윤리 도구를 만들어 그것을 적용할 때 지수산출의 근거를 얼마나 효과 있게 얻어낼 수 있는가에 대한 1차 연구였다면, 사례2는 만들어진 윤리 도구를 구치소와 교도소에 각각 적용함으로써 어떻게 서로 다른 결과를 만드는지에 대한 2차 연구이다(Stohr, 2000b; 126-150). 즉 사례1이 윤리 도구의 제작 자체에 초점을 맞추었다면 사례2는 같은 도덕지수가 다른 환경이나 조건에서 어떻게 달라지는 것인지 그 적용에 강조를 둔 것이다. 그리하여 교도소와 구치소와의 차이는 물론이고 나이에서 오는 차이, 성별 차이 등의 다양한 항목들에 대한 수치가 드러났다.

이 연구도 앞서의 윤리 도구 제작처럼 가설을 구하고 자료를 수집하여 신뢰도를 분석하는 방식으로 진행되었다. 단 인구통계학적 방법을 활용하여 윤리 항목 평균치와 표준편차와의 관계를 비교하는 것이 약간 다를 뿐이다. 주지하다시피 스토어 교수팀이 끊임없이 강조하는 사항은 도덕지수를 어떻게 계량화할 것이냐이다. 윤리 도구를 사용하여 윤리적인 선택이나 의사결정을 함에 있어 어떤 차원에서 동의하고 동의하지 않을 것인지를 알아보되, 교도소 한 곳과 서로 다른 구치소 두 곳, 예비 교도관의 교육기관인 교정연수원 등에서 설문을 하고 그것을 비교하여 윤리 도구의 도덕지수를 정교하게 계량화했다. 이러한 과정을 통해 얻을 수 있는 장점은 다른 응용윤리와 달리 교정윤리만이 갖는 독특한 특성을 정의할 수 있다는 사실이다. 만약 어떤 윤리 도구 설문 항목이 지수 자체가 지나치게 낮으면 그런 항목은 교정 현장에서 물어볼 필요가 없다.

윤리 도구는 다양한 윤리적 항목에 대하여 교도관이 어떠한 인식과 태도를 보이는지 알아보기 위하여 개발한 것이다. 스토어 교수 연구진이 윤리 도구를 개발하여 윤리 도구의 적절성을 처음으로 검증할 때는 한 교도소에만 조사했지만 두 번째 연구에서는 세 개의 교도소와 세 개의 구치소를 대상 데이터로 가져왔다. 교도소의 경우에는 최소 경호수준의 교도소 한 곳, 최대 경호수준의 교도소 한 곳, 그리고 여성 재소자들 교도소 한 곳이고, 구치소의 경우에는 서로 다른 지역의 중소도시 내에 있는 구치소 두 곳과 구치소의 연수원 한 곳이다. 그리하여 이곳에 근무하는 교도관들을 직위, 근무 기간, 군 경력, 성차, 인종, 나이, 교육 등으로 나누어 윤리 도구의 여러 내용에 대해 어떻게 생각하는지 정리했다.

그 분석 결과는 다음과 같다. 첫째, 교도관들이 교육을 받은 정도가 높을수록 교정 현장에서 윤리 도구의 내용에 대하여 더 높은 관심을 나타냈다. 둘째, 나이가 많거나 여성의 경우 윤리지수가 높게 나타났으며 교도소보다 구치소의 교도관들에게 더 높은 윤리지수가 나타났다. 마지막으로 기관의 조직문화, 예를 들어 직원들의 지도력, 의사소통 조건, 근무환경, 조직의 사명의식에 따라 윤리지수의 편차가 나타났다.

스토어 교수 연구진의 위 두 가지 방법론적 사례에서 교정윤리의 이론이나 실천에 관심을 두는 우리로서는 윤리 도구의 항목 제작에 더 많은 흥미를 느낄 수밖에 없다. 즉 윤리 도구를 보는 인식과 태도 그리고 그것을 계량화하는 것도 중요한 일이지만 어떤 내용을 교정 현장에 필수불가결한 윤리 항목으로 넣을 것인가가 중요하기 때문이다. 재소자의 기본 인권과 보장 한계를 조준현은 다음과 같이 정리했는데 이는 윤리 도구를 만들 때 참고할 수 있다. 인권보장 항목으로서 ①서신의 자유, ②도서, 신문열람의 자유와 출판의 자유, ③언론의 자유, ④집회, 결사의 자유, ⑤외부자 접견의 자유, ⑥사생활의 자유, ⑦가혹한 형벌을 받지 않을 권리, ⑧교도소 과밀로부터의 자유, ⑨독거구금의 제한,

⑩육체적 학대 및 체형을 받지 않을 권리, ⑪사형을 받지 않을 권리, ⑫건강할 권리 등을 예시한다(조준현, 2004; 48-60). 그도 지적하다시피 교도소 재소자의 지위를 전통적인 특별권력관계로 한정해서 제한해야 한다는 생각이 여전히 남아 있음에도 불구하고, 인권은 공간을 넘어 어디에서나 적용해야 할 인간의 보편적 권리로 인식해야 하는 것도 사실이다. 즉 어떠한 특수 조건에서도 인권을 고려해야 하며 환경이나 상황에 따라 인권의 기준이나 정도가 변해서도 안 된다.

3. 국내 교정윤리 담론

교정윤리 연구는 재소자의 재범을 예방하거나 줄일 수 있을 때 진정한 의의가 있다. 재소자의 재사회화에 교정윤리가 제대로 기능할 수 있어야 한다. 윤리적인 장치가 그냥 단순한 장식으로 만들어진다면 그것은 없느니만 못하다. 제도가 없는 것도 나쁘지만, 제도를 잘못 운용하는 것은 더 나쁘다. 물론 범죄를 줄이는 데 교정윤리가 얼마나 이바지할 것인가에 대해서는 아직 단정할 단계는 아니다. 미국에서도 이러한 연구가 진행 단계인데 아직 실시해보지도 못한 상황에서 뭐라고 말할 수는 없다. 그리고 교정윤리를 정착시킴에 있어 범죄 방지라는 기본적인 목표를 잊어버려서는 안 된다. 무엇보다 윤리설문을 만들 때는 한국 실정에 맞는 설문지 개발이 중요하다. 아무리 좋은 것도 우리의 교도소나 구치소의 현실을 무시한다면 기대했던 결과를 얻을 수 없다.

교정윤리 영역을 학문의 영역으로 끌어들일 것인가, 말 것인가는 교정 전문가들의 숙제이기도 하지만, 어떤 식으로든 이론연구와 관련하여 교육 프로그램과 교정윤리 규정이 만들어져야 한다는 것은 분명하다. 규정을 한번 만들면 별 문제가 없는 한 오랫동안 사용하겠지만, 교육 프로그램은 다양할수록 좋다. 모든 교정기관이 하나의 교육 프로그램을 수행할 필요는 없다. 프로그램의 선택에 따라 교정의 효과가 더 나올 수도 있고 그렇지 않을 수도 있기 때문에 최대한 다양한 프로그램을 만드는 것이 좋다.

경찰 쪽에서는 윤리성 제고를 위해 경찰관 선발에서부터 신중하게 접근한다. 김호섭이 제시하고 있는 경찰관의 윤리성 제고를 위한 인사관리 방안은 교정직 근무자들에게도 적용할 필요가 있다. 그러나 면접을 통해 더 유능한 경찰을 선발할 수 있지만, 도덕적으로 뛰어난, 다시 말해 도덕지수가 높은 경찰관을 뽑는 일이 쉽지 않다. 윤리 과목 확대도 중요하고 다양한 형태의 인성교육도 중요한 방안이 되기는 하지만 그도 강조하다시피 막연하게 "경찰윤리의 핵심 덕목을 강조하기보다 실제 업무 수행과정에서 문제로 나타나고 있는 구체적 사례를 놓고 윤리교육을 하는 것"이 바람직하다. 그리하여 "사례 중심의 윤리적 딜레마에 대한 심도 있는 논의"를 할 수 있어야 한다(김호섭, 2004; 374). 이는 앞서 윤리 도구 제작과 맥을 같이 하고 있으며 판례 중심의 윤리교육에 관한 조언이라 할 수 있다. 이 방법에 있어 중요한 사실 하나는 교정윤리에 대한 이해는 규범 윤리로부터의 이해가 아니라 응용윤리 영역으로 이해하여야 한다는 사실을 다시 한번 확인하는 것이다. 즉 윤리 항목에 대해 옳고 그름의 기준점은 연역적인 방식이 아닌 귀납적인 방식으로 정해져야 하고 결과적으로 그 항목 생성에서도 더 많은 효용성을 가져올 수 있다.

교정윤리의 의의는 궁극적으로 교도 행정을 '인본주의적 행정'으로 전환하기 위함이다(홍성열, 2006; 21). 교도관이 현실적으로 가질 수 있는 다양한 힘(보상적, 강압적, 합법적, 창조적, 전문적)이 합리적이고 건전한 방향으로 전환되어야 한다(홍성열 2006; 21-4). 이를 위한 항목을 논의하고, 교육하고, 현장에서 규정으로 만들어 실시하는 체계적 과정이 필요하다. 그러나 윤리 도구 제작에 대한 연구가 이루어지지 않은 상태에서 즉흥적이고 상식적인 차원에서 윤리 항목을 설정해서는 안 된다. 아무도 지키지 않는 윤리규정은 없느니만 못하기 때문이다.

교정윤리는 학문의 학제 간 성격을 분명하게 해 주는 역할에 일익을 담당할 수 있다. 인문학과 사회과학의 만남, 즉 윤리학자와 교정학자의 만남으로 인해 새로운 학문영역이 개발될 수 있다는 것은 응용윤리학이나 교정학 양쪽 모두에게 바람직하다. 교정행정이 발달한 미국에서도 윤리 도구에 관한 본격 연구가 아직 초보 단계에 있다. 지금이라도 국내에서 교정 전문가들이 윤리 도구 개발과 실효성 있는 교정윤리 규정을 만들어내는 일에 관심을 가진다면 선도적으로 교정윤리의 의미를 확산시킬 수 있다.

3장

CORRECTIONAL ETHICS

교정윤리 강령

이 장에서는 교정윤리 강령[23]의 의의와 이론적 근거, 그리고 체제 방식을 논의하고자 한다. 재소자를 수용하는 것으로 교도소의 역할을 다했다고 생각하기 보다는 그들이 안전하게 사회에 복귀하도록 도와주고 살펴주는 것이야말로 교정의 진정한 역할이며 완성이다. 교정윤리도 이러한 관점에서 살펴봐야 하며 윤리강령은 교정의 이러한 목적을 위해 한 축을 담당해야 한다.

교정윤리 강령을 만들 때는 교도관과 재소자 사이의 인간적이고 윤리적인 관계를 모두 함의해야 한다. 그리고 그들 사이의 인간적이고 윤리적 관계를 다양한 형태의 강령 항목으로 구성해야 한다. 1절에서는

23 이하 〈교도관 직무규칙〉과 교정윤리 강령 내용을 보완해서 직무수칙과의 관련성, 윤리강령과의 정합성, 윤리강령의 항목 구성을 보충하며 〈법률〉에서 윤리적 특성을 드러내는 항목을 집중적으로 분석하고 그 분석 결과를 통해 교정윤리 강령의 세부 항목을 찾아내고자 한다.

교도관의 자율성과 책임을 다시 논의하면서 교정의 전문성과 윤리성의 발달 관련을 비교 분석한다. 2절에서는 교정윤리 강령의 항목조건과 필요조건을 논의한 뒤, 국내의 유사한 윤리강령과 미국의 교정윤리 강령을 평가한다. 3절에서는 교정윤리 강령의 실제적인 항목의 근거를 제시한다.

윤리강령에 대한 교정본부의 관심이 더욱더 필요하며 우리의 실정에 맞는 교정윤리 강령을 마련하기 위한 조사연구가 본격적으로 이루어져야 한다. 그리고 윤리강령을 만들 때는 국내 실정에 맞는 '한국적 교정'의 중요성을 잊지 말아야 한다.

교정은 재소자가 교정될 가능성, 그리고 교정해야 한다는 당위로서 출발해야 한다. 교정윤리나 교정윤리 강령의 성립도 그러한 맥락에서 필요하다. 재소자를 단순히 수용하여 사회로부터 격리한다는 기능적인 차원에서 벗어나 교정이 무엇이냐는 진정성을 물을 때, 그에 따른 교정의 전문성과 책임이 따라 나오게 되고 교정윤리라는 새로운 학문영역도 의미를 지닐 것이다. 교정윤리의 의의나 한계도 '재소자의 교정'이라는 전제로 실행되어야 하고 그 정당성을 얻어야 한다. 교정이 수용이나 격리 기능으로 빠지게 되면 교정윤리의 영역은 좁아지고 교정의 영역에도 제한을 가져와 감시와 처벌이라는 직업적 한계를 벗어날 수 없게 된다. 이는 결과적으로 교정직 공무원의 역할의 한계일 뿐만 아니라 재소자의 교정이라는 본래의 의의를 상실하는 결과를 낳는다.

교정을 "나쁜 사람을 착한 사람으로"라는 단순 구호 아래 묶어둘 수는 없다. 현실적으로나 이상적으로나 재소자를 수용하는 것으로 교도소의 역할을 다했다고 할 수 없을 것이다. 소극적인 의미에서는 격리, 그 자체를 처벌로 볼 수 있고 교정의 기회로 볼 수도 있지만, 더욱 적극적인 교정은 법과 질서를 지킬 수 있는 정상 시민으로 회복할 기회를 주는 데 있다. 교정윤리는 이러한 과정에서 절실하게 요구된다. 비록 교정윤리 강령이 대부분 교도소라는 제한된 공간에서 교도관과 재소자 사이에서 이루어지는 것이긴 해도 이 관계에서 비정상을 경험하거나, 사회의 부정적인 특성이 강화된다면 교정의 효과는 사라질 수밖에 없을 것이다. 그러므로 교정윤리는 현상적으로는 교도관과 재소자의 관계 자체에서 일어나지만, 본질적으로는 재소자의 사회적 회복에 관련된다고 할 수 있다.

교정윤리는 교도관과 재소자의 사이에서 일어나는 모든 인간관계를 포함한다. 흔히 교정윤리라고 하면 교도관의 비윤리적 행위에 초점을 맞추어 그러한 비윤리적 행위를 어떻게 윤리적으로 전환하고 유지할 수 있는가로 생각하기 쉽다. 그러나 교정윤리는 이를 넘어서 교정행정 전반의 업무 효율성이나 전문성과 긴밀한 관련을 맺는다. 왜냐하면, 교도소에서 발생하는 수많은 비윤리적 문제들로 인해 의도하지 않았던 수많은 비효율적 부담이 일어나기 때문이다. 그러므로 교정윤리가 강화되고 그에 따른 교정윤리 강령이 만들어짐으로써 얻는 장점은 교도관과 재소자의 관계 정상화에 더해 교정행정의 전문성과 효율성이라 할 수 있다. 윤리의식이 발달하지 않은 교도관은 전문성도 떨어지는 결과를 낳는다.

교정윤리를 논의할 때 간과할 수 없는 점은 교정의 가장 근본적인 핵심 가치는 무엇이며, 그리고 이러한 핵심 가치를 수행하기 위해 실제로 교정윤리에서 작동하는 윤리의식 과정은 무엇인가 하는 것이다. 즉 재소자들이 죄에 대한 인식을 바르게 하고, 시민사회의 일원으로 복귀할 수 있도록 하려면 그들로 하여금 인간으로서의 가치를 교정윤리의 절차 속에서 학습하게 하는 것이다. 흔히 이를 총체적 의미에서 인권이라고 부르지만, 거기에는 좀 더 깊이 있는 논의가 있어야 한다. 즉 재소자는 누구인가라는 근본적인 물음이다.

재소자는 대부분 어떤 식으로든 사회적 약자이며 낮은 자존감을 가진 사람들이다. 물론 어떤 범죄에는 아무리 생각해도 그들이 약자라고 할 수 없는 때도 있지만, 대부분은 경제적으로나 사회문화적 약자라 할 수 있다. 이는 강력범죄에도 마찬가지로 해당한다. 경찰은 범죄 현상이나 결과 그 자체에 관심을 두고, 그 결과에 대해서는 검찰과 법원이 사법 정의를 기준으로 재판한다. 이에 반해 교정은 범죄의 결과와 판결 사이에서 인간을 근본적으로 통찰하고 지속해서 관심을 가지면서 범죄의 원인과 이유에 대하여 반성하게 하는 중요한 역할을 한다.

재소자의 인간적 권리와 교도소라는 공간에 갇힌 '약자의 권리' 의식이 중요 관심이 되어야 한다. 약자는 교도소의 환경이 어떻게 구성되느냐에 따라 계속 약자로 남을 수도 있고 그렇지 않을 수도 있다. 최근 논의되고 있는 교정의 인문학적 접근이 약자로서의 재소자에 관심을 두는 이유도 인문학이 그들이 당당한 자존감으로, 스스로 자립할 수 있도록 하는 데 있기 때문이다. 흔히 경제적으로 자립할 수 없으므로 범죄가 일어난다고 하지만 좀 더 따져 들어가 보면 그 이면에는 인간적이고 정신적인 자립이나 자존감의 부족이 빈곤으로 이어지고 범죄를 낳는 것으로 볼 수 있다.

그렇다면 교정이 해야 할 일은 감금의 기간에 재소자들에게 인간적 자존감을 회복시키는 일이며, 이는 교도소의 환경 즉 구체적으로 교도관들이 그들을 얼마나 인간적인 관점에서 대우해주느냐에 달려 있다. 재소자를 약자의 얼굴을 한 인간으로 보고 그들이 자신의 권리의 중요성을 회복하도록 도와주는 것이다. 이러한 기능을 지속적으로 유지하게 하는 것이 교정윤리의 역할이며, 교도관 윤리강령의 그 진정한 의미이다. 많은 경우 교정윤리는 교도관 자신의 신분적 보장을 위한 방패막이도 된다고 하지만, 이는 교정윤리 강령이 만들어짐으로 인해 부차적으로 얻어지는 것이지 교정윤리 강령의 본래 목적은 아니다. 교정의 진정한 역할은 재소자들의 인간적 약함을 정상적인 강함으로 회복하고 지속해서 그들의 인권에 관심을 가짐으로써 인간적 자존심을 회복하는 데 있다.

교정윤리 강령이 이러한 관점에서 윤리의식의 기초가 될 수 있다. 교정에서의 윤리 문제를 논의하기 위해 미국을 포함한 외국 사례와 한국 사례가 어떠한지 앞서 비교해 봤다. 교정윤리 강령이 국내에 없는 현실에서 미국의 교정윤리 강령의 구성이 어떻게 되어 있는가를 살펴보는 것은 한국적 윤리강령을 만드는 데 여러 가지로 유용하다. 이미 미국의 구치소와 교도소를 대상으로 교정윤리 강령을 정리하고 평가하였기 때문에 이 장에서는 그 주요 내용만 가져와서 국내 교정윤리

강령의 시안을 제시하고자 한다. 미국의 교정과 한국의 교정 사이에는 공통된 특성도 있고 서로 다른 면도 있으며 달라야 할 조항도 있을 것이다. 예를 들어 한국의 유교 전통에서는 사회에 대한 의식 또는 타인에 대한 의식이 발달하여 있어서 다른 사람과의 관계 속에서 발생할 수 있는 배려나 존중에 대한 윤리의식이 더 많이 강조된다. 사소한 경우이긴 하지만 국내의 사회조건에서 중요하게 작용할 가능성이 있는 항목은 교도관이 재소자를 대하는 방식에서 나타나는데, 나이 많은 재소자들을 다룰 때(교도관의 나이가 상대적으로 적은 경우) 존칭의 문제 등이다. 그리고 공동체나 집단의식이 미국의 개인주의 의식보다 특별하게 발달한 한국에서는 강령의 내용 변화가 있을 수밖에 없다. 한국은 개인의식보다 집단의식이 상대적으로 강하기 때문에 개인의 권리보다 재소자들의 집단적 권리를 존중하는 것도 강령의 차이를 만들어 낸다.

윤리이론의 특성상 무차별 적용이 가능하겠지만, 교도관과 재소자의 관계에서 ①교도관의 인격 문제와 관련한 덕 윤리의 필요성, ②재소자들과 일정 기간 함께 생활해야 하는 상황을 고려한 공동체 윤리, ③감시나 감독과 함께 보호 또한 동시에 필요하므로 배려나 책임의 윤리 등이 강조되어야 한다. 공리주의와 규범주의 등은 전방위로 필요한 윤리이론이긴 하지만 이는 다만 일반적인 논의를 위해 필요할 뿐이다. 교도관이라는 전문직과 관련하여 교도관의 전문성과 윤리관의 관계는 미국 교정윤리 강령과 크게 다르지 않다. 교도 행정 일반은 사회 통념상 고도의 전문성을 요구하는 것은 아니지만, 교정 일선에서 재소자를 만나야 하는 교도관의 경우, 재소자라는 특수 개인과 집단을 일상적으로 대해야 하는 상황에서 교육이나 상담 등에서 일련의 전문성이 필요하다.

제한된 공간에서 오랜 시간 타인의 일상을 처리해야 하는 일은 쉽지 않을 뿐만 아니라, 재소자의 인격 내부에 깊이 관여할 수밖에 없으므로 일반 행정 공무원들는 다른 차원에서 논의되어야 한다. 전문직이 요구하는 자격증과 오랜 기간의 연수나 수련 기간은 교도관이 되기 위한 전제조건은 아니지만, 앞으로는 이런 점을 고려하여 교정직의 전문성 문제를 크게 환기할 필요가 있다. 교도관의 전문성과 교정윤리는 상호 인과관계가 깊어서 어느 것이 우선이라 할 수는 없다. 어떤 경우에는 전문성이 교정윤리를 포함하지만, 또 다른 경우에는 교정윤리를 통해 전문성이 더 발달하기 때문이다. 그러나 대체로 전문성을 상위 범주에 두는 것이 타당할 것이다. 이와 더불어 교정윤리의 법적 관계를 어떻게 연계지을 것인가 하는 것도 중요 사항이다. 교도관의 윤리는 법적 조치와 밀접한 관련이 있어서 윤리와 법이 함께 논의되어야 한다. 그러나 아직 윤리적 문제가 어떻게 법적 문제로 진행되는가에 관한 연구가 부족하고, 현실적으로 윤리적 상황을 법적 상황으로 옮기는 과정에대한 교도관이나 교도 행정 근무자의 이해도 부족하다. 윤리강령에는 일차적으로 윤리적 논의와 규정만 있을 뿐이고 그것을 법적 소송과 연계하는 부분은 미국의 교정윤리 강령에도 충분하게 반영되지 못하고 있다. 이를 위해서 윤리강령 안에 법적 제재를 받을 수 있는 성격이 어떤 것이 있는지 명확하게 지적해야만 혼선이 일어나지 않는다.

교정의 특성상 교도 행정 일선에서 즉각적으로 해결해야 하는 상황이 많이 발생하기 때문에 윤리 문제의 결정 과정이 중요하게 대두한다. 윤리적 딜레마가 발생했을 때 ①그 상황이 윤리적으로 어떤 성격을 가졌는지를 확인하는 과정이 필요하고, ②윤리적 결정의 합리성이나 논리성을 확보해야 하며, ③마지막으로 다양한 윤리적 결정에서 어떤 것을 선택해야 할지에 대한 전략이 필요하다. 즉 자신의 가치관과 윤리강령과 같은 기관의 기준이나 규범과 어떻게 비교 대조하여 결정할 것인가에 대한 논의가 있어야 한다.

이러한 문제에 대한 논의는 3부 1장에서 자세하게 기술했다. 이 장에서는 교정윤리 강령의 이론적 기초와 강령 체제 구축을 위해, 교도관의 자율성과 책임을 논의하면서 전문성과 윤리성의 발달 관계를 비교 분석한다. 그리고 교정윤리 강령의 항목과 필요조건을 논의한 뒤, 국내의 유사한 윤리강령과 비교 평가하면서 교정윤리 강령의 실제적인 항목을 시안 수준에서 마련해볼 것이다.

1. 교도관의 자율성과 책임

교도관은 현실적으로 재소자보다 힘의 우위에 있고 자신의 지위를 악용할 소지가 많으므로 교도관은 자율적인 통제를 스스로 해야 한다. 교도관과 같은 전문직일수록 자율성과 책임이 동시에 요구된다. 재소자를 대함에 있어 교도관은 일정 정도 메뉴얼에 따라 움직이는 것이 당연하지만, 재소자들과의 관계 속에서 스스로 판단하고 결정해야 할 사항이 많다. 특히 교도소 일선에 있는 교도관의 경우, 상황에 따라 긴급하게 움직여야 할 일이 많으며 자율성이 커지는 만큼 권한도 커진다. 자율성을 충족하기 위해서는 외적 강제로부터의 독립성을 뜻하는 자유와 의도적 행위를 할 수 있는 행위 능력이 필요하다. 교도관으로서는 교정의 목적이나 가치에 따라 교정활동을 일부분 선택하여 그 활동을 스스로 행할 때 자율적이라 할 수 있다.

교도관은 재소자들을 대함에 있어 스스로 선택하고 결정해야 할 경우가 많다. 물론 주어진 지침에 따라 움직여야 할 부분도 있지만, 재소자와의 관계 속에는 교도관의 판단 영역이 많고 그러한 영역에서 권한이나 권위가 발생한다. 교도관의 다양한 윤리적 행위도 바로 이러한 조건에서 일어난다. 그리고 자율의 영역이 많을수록 권한도 상대적으로 커지고 책임도 따르게 되지만, 교정윤리는 이러한 자율성과 책임이 서로 교차하는 곳에서 그 공간을 보충하는 데 필요하다.

교정직을 포함하여 도덕감이 필요하지 않은 직업은 없으며 자율성이 발생하지 않는 직업 또한 없다. 자율이 있는 곳에 윤리가 필요하고 책임이 있는 곳에 도덕감이 발생한다. 경찰 등의 사법 기관의 현장에서도 공무원의 자율과 책임은 항상 따라 나오는 것이지만, 문제는 교도소라는 특수 공간에서는 이 두 가지 전문성의 가치가 다른 어떤 직종보다 심각하고 중대한 문제로 나타난다. 즉 교도소는 사회와 일정 부분 격리된 공간이라는 이유로 근무자들의 자율이나 책임의 정도가 증폭된다. 즉 그 강도나 지속성의 정도가 어떤 직업보다 더 크다고 할 수 있다.

자율과 책임의 두 가지 서로 모순될 수 있는 가치는 적절한 윤리 틀이 마련되지 않으면 말 그대로 혼란 자체로 끝나기가 쉽다. 자율과 책임 둘 중 하나가 지나치게 비대해질 확률이 높아져 쉽게 균형 감각을 잃게 된다. 책임 없는 자율은 교도관의 권한을 확장시켜 재소자의 인권을 손상하고, 반대로 교도관의 책임만 가중하면 교도소라는 특수 공간을 통제하는 데 어려움을 겪는다. 그러므로 교도소는 교도관의 자율과 책임의 적절한 균형이 절대적으로 요구되는 곳이다. 교정윤리는 이러한 자율과 책임의 조화를 위해서 필요하다.

많은 경우 교정의 어려움은 교도관 스스로 자율과 책임을 져야 하고 스스로 문제를 해결하지 않으면 안 된다는 데 있다. 이 틈새를 메워 줄 수 있는 역할로서 교정윤리 강령이 존재해야 한다. 강령은 교도관이 자율성을 행사하는 곳에서 가치 판단 기준으로 작용하며 이것으로 자율적 규제를 강화할 수 있다. 강령을 통한 자율적 통제 방법은 교도관의 권익을 보호하고 동시에 비윤리적 행위가 일어날 수 있는 여지를 없애는 역할을 한다. 물론 강령은 최소한의 윤리적 안전 장치이고, 무엇보다 교도관 자신의 자발적인 윤리의식 발휘가 필요하다. 실제 많은 기관에서도 윤리강령은 '최소한의 윤리'만을 지정하고 있지 모든 윤리 행위를 다룰 수 있는 필요충분 조건을 갖추지는 않고 있다.

비윤리적인 문제가 발생했을 때 교도관은 윤리강령을 제일차적으로 참고해야 하겠지만, 많은 경우 동료들이나 상사들의 조언을 참고하거나 관련 기관에 의뢰해야 하며, 스스로 판단하고 결정을 내려야 할 때가 많다. 만약 이때 교도관 자신의 윤리의식이 약하거나 충분히 숙고되지 않은 상태라면 아무리 좋은 윤리강령도 소용이 없다. 결국은 교도관 자신의 교정 경험과 평소의 윤리적 태도가 최종판단에 영향을 미칠 것이다.

다시 강조하지만, 교도관 자신의 자율적 규제를 내버려 두면 전문직을 악용한 비행이나 윤리적 행위가 발생하게 되어 직업으로서의 공신력과 위신이 손상될 수밖에 없다. 그리고 이때의 자율성은 어디까지나 교도관의 무한 자유를 의미하는 것이 아니라 교정직이라는 일정 틀 안에서 움직여야 하고, 그 틀이란 교정의 보편 목적에 따라야 한다. 그 목적이 약자로서의 인간 권리 회복이라는 의미에서 포괄적 인권으로 모인다면 교도관의 자율과 책임도 어디까지나 재소자를 위해 기능해야 한다. 교도관이 힘을 남용하면 재소자의 인권에 영향을 미치지만, 교정직의 전문성에도 나쁜 영향을 미친다. 교정직 종사자는 해야 할 것과 하지 말아야 할 것에 대하여 구분하고, 재소자가 도덕적으로 상처받지 않도록 하고, 재소자의 어려움을 보살펴 줄 수 있는 능력을 갖출 수 있어야 한다.

전문성과 윤리의식의 상관관계는 일반적인 생각과 달리 상당히 복잡하다. 윤리의식은 일의 전문성을 발휘하는 것과 긴밀한 상관관계를 갖고 있다. 자신의 주어진 일을 도덕적으로 해결하는 것도 전문성의 하나이기 때문이다. 전문성과 윤리의식은 별개의 것이 아니라 전문성 확보에는 윤리의식이 큰 역할을 담당한다.

전문성과 윤리의식을 인과관계로 보는 관점에서는, 윤리의식의 발달로 인해 전문성이 증대하는 것인지, 아니면 전문성이 발달하는 과정에서 윤리의식이 발달하는가 논쟁이 될 수 있다. 한편 포함이나 병행관계로 본다면, 전문성 안에 윤리의식이 포함되는 것인지, 또는 전문성과 윤리의식이 같이 가는 것인지의 문제가 있다. 어떤 경우에는 직업적 전문성이 윤리의식을 담보하지 않는 경우가 발생한다. 그런데도 대체로 전문성이 뛰어나다고 하면 윤리의식 또한 발달했을 것이라고 생각하는 것이 일반적 통념이다. 이 경우에는 직업적 경험이 쌓임으로 인해 윤리의식에 관한 관심도 높아진다고 보기 때문이다. 물론 이때의 경험을 직관적이고 통찰적인 관점에서 다루어야 할 것인지, 아니면 과학적 근거가 있는 것으로 봐야 할 것인지에 대해서는 더 많은 논의가 있어야 한다.

어떤 식으로든 교정의 전문성과 윤리성의 상호관계를 논의함에 있어 교도관에게 제시하는 윤리강령이나 윤리 기준은 교도관을 제재하거나 제한하는 데 있지 않다. 오히려 교도관이 교정이라는 목적에 맞는 가치를 실현하기 위한 현실적인 전문성 기준의 한계를 설정하는 데 도움을 준다고 봐야 할 것이다. 교정 현장에서 전문성이 약한 교도관은 기관의 윤리 기준을 교과서식으로 이해하려는 경향이 강할 것이고, 윤리판단을 내려야할 때 적극적으로 대처할 수 없는 일이 발생한다. 만약 윤리의식에 대한 전반적인 이해나 적용 능력이 없다면 건전하고 이성적인 주관을 갖고 재소자들을 대할 수 없게 될 것이다.

[표 5]는 교도관의 전문성 발달과 윤리성 발달의 관련성을 단계별로 정리해 본 것이다.[24]

[표 5] 교도관의 전문성과 윤리성 발달

	전문성 발달	윤리성 발달
1단계	• 초보 근무자로서 전문성의 부족으로 인한 우려 때문에 재소자에게 실수하거나 혹은 상관에게 지적받지나 않을까 해서 걱정한다. • 상관에게 의존하고 있으며 칭찬을 바라고 재소자의 문제에 직접 부딪히는 것을 두려워한다. • 교도 행정 기술 습득에 관심이 높다.	• 특정 사안에 대해 비판도 없고 의문도 없다. 직무규칙에 집착하거나 두려움을 가지고 지키려 한다. • 교도소의 규정을 지키려는 경향성이 있어서 직무규칙을 잘 기억한다. 그러나 윤리적 문제에 대해서는 방임적인 태도를 보이기도 하고 아주 관심 없는 듯 행동한다. • 교도 행정의 전문가로서의 발전과 윤리를 별개의 문제로 생각한다.
2단계	• 재소자에 관한 관심도 높고 공감도 잘하나, 재소자가 제기하지 않은 문제나 주위에서 일어나는 문제를 다루지 않는다. • 상관에 대한 의존과 독립에 갈등하며, 가끔 상관에게 저항하는 면을 보이기도 한다. • 어떤 때는 재소자의 문제를 처리하는 데 자신이 있다가도 혼란에 빠지기도 한다.	• 직무규칙을 지켜야 하는 법으로 보는 것이 아니라 안내지침으로 생각한다. • 때에 따라 직무규칙을 공개적으로든 혹은 암묵적으로든 너무 가볍게 보는 경향이 있다. • 윤리적 문제가 있을 때 자기와 뜻을 같이하는 사람에게만 조언을 받는다. • 여전히 전문성과 윤리를 따로 생각한다.
3단계	• 교도관으로서의 자신을 잘 알고 있으며, 재소자가 호소한 문제를 다루면서도 동시에 재소자의 특정 문제를 살펴 이를 교도 행정에 적용한다. • 교정의 전문가로서 자신감을 느끼고 있으며, 상관은 동료와 같은 관계가 된다. • 자신의 전문성을 발달시키는 데 지속해서 관심을 가진다. • 간혹 자신이 처리한 재소자의 문제에 대해 잘했나 하는 의구심을 가진다.	• 직무규칙을 윤리 문제로 바라보는 시작점으로 생각한다. • 권리와 책임의 균형을 이루려 애쓰며, 교도관 자신과 전문가로서의 균형에 관심을 가지고, 의무로서의 윤리보다는 소망적 윤리(최소한의 법적 윤리가 아닌 개인이 바라는 이상적인 윤리)를 이루려 애쓴다. • 서서히 윤리에 관한 관심과 민감성이 전문가로서의 자신의 발전과 밀접하게 관련되어 있음을 알게 된다.
4단계	• 최고의 수준으로 자신에 대해 잘 알며, 재소자와 동료에게 미치는 영향력을 잘 알고 있다. • 어떤 유형의 재소자라도 융통성을 가지고 효과적으로 처우할 수 있다. • 후배 교도관에게 아량과 배려를 보이고 동료에게는 존중을 받는다.	• 의무적 윤리와 소망적 윤리의 균형을 잡는다. • 직무규칙에 명기된 요구가 최소한의 규범임을 인식한다. • 자기만의 특성과 선함을 이루려 하며, 교도관 자신의 견해와 전문가적 견지를 통합한다. • 자신의 전문성과 윤리성을 하나라고 본다(경험이 누적되면서 윤리 문제를 맥락에 근거해서 생각하게 되는 '긍정적 윤리' 혹은 '법정신에 입각한 윤리' 단계로 발전된다).

교도관 직무규칙

교정의 경우에는 아직 윤리강령이 없고 직무규칙 정도만 있어서 윤리성의 발달을 직무규칙에 한정해서 논의했다. 1969년 6월 30일 법무부령으로 제정되어 2006년 11월 3일 현재의 7차 개정된 교도관 직무규칙을 잠시 살펴보자. 교도관의 직무규칙은 교정윤리 강령이 만들어지지 않은 현재 시점에서는 교정직의 교정윤리 강령을 대신한다고 할 수 있다.

교도관은 다음의 기본강령에 따라 근무하여야 한다(제3조 기본강령).

① 교도관은 법령을 준수하고 상관의 직무상 명령에 복종하며, 일사불란한 지휘체계와 엄정한 복무 기강을 확립한다.
② 교도관은 상관에 대한 존경과 부하에 대한 믿음과 사랑으로 직무를 수행하고 주어진 임무를 완수하기 위하여 모든 역량을 기울인다.
③ 교도관은 창의와 노력으로써 과학적 교정기법을 개발하고 교정행정의 능률을 향상한다.
④ 교도관은 청렴결백하고 근면 성실한 복무 자세를 지니며 직무수행의 결과에 대하여 책임을 진다.

---

24 위 4단계는 금명자의 "상담자의 가치와 윤리"(최해림 외, 《전문적 상담현장의 윤리》, 학지사, 20쪽)에 나타난 상담의 전문성과 윤리성을 교정에 적용해 본 것이다. 교정과 직접 관련이 없는 부분은 임의로 삭제했다. 상담에서는 내담자를 대함에 있어 상담자의 전문성과 윤리성이 아주 중요하다. 상담자를 교도관으로, 내담자를 재소자로 비유한다면 교도관과 재소자의 관계가 상담자와 내담자와의 관계와 공통되는 부분도 있고 그렇지 않은 부분도 있다. 상담자가 내담자의 개인적 사적 권리를 존중함에서는 교정의 과정인 인권 보호와 유사한 점이 많고, 한편으로 내담자의 비밀보장 영역은 교정에서는 상담만큼 중요성이 크지는 않다. 그러나 내담자의 권리 보호라는 상위 항목에서 상담자나 교도관의 역할은 상당히 닮았다고 할 수 있다. 교도관의 전문성과 윤리성의 발달 관계를 상담에서 가져온 이유도 여기에 있다.

⑤ 교도관은 풍부한 식견과 고매한 인격이 교정행정발전의 원천임을 명심하고 인격을 도야하도록 부단히 노력한다.

이 직무규칙에서 교도관의 처지에서 볼 때 ①항은 기관과의 관계, ②항은 상관과 동료 교도관과의 관계, ③항과 ⑤항은 교도관 자신이나 재소자와의 관계를 규정한다. 그러나 이 직무규칙에는 앞에서 논의되었던 교도관의 전문성과 윤리성 발달의 연계성이 충분히 드러나지 않고, 그것을 특징지을 수 있는 항목이 부족하여 지침으로 사용하는 데 한계가 있다. 만약 교도관들을 위한 제대로 된 교정윤리 강령이 만들어진다면 앞의 전문성과 윤리성 발달 단계의 상호관련성의 적절성이 좀 더 드러날 수 있으리라 본다.

전문성과 윤리성 발달의 관계를 보면 교도관이 교정 일선에서 일어나는 많은 윤리적 딜레마에 대한 해결 능력이 일의 전문성과 밀접하게 관련되어 있다는 사실을 알 수 있다. 판단을 쉽게 하기 어려울 때 교도관 자신의 윤리의식에 의존하거나 동료 교도관의 조언을 듣는 것이 좋다는 것도 알 수 있다. 만약 현행 〈교도관 직무규칙〉이 아닌 구체적 세목을 갖춘 교정윤리 강령이 만들어지면, 그러한 강령의 윤리 기준이나 원칙이나 규범을 참고하여 자신의 윤리와 가치 규범과 비교할 수 있을 것이다. 윤리강령은 교도관의 윤리적 판단의 어려움을 해결하는 일차적인 기준점이 될 수 있고 교도관으로서의 전문성을 강화하는 데 실질적인 도움을 줄 수 있다. 이런 점에서도 윤리강령의 필요성은 단순히 교도관의 행동반경을 제한하거나 억압하는 부정적 기제가 아닌 교정의 목적을 실현할 수 있는 적극적이고 긍정적인 기제로 작용할 수 있음을 알 수 있다.

2. 교정윤리 강령의 구성

교정윤리 강령은 교도관을 억압하거나 통제하려는 것이 아니라 교도관의 관점에서 교정직을 효율적이고 전문적으로 수행하기 위해서이다. 그리고 이러한 강령은 교도관에게 주어지지만 그것은 어디까지나 재소자를 위한 것이다. 교도관이 재소자를 교정하면서 교도 행정의 전문성을 높이고 그에 수반되는 교정의 윤리적 행위를 적절하고 올바르게 끌어낼 수 있도록 하는 데 있다.

너무나 당연하지만, 재소자는 입소하는 시점부터 교도관에 대하여 막연하게 의존하고자 하는 기대심리를 갖는다. 교도소에 들어온 재소자로서는 그들이 감금되어 있다는 사실에 더해, 교도관이 교도생활에 대하여 전문적 지식을 갖고 있으며 수감 생활에서 일어나는 여러 가지 어려움을 해결해주거나 문제가 발생했을 때 조정해줄 수 있을 것으로 생각한다. 재소자 자신이 수감 생활을 성실하게 하고 열심히 한다면 교도관은 그에 맞는 대응을 해줄 것이라 믿는다. 또한 그들은 교도소 생활에서 발생하는 여러 불만이나 갈등을 교도관이 해소해 주는 해결자가 되어줄 것이라 기대한다. 그리하여 억울한 일이나 힘든 일, 공평하지 못한 대우 등에 대해 조언을 해주기를 기대하면서 교도관도 그에 맞는 책임과 의무를 자신도 모르게 발휘하게 되는 것이다. 그러므로 교도관도 자연스럽게 재소자 권리를 존중하고 그들이 원하는 바를 들어주려고 노력하게 된다. 이러한 교도관의 노력이 넓은 의미에서의 교정의 행동 원칙이 되고 기초적인 윤리강령으로 발전해나갈 수 있다.

앞에서도 언급했지만, 교정윤리 강령 구축의 목적은 실무에 임하는 교도관이 윤리적인 어려움을 만났을 때 해결 방안을 제시하는 것이며, 모든 인간적 권리가 일시적으로 상실되었거나 낮은 자존감으로 사회적 복귀의 어려움을 겪고 있는 재소자들에게 광의의 의미에서 인권을 학습시키는 데 있다. 그러므로 윤리강령은 교도관에게 교정에서 옳고 그름을 판단할 수 있는 기준이 되어야 하고 비윤리적 행위가 발생할 때 의사결정을 도울 수 있는 지침이 되어야 한다.

교정윤리 강령 제작의 방법과 강령의 요소

교정윤리 강령은 구체적인 윤리판단 상황이 발생했을 때 어떻게 대처하고 행동할 것인가에 대한 세부적인 사항을 마련하는 데서부터 시작한다. 윤리적 문제를 안정적이고 체계적으로 고민할 수 있는 시작점이 되어 교정행정 전반에 걸쳐 적용 가능해진다. 그러므로 강령은 교도관을 비롯하여 교정공무원 전체가 합리적으로 수용할 수 있고, 일반인들의 교정에 대한 이해를 도울 수 있는 역할을 한다.

교정윤리 강령의 요소는 크게 ①교정 전문직의 개념, 행동 특성, 품위와 자질, 전문가의 역할, 업무에 대한 책임, 높은 윤리의식 유지, 미세한 오류에 관한 관심, 재소자의 존엄성과 권리에 대한 관심이 있어야 하고, ②재소자에 대한 의무로서 재소자에 대한 개념, 자기 결정권, 가치, 사생활과 비밀보장 등이 따라 나와야 하며, ③교도관의 동료 및 기관과의 관계로서 동료나 기관의 비윤리적 행위에 대한 대처, 관계 기관과의 관계, 전문 단체의 발전 등이 자세하게 설명될 수 있어야 한다.

이를 살펴보면 몇 가지 관계 유형을 볼 수 있는데, ①교도관 자신과의 관계, ②교도관과 재소자의 관계, ③교도관과 기관과의 관계이다. 관계에 있어서 이러한 세 가지 관계 형성을 일차적으로 지정하여 각각에서 항목을 구축하는 것이 필요하다. 강령의 이러한 방법과 요소를 결정함에 강령을 구성할 때는 무엇보다 교정의 본질에 대한 확실한 이해와 자기 정립이 필요하다. 이것이 마련될 때 재소자에 대한 임무와 업무 수행방식에 교정의 전문성이 보장될 수 있다.

이제 위에서 언급된 세 가지 관계를 중심으로 그에 맞는 교정윤리강령의 항목을 정리해보자. 관계1은, 교도관 자신에게 적용되는 것으로서 공정, 성실, 정직과 같은 일반적 가치이며, 교정직 근무자로서의 자기 계발과 품위 유지와 관련된다. 관계2는, 교도관과 재소자 사이에서 적용되는 것으로서 재소자의 사적 권리 보호라는 일반적 가치이다. 재소자와의 관계에서 진실을 은폐하거나 허위 진술을 금지하고 직무상 알게 된 비밀을 보장해야 하며, 부정한 금품이나 부당한 이익을 금지해야 한다. 관계3은 교도관의 동료 또는 기관 사이에서 일어나는 것으로서 교도관들의 상호협력을 말한다.

윤리강령을 만들 때 또 하나 중요하게 고려해야 할 사항은 강령의 전체적인 틀이라 할 수 있다. 시대적 흐름에 따른 항목의 강조와 개정 사항에 어떤 것이 있는지 지속적으로 관심을 가져야 하고, 강령의 실효성을 위해 현행 법률과의 관련성을 고려해야 하며, 강령이 형식적으로 이루어지지 않도록 규정 내용을 강제할 수 있는 자체 규제 수단이나 징계 방법 등을 구체적으로 언급하고 규정 강화의 중요성을 강조해야 한다. 즉 교도관의 자기반성의 수준을 단순하고 형식적인 강령이 아닌 책임과 징계의 절차와 과정을 명확하게 드러내야 한다.

다음은 교도관에게 요구되는 일반적인 윤리 항목을 영역별로 정리한 것이다. 이 영역은 이 외에도 다양하게 도출될 수 있지만, 교도관의 비윤리적 행위를 열거하기보다는 적극적이고 긍정적인 항목에 초점을 맞추었다. 교정직 공무원의 윤리강령과의 공통성과 차이를 확인하기 위해서 공무원 행동강령[25]의 업무편람, 그리고 교정윤리 강령과 많은 연관을 맺고 있는 〈공무원 행동강령〉의 구성과 〈경찰청 공무원 행동강령〉을 주요 항목을 간단히 살펴보자.

1장, 행동강령이란 무엇인가? 2장, 행동강령의 제정 필요성. 3장, 주요 국가들의 행동강령 제정. 4장, 공무원 행동강령운영지침. 5장, 공무원 행동강령 개정지침. 6장, 기타참고자료. 이 책자는 행동강령과 실천강령을 유사한 영역으로 두되 행동강령을 윤리강령을 행동으로 옮기기 위한 것으로 설정하고 있으며, 규범성, 실천성, 자율성, 투명성, 그리고 예방 지향성을 기본 성격으로 하고 있다. 이 중에서 윤리적 속성을 갖는 주요 항목들을 교정윤리와 가장 친근감을 보여주는 경찰 공무

25 국가청렴위원회, 〈공무원 행동강령업무편람〉, 2006

[표 6] 교도관에게 요구하는 윤리 항목

	개념	교정 적용 예
(재소자의) 자율성 존중	교도소라는 제한된 환경에서 재소자 스스로 결정하고 스스로 자기를 주도해나갈 수 있는 권리	• 교도관의 지나친 선도와 조언은 재소자의 자율성을 위협한다.
선의	재소자에게 유익하게 행동할 책임 또는 의무가 있음을 의미	• 교도관은 재소자가 기대하는 전문성을 발휘해야 한다.
비해악성	고의적이든 비고의적이든 재소자에게 고통을 가하는 것을 피하고 예방하는 것	• 교도관의 가치관과 편견이 재소자에게 고통을 줄 수 있다.
정의	재소자에 대한 공정성과 공평함	• 재소자가 사회적 약자(가난하거나 타 문화의 사람)라고 해서 차등을 두고 대하면 정의에 어긋난다.
충실성	끝까지 성실하게 돌보겠다는 약속	• 재소자가 불만을 많이 제기하거나 교도관의 관점에서 볼 때 문제가 많다고 해서 관심을 보이지 않거나 무시해서는 안 된다.
정직	정확하고, 정직하게, 그리고 진실하게 재소자를 대함	• 재소자와 맺은 약속은 지킨다. • 교도관이 잘 모르는 내용은 재소자에게 실시하지 않는다.
인간 존중	재소자의 존엄과 가치를 존중하고, 개인의 사생활, 비밀보장 및 자기 결정 등을 내릴 수 있는 권리 (교도소에서 재소자들이 누릴 수 있는 권리 항목에 대한 충분한 이해가 먼저 필요.)	• 나이, 성 정체감, 문화, 인종, 민족, 종교, 장애, 언어 및 사회경제적 지위에 의해 재소자의 권리가 위협받지 않도록 한다. • 위와 같은 사유로 인한 편견이나 의도하지 않은 방해 등이 발생하지 않도록 한다.
전문성 능력강화	현재의 실력에 안주하지 않고 더 높은 수준의 실력에 이르려고 지속해서 노력(이 능력의 문제는 오랜 교도 행정의 경험이 있는 교도관들에게 자문함)	• 다양한 사례와 경험을 통해 평가와 판단의 능력, 공감이나 수용 능력, 그리고 경청의 능력을 키운다. • 자문을 통해 늘 배우는 자세로 교정에 임한다.
관계	인간관계를 생성하고 유지하기 위한 노력	• 동료, 가족, 친구와의 관계도 가치 있게 여긴다. • 동료와 전문적 관계를 만든다.
신뢰	교도관과 재소자 사이에 믿음의 관계 형성을 위한 다양한 시도	• 재소자가 믿고 따를 수 있는 수준으로 교도관의 인간적 자질을 증진한다. • 재소자가 교도관의 명령과 지침을 쉽게 수용할 수 있는 환경을 조성한다. • 재소자들 사이의 갈등을 공평하게 조절하고 개인이 보호될 수 있다는 믿음을 제공한다.

원의 행동강령[26]과 비교해 보면 [표 7]과 과 같다.

[표 7] 〈공무원 행동 강령〉과 〈경찰 공무원 행동 강령〉의 주요 항목 비교

공무원 행동강령	경찰 공무원의 행동강령
제5조. 이해관계 직무의 회피 제6조. 특혜의 배제 제7조. 예산의 목적 외 사용 금지 제8조. 정치인 등의 부당한 요구에 대한 처리 제9조. 인사 청탁 등의 금지 제10조. 이권 개입 등의 금지 제11조. 알선, 청탁 등의 금지 제12조. 직무 관련 정보를 이용한 거래 등의 제한	제4조. 공정한 직무수행을 저해하는 지시에 대한 처리 제5조. 이해관계 직무의 회피 제6조. 특혜의 배제 제7조. 예산의 목적 외 사용 금지 제8조. 정치인 등의 부당한 요구에 대한 처리 제9조. 인사 청탁 등의 금지 제10조. 이권 개입 등의 금지
제13조. 공용물의 사적 사용, 수익의 금지 제14조. 금품 등을 받는 행위의 제한 제15조. 외부 강의 등의 신고 제16조. 금전의 차용금지 제17조. 경조사 통지 및 경조 금품 등 수수 제한	제11조. 알선, 청탁 등의 금지 제12조. 직무 관련 정보를 이용한 거래 등의 제한 제13조. 공용물의 사적 사용, 수익의 금지 제14조. 금품 등을 받는 행위의 제한 제15조. 외부 강의 등의 신고 제16조. 금전의 차용금지 등 제17조.경조사의 통지와 경조 금품의 수수 제한

위 실천 강령을 보면 두 강령의 차이점을 거의 찾아볼 수 없을 정도로 경찰 공무원의 행동강령이 공무원 행동강령을 그대로 따르고 있다. 교정윤리 강령 체제를 구축할 때 주의할 사항은 교정의 특수한 현실

26 경찰청, 〈경찰청 공무원 행동강령〉, 경찰청 감사관실, 2005

상황을 잘 반영할 뿐만 아니라 교정의 본래 목적을 제대로 수행할 수 있는 항목을 구축하는 것이다. 위의 많은 조항이 교정윤리 강령에도 적용될 수 있지만 이를 넘어서 교정의 특성을 잘 반영할 수 있는 강령 항목을 제시할 필요가 있다.

조철옥에 따르면 경찰윤리 강령은 "그 내용이 대체로 이상적이고, 또한 그 이행에 대한 강제규정이나 벌칙이 구체화하여 있지 않아 실행 가능성에 문제가 있다"는 점이다. 그는 이 점을 본질적 문제점과 우연적 문제점으로 나누어 지적하면서, 전자의 경우에는 행위 중심 편향, 행위 기준에 대한 우선순위 제공 실패, 후자의 경우에는 실행 가능성, 최소주의의 위험을 지적한다(조철옥, 2005; 347-352).

그의 지적처럼 위 두 강령의 문제점은 공무원들이 지켜야 할 사항에 있어 주로 외재적인 항목에만 치중했고 내재적인 요소들을 간과하고 있다는 사실에 있다. 또 다른 중요한 문제는 금지나 부정적인 표현 외에 긍정적이고 공의적인 요소들이 가미되어야 하는데 그렇지 못하다는 점이다. 내재적이고 긍정적인 윤리강령이 만들어지려면 먼저 비윤리적 행위에 어떤 것이 있는지를 충분하게 설명할 수 있어야 한다. 그렇게 해야 이를 바탕으로 하여 비윤리적 행위를 윤리적 행위로 변화시킬 수 있는 요소들을 찾을 수 있다. 그렇지 않으면 윤리강령의 항목 자체가 상식적이고 직관적인 수준에 머물게 될 확률이 높아지며 그 실효성 자체에도 문제가 발생한다. 그러한 비윤리적 행위를 교정에서 단순명료하게 정리한 것이 마크 핸리(Mark A. Henry)의 것이라 할 수 있다. 그는 크게 7가지 항목으로 교도소에서 일어날 수 있는 비윤리적 행위를 정리했다(마크 헨리, 1999; 3). ①재소자 괴롭힘, ②금지 또는 밀매 매품 반입, ③재소자와의 부적절한 관계, ④금전적 부적절성, ⑤근무 중 위법행위나 직권 남용, ⑥근무 시간 외 (교도소 밖에서의) 위법행위, ⑦조사 과정에서의 위법이다(마크 헨리, 1999; 3).

위의 비윤리적 행위는 교도소라는 환경에서 일어날 수 있는 것으로서 미국 교도소나 구치소에서도 일어나는 문제다. 교정이라는 특수 상황에서 발생하는 문제를 지적하지 않고 일반적인 행동강령을 구성한다든지 공무원이나 경찰 공무원의 일반 행동강령으로 교정윤리 강령을 구성하는 것은 적절하지 않다.[27] 국내에도 다양한 강령이 이미 수립되어 있고, 나름대로 전문성을 갖고 운용되고 있다고 할 수 있으며, 한국에서는 윤리강령 대신 행동강령 등의 이름으로 선호되어 적용되고 있다. 그러나 교정의 경우, 실제로 교도관과 재소자가 부딪히는 현장에 필요한 윤리강령이 부족하고 윤리성 전반을 높일 수 있는 세목이

---

27 교정공무원의 업무를 규율하는 규범 중에 교정윤리 강령과 관련이 깊은 것으로 공무원 행동강령, 공무원 윤리헌장, 공무원의 신조, 법무부 민원행정서비스 헌장 및 서비스이행표준 등이 있다. 좀 더 상세하게 살펴보면 공무원 행동강령(국민권익위원회-대통령령), 법관 및 법원 공무원 행동강령(법원행정처-대법원규칙), 선거관리위원회 공무원 행동강령(중앙선거관리위원회 규칙), 헌법재판소 공무원 행동강령(헌법재판소 규칙)이 있다. 이와 함께 각 부처 청의 예를 보면 행정안전부 공무원 행동강령(행안부 훈령), 법무부 공무원 행동강령(법무부 훈령), 경찰청 공무원 행동강령(경찰청 훈령), 소방방재청 공무원 행동강령(국세청 훈령), 금융위원회 공무원 행동강령(금융위원회 훈령), 공정거래위원회 공무원의 청렴 유지 등을 위한 행동강령(공정위 훈령) 등이 있다.

교정기관의 경우, 서울지방교정청 공무원 행동강령과 서울구치소 공무원 행동강령 등이 있다. 공무원 행동강령은 정부부처 급별로 제정되어 있는데, 교정본부공무원 행동강령이 마련되지 않은 것은 교정본부가 독립부서가 아니기 때문이다. 공무원 행동강령과 성격은 다르지만, 공무원의 공정한 업무수행을 지도하는 규범으로서 행정서비스 헌장이 있다. 대통령 훈령으로 제정된 행정서비스헌장제정지침에 의해 행정안전부와 법무부와 경찰청 등의 정부부서별로 헌장이 제정되어 있고 그에 따라 교정기관 민원행정서비스 헌장도 제정 시행되고 있다. 또한, 법무부 민원행정서비스 헌장은 검찰, 보호, 교정, 출입국 등으로 구분하여 상세하게 규율되어 있다. 참고로 경찰 서비스 헌장은 생활안전, 수사 경찰, 교통경찰, 경찰 민원, 진료 등의 다섯 분야로 구성되어 있다.

부족하다는 점을 들 수 있다.

앞에서 살펴보았던 〈교도관의 직무규칙〉의 경우도 순수하게 교정윤리와 관련되는 구체적인 항목은 4번의 청렴결백과 근면 성실이라는 두 요소뿐이고 나머지는 대체로 추상적이고 일반적인 공무원 행동강령에 가깝다. 예를 들어 다음 재소자들의 경우 교도관이 어떻게 대처해야 할 것인가를 생각해보면 교정윤리 강령이 단순히 공무원윤리 강령과 어떻게 차별되어 만들어져야 할 것인가 잘 드러난다. 자살 위험이 있는 재소자, 폭력성이 농후한 재소자, 미성년자나 노인 재소자, 중대한 질병을 앓는 재소자, 성이 다른 재소자, 동성애자들이나 다문화·새터민 재소자 등의 경우에는 얼마든지 예기치 않았던 문제가 발생할 수 있다. 윤리강령의 내재적 요인들과 긍정적 요인들을 강조하는 데는 위와 같은 교정에서 일어날 수 있는 특수하고 구체적인 상황을 적극적으로 고려해야 한다.

단순히 소극적이고 최소 수준에서의 교도관의 법정 의무와는 달리 적극적이고 최대 수준에서의 윤리 의무가 강령에 간접적으로 반영되는 것이 좋다. 이를 위해 최소한의 법적 의무를 넘어 최대의 윤리 의무로 나아갈 수 있어야 한다. 법적 의무는 윤리의 가장 기초에 해당하는 것으로 법적으로 정해 놓은 의무이다. '하지 말아야 할 것'의 의무가 최소한의 지켜야 할 항목들을 주문하는 것이라면, '소망적 윤리 의무'로 불리는 것은 윤리의 최상을 의미하는 소망 수준의 의무를 말한다. 이는 하지 말아야 하는 것에 대한 주문이 아니라 '해야 할 것'에 대한 최대치의 이상적인 윤리를 의미한다.

법적 의무를 지키는 것은 당연하며 지키지 못하면 비판받거나 책임을 피할 수 없다. 교도관의 윤리강령이나 근무 수칙은 해도 되고 하지 않아도 되는 것이 아닌, 반드시 지켜야 할 의무이다. 소망적 윤리 의무를 지키게 되면 남들로부터 찬사나 칭송을 받게 된다. 지키지 않는다고 해서 비판받지는 않는다. 재소자의 학대나 폭력을 내버려 두게 되면 법적 의무를 지키지 못하는 것이지만, 재소자의 어려움을 적극적으로 찾아 문제를 해결하거나 재소자를 인격적으로 존중하는 행위는 소망적 윤리 의무이다. 이 두 의무를 혼동하면 교도관은 소망적 의무를 법적 의무로 착각하게 되어 괜한 자기 질책을 하며 심리적 위축을 가져올 수 있다. 그러므로 윤리강령에는 이러한 소망적 윤리 의무가 전문을 통해 강조되는 것이 바람직하다.

이제 이러한 논의를 앞서 기술했던 교도관의 전문성과 윤리성의 관련성과 연계해서 표로 정리하면 [표 8]과 같다.

[표 8] 교정에서 비전문적, 비윤리적, 불법적(범법) 행동의 판단 기준 비교 (금명자; 41, 참고)

	비전문적 행동	비윤리적 행동	불법적(범법) 행동
판단 기준	교도소의 직무 규범이나 규정에 어긋난 행동	교정본부의 조직 규정이나 윤리강령에 어긋난 행동	법령에 어긋난 행동
사례	• 교도관의 지각이나 음주 • 복장	• 재소자와의 비밀보장을 지켜주지 않을 때 • 재소자의 존엄과 사적 권리를 경시할 때 • 교도관의 부패	• 재소자의 여러 종류의 범법 행동에 대한 방치
비고		• 출처: 법, 교정본부에서 정한 윤리 기준 및 자신의 사회 도덕적 가치관 등	
• 비전문적 행동과 비윤리적 행동이 중첩되는 경우도 발생할 수 있음(재소자가 다른 재소자에 의해 일상적인 폭력을 당하는 것을 알면서도 내버려 두는 경우는 비전문적 행동이고 비윤리적 행동에 해당함).			

3. 교정윤리 강령의 요건

지금까지 살펴본 교정윤리에 대한 다양한 논의를 통해 국내 교정윤리 강령에 대한 전반적인 논의를 시작해보자. 이를 위해 강령의 내용을 다섯 가지 형식으로 나누어보면 다음과 같다.

① 국내 공무원과 경찰 공무원의 강령과는 다른 교정공무원 고유한 특성을 드러낼 수 있는 강령이 필요하다.

② 미국 교정윤리 강령에서 전문성과 윤리성의 불명확한 부분을 고려하여 교정윤리 강령에서는 윤리성과 관련된 부분만 제시한다.

③ 한국의 집단문화의 특성을 살려 재소자의 집단적 특성을 윤리강령에 첨가한다.

④ 한국의 가족문화 등 공동체 문화의 특성을 살려 재소자의 가족 등 미국의 교정윤리 강령에서 빠진 항목을 추가한다.

⑤ 미국 교정에서 잘 나타나지 않은 특성 중, 한국 교도관의 재소자에 대한 교사 또는 상담역할의 기능을 강화하여 배려나 염려에 대한 공의적 특성을 보여주는 항목을 추가한다.

미국의 교정윤리 강령에는 구체적이고 세부적인 규정이 충분하게 드러내지 않으므로 항목을 늘리고 강화할 필요가 있다. 강령을 위와 같이 내용과 형식으로 나눌 수 있지만, 여기에서는 ③~⑤번 사항인 재소자 집단과 공동체에 대해서만 살펴보자. 한국에서는 개인의 정체성을 구성하는 부분이 집단성의 정체와 동일화되는 경향이 많기 때문이고, 재소자들도 같은 공간에서 생활하면서 미국에 비해 많은 부분 일정 규모의 집단의 정체성을 쉽게 허용하기 때문이다. 교도관이 재소자를 다룰 때 이러한 집단의 정체성을 충분하게 이해하지 못하면 개별 재소자를 다루는 데서도 한계를 가진다.

개인이 자신의 정체성을 집단의 정체성과 혼동하는 경우가 자주 발생하고 교도소라는 특수한 공간에서 일정 기간 공동생활을 하면 집단의 특성이 더 강화될 수밖에 없다. 물론 집단생활이 개인에게 득이 될 수도 있고 손해가 될 수도 있으며, 그에 따른 긍정적이고 부정적인 결과가 동시에 일어날 수도 있다. 집단에서는 사회성 부족, 인간 이해 부족, 유대감 부족 등을 겪는 재소자가 생겨나게 마련이다. 한국의 교도소나 구치소 상황에서는 많은 경우 집단 따돌림이나 부패, 폭력 등이 집단생활에서 만들어진다고 할 수 있다. 특히 사회에 대한 부정적인 가치관이 이러한 집단생활에서 만들어지기도 하는 것이 현실이다. 재소자의 복지나 권리를 논의하거나 그들의 안전한 사회복귀를 위해서도 이러한 집단 구성의 문제점들을 충분히 인식할 필요가 있다.

재소자들에게 나타나는 사회성 부족에는 동료 재소자들과의 관계 형성의 어려움, 대인 기피를 들 수 있고, 인간 이해 부족에는 이해와 배려 부족, 종교나 문화 등의 차이로 인한 관계 형성의 어려움, 그리고 유대감 부족에서는 자기중심적이고 협동심의 결여가 있다. 이러한 복합적인 특성들이 모여 우울증이나 자살이 심화할 수 있고, 개인의 사적 권리를 보호받지 못하는 문제가 생겨나며 폭력이나 부패의 빈도수가 증가할 수 있다. 그러므로 교도관은 집단생활로 인해 발생하는 개인의 부정적인 사회관계에 대해 관심을 주고 배려할 수 있어야 한다.

④번과 ⑤번의 사항을 보면, 재소자의 가족에 대한 이해방식도 독특한 수용 환경을 조성한다. 한국적 가족문화 아래에서 재소자들은 자신의 가족에 대한 염려와 걱정으로 인해 수용생활을 더 힘들어 한다. 교도관이 그들을 처우함에 있어 가족의 안위를 묻고 관심을 표명하는 것은 그들이 수용생활을 안전하게 하고 근실하게 꾸려가는 데 있어 큰 힘이 될 수 있다. 실제로 많은 경우 재소자들이 사회로 무사히 돌아간다는 것은 시민사회의 일원이 된다는 것 외에 정상적인 가정생활로 돌아간다는 것을 강하게 의미한다고 할 수 있다. 그러므로 교도관은 재소자들이 가족에 대해 언급을 할 때 상당한 수준에서 진지함과 이해를 보여주는 것이 좋고 가족에 대한 불필요한 언어적 폭력이나 비난을 삼가는 것이 현명하다. 한국적 문화에서 교도관은 재소자들과 생활하면서 교사나 상담자의 역할을 대신할 때가 많다. 그러므로 국내에 교정윤리 항목을 만들 때도 이 부분을 추가하는 것이 좋다. 재소자 가족 문제에 아예 개입하지 않는 것도 좋지만 재소자의 가족에 대한 긍정적인 관심과 염려 표명이 이루어질 때 나타나는 효과를 놓쳐서도 안 된다.

지금까지 교정윤리 강령의 필요성과 의의 그리고 대략적인 체제를 논의했지만, 여러 가지 면에서 완벽한 강령을 만들기 위해서는 많은 일이 남아 있다. 무엇보다 교정본부의 교정윤리에 관한 관심과 강령의 필요성에 대한 논의가 급선무이며 윤리강령 설치에 대한 의의와 필요성이 충분히 인식되어야 한다. 그리고 교도소나 구치소 현장에서의 교도관들의 윤리강령에 대한 현실성을 담보하려면 교도관의 윤리강령에 관한 조사연구가 다양한 방식으로 이루어져야 하며, 거기에 대한 피드백은 물론이고 과학적이고 체계적인 연구가 따라나와야 한다. 그리고 이 모든 작업이 이루어져 강령의 일정 요건이 갖추어진 후에라도 국내의 사회문화적 여건과 교정의 다양한 조건에 따라 강령이 수정되고 개정될 수 있을 것을 예상해야 한다.

교정윤리 항목 구성은 교도소를 운영하는 모든 나라에서 거의 비슷한 형태를 띠기는 하지만 가능한 국내의 실정에 맞도록 구성할 수 있어야 한다. 단순히 외국 교정윤리 사례를 가져와 재구성할 것이 아니라 '한국적 교정'에 해당할 수 있는 조항을 많이 가져옴으로써 윤리강령의 실효성을 높이는 일이 무엇보다 필요하다. 또 하나 중요한 것은 소극적이거나 최소한의 교정, 즉 수용이나 안전 등에만 교정의 역할을 제한하지 않는 것이다. 물론 이는 교정기관의 사회적 책무이기도 하지만, 교도관들은 약자로서의 재소자에 대한 이익과 권익을 최대화할 수 있는 윤리 가치를 갖는 것이 중요하다. 재소자들이 사회나 가족으로 돌아가 정상적인 생활을 하는 순간이 교정이 완결되는 시점이라는 사실을 생각하면, 단순히 적절한 수용으로 교정의 역할을 다했다고 하는 태도는 스스로 교정의 전문성을 제한하는 결과를 낳는다.

교정윤리 강령을 교도관과 재소자 간의 관계, 좁게는 교도관이 수동적으로 지켜야 할 업무 수칙 정도로 이해하는 것은 강령의 진정한 취지를 충분히 이해하지 못했기 때문에 생기는 오해이다. 이러한 강령으로 인해 재소자의 수감 생활에 질서를 잡지 못한다거나, 흔히 말해 너무 풀어주게 되어 재소자를 다루는 데 있어 어려움이 생기리라는 것도 지나친 기우이다. 오히려 강령을 분명하게 마련함으로써 교정 현장의 전체 환경이 부드럽게 변할 수도 있으며 교도관들의 직업의 전문성과 함께 직업의식에 대한 자존감을 높일 수 있게 되는 결과를 얻어낼 수 있다. 그리고 비록 시행 초기에 어려움이 발생하더라도 장기적인 차원에서는 교정의 내적 합리화와 건전성을 회복할 수 있으며 사회적으로도 교정의 역할에 대한 기대치를 높일 수 있다. 잘 만들어진 강령 하나가 교정행정 전반에 효율성은 물론이고 사회 공익에도 도움을 가져올 수 있다.

| 결론 |

재소자들을 인격적으로 대우하는 것 하나만으로도 주어진 형기를 잘 마치게 할 수 있다. 수형기간을 잘 보내게 하려면 그들로 하여금 자율적인 방식을 배울 수 있는 수형 생활을 만들어주고 그들의 집단적 주체성을 인정해주는 것이다(최정기 감옥; 규율 권력의 길들이기와 욕망의 탈주, 2000; 91~93쪽). 주체성을 인정한다는 사실이 다소 이상적으로 들릴 수 있고, 교정윤리의 윤리원칙에서의 자율의 순위에서도 자율이 우선적인 것은 아니지만, 교정윤리의 진정한 목적은 어디까지나 이러한 자율성의 회복에 있다.

교도소에서 재소자들이 사회보다 가장 많이 상실되고 손상되는 덕목이 자율성이다. 이는 교도소라는 특수 공간에서 어쩔 수 없이 발생하는 일이긴 하지만, 이 상황을 그대로 둔 상태에서, 또는 심하게 말해 자율성이 완전히 손상된 상황에서는 재소자가 출소한다고 하더라도 사회에 적응하기는 쉽지 않다. 스스로 판단하고 결정하는 덕목은 일반적인 사회생활의 부가적인 특성이 아니라 생존과 직결되는 것이다.

재소자가 교도소에서 잃어버리고 나오는 것, 현저히 그 능력을 상실한 채 출소하는 것이 바로 이 자율성이다. 장기간의 수형 생활을 겪다 보면 자율성의 상실은 자신의 몸을 스스로 감당할 수 없는 지경에까지 이르게 한다. 교정윤리의 측면에서 보면 교정행정이나, 구체적으로는 교도관이 할 수 있는 최우선의 시혜는 주어진 여건에서 재소자들에게 최대한 자율을 허용하는 것이라 할 수 있다. 재소자들의 재사회화가 실패하는 원인을 들여다보면 이러한 자율적 삶의 손상에 기인한다. 문제는 이것이 교정 현장에서의 기본적인 질서를 침해하지 않는 선에서 어떻게 지혜롭게 이루어지느냐 하는 데 있겠지만, 재소자들의 자율성 자체를 인정하지 않는 것과 그것을 진지하게 고민하는 것이 큰 차이를 만들어낼 것은 분명하다.

갇혀있는 사람의 몸은 사회에서처럼 정상일 수 없다. 갇힌 심리 상태는 얼굴에 보이고 몸으로 표현되며 그가 하는 행동으로 나타난다. 불만, 불안, 고통 이런 것들이 총체적으로 드러나는 것이 인간의 몸과 행동이며 이는 재소자들에게 극명한 모습으로 드러날 수밖에 없다. 이 책 전체에서 말하고자 했던 것은 재소자들의 몸의 관찰로 시작으로 하는 교도관과 그들의 관계윤리를 정상화하는 데 있다. 재소자에 대해 충분한 시간을 갖고 인내심으로 대해주는 것, 그리하여 좋은 인간관계가 성립될 수 있는 조건을 교정 처우의 핵심으로 삼는다면 지금의 교정은 그 본래의 의의를 충분히 발휘할 수 있을 것이다.

구금되는 순간 재소자들은 사회의 일상적 삶이 중단된다. 이는 사회와의 단절이나 소외 이상으로 개인의 삶을 피폐하게 한다. 교정의 의미는 그들이 최초 생활했던 사회의 일상적 삶의 양식이 진행되도록 하는 데 있다. 가능한 단절을 줄이는 것이다. 우리는 너무나 쉽게 교도소를 사회와 단절된 공간으로 단정하면서 한편으로는 교정의 최고 가치를 그들의 재사회화에 둔다. 이는 모순이 아닌가. 교정을 얘기하려면 그들이 사회화를 강화하기 위해 소외되지 않고 단절되지 않는 수단을 취해야 한다. 비록 교도소가 현실적으로는 격리 공간이지만 교정 처우의 모든 양식은 격리되지 않는 방식으로 진행되어야 한다. 이 모순을 해결해줄 방법이 바로 관계의 회복이다. 이 회복의 역할은 일차적으로 교도관에게 있다. 재소자들이 변화된다고 할 때 그 변화는 나쁜 인간이 좋은 인간이 된다는 그런 얕은 차원에서의 변화가 아니다. 진정한 변화는 관계의 정상성을 잃지 않게끔 해주는 것이다. 관계의 정상성이란 착한 사람으로 만들겠다는 가치 개입을 말하는 것이 아니다. 최옥채가 "범죄인의 변화를 위해서는 교도관과의 신뢰관계가 중요하다"(최옥채, 2012; 238)고 했을 때의 신뢰가 관계의 윤리를 의미하는 것이다

지금까지 몸의 관계적 특성, 공동체 속에서의 역할, 그리고 그것을 바라보는 배려와 책임의 속성 등을 살펴보았다. 또한, 교정가족이라는 이름 아래 바람직한 윤리가 어떻게 만들어져야 할 것인가를 이론적이고 실제적인 차원에서 논의했다. 이 모든 논의는 보편적으로 우리의

이웃을 대하는 방식의 변화를 요구한다. 재소자들을 이웃으로 대할 것인가 그렇지 않을 것인가가 우리의 모든 논의의 핵심이 될 것이다. 회복 정의나 재소자의 재사회화 과정, 이에 따라 나오는 교정과 보호관찰의 구체적인 논의는 정의가 무엇이냐는 원론적인 문제로 돌아가게 한다. 민주사회에서 정의에 대한 물음은 물론 응보 차원에도 기능하겠지만, 궁극적으로는 약자를 보호하고 조화로운 사회를 회복할 수 있도록 하는 데 있을 것이다.

지금까지의 정치적 정의는 이웃에 대한 즉각적인 책임을 중단시켜왔다. 앞에서도 언급했지만, 재소자들의 인권을 논함에 있어 주된 기능이었던 사법적 정의에는 책임이라는 윤리적 특성이 없다. 올바른 정의, 약자로서의 재소자들을 대하는 정의 방식은 우리들의 책임을 회피하지 않고 그들의 힘듦과 슬픔에 직접 개입할 수 있을 때이다. 우리의 모든 교정 제도나 운용의 문제, 회복이나 재사회화의 실패 원인도 약자로서의 그들을 책임지지 않으려는 태도에 기인할 수 있다. 그렇다면 정의의 아포리즘을 새롭게 구성할 필요가 있다. 교정 현장에서의 정의는 재소자들을 맞아들이는 것, 즉 그들을 환대할 수 있는 것이어야 한다. 법적 운용이 그들의 권리를 통제하지 않도록 해야 할 것이며 그들을 홀로 내버려 두지 말라는 명령으로서의 정의감에 좀 더 충실해야 한다.

이러한 환대의 정의를 통한 교정의 결실은 궁극적으로는 재소자들의 변화에 있다. 위법행위를 했다고 간주하는 재소자 자신의 변화이다. 비록 그것을 종교적인 표현으로 회심이나 회개라고 말할 수도 있겠지만, 현대적 표현으로는 관계의 정상성을 회복하는 것이다. 교정에 여러 가지의 가치관을 관여시킬 수 있지만, 시급한 일은 범죄자 또는 위법행위자, 그리하여 재소자로 불리는 사람들을 근본적으로 악적 존재로 취급하는 전근대적인 발상에서 벗어나 그들의 자연스러운 일상 관계를 회복시켜주는 것이다. 지금의 교정 현장에서 이루어지는 처우의 방식들이 이 관계성 회복에 초점을 맞추어 진행될 때 교정윤리 본래의 목적도 달성될 수 있을 것이다.

마지막으로 교정윤리 교육에 대해 잠시 언급하고자 한다. 지금까지의 논의는 결국 교육으로 귀착할 수 있기 때문이다. 교정학을 가르치는 대학에 교정윤리에 대한 강좌 개설을 한다고 했을 때 어떤 식으로 교육과정을 만들 것인가는 중요한 사항이다. 교정윤리의 중요성에 비해 그에 관한 교육 방식에 대해서는 아직 학계에서 큰 심각성을 갖고 있지 않은 듯하다. 이를 위해서 교정윤리 강좌 개설의 필요성이 진지하게 제기되어야 한다. 그 필요성이 설득력을 얻는 만큼 강좌 개설에 관한 관심도 증대할 것이라 보기 때문에 교정윤리 강좌 개설의 필요성과 의미, 개설할 경우 교육과정이 만들어지기 위한 요건을 충족하기 위한 방법, 그리고 교육과정의 프로그램이 적절하게 갖추어질 수 있어야 한다.

교정윤리가 교육과정의 강좌로 개설되려면 선결해야할 조건은 교정윤리 강령이다. 강령이 완성되지 않은 상황에서 교육이 진행되면 학생들이 특정 상황을 두고 실천적으로 토론할 수 있는 근거가 부족하다. 현재 국내에는 이렇다 할 교정윤리 강령이 없지만, 강령이 체계화되고 교정행정 전반에서 이러한 강령의 시행이 제도적으로 정착되면 교육과정을 더욱 구체적으로 구성할 수 있다. 기존의 교정윤리 교육과정이 없는 속에서 새로운 과정을 만들기가 쉽지 않은 탓에 인접 학과의 관련된 교육과정을 참고하는 것도 도움이 된다.

교정윤리 교육은 크게 두 가지로 나눌 수 있는데 하나는 교정학이 마련되어 대학의 학부나 대학원에서 교육이 이루어지는 경우와, 다른 하나는 교정 행정직에 근무하는 교도관들을 대상으로 재교육이나 보수교육을 하는 경우이다. 이 두 가지 경우 모두에 일반적인 교정윤리 교육과정이 마련될 필요가 있다. 전자의 경우에는 교정행정 경험이 없는 학생들이나 교정윤리 강좌를 처음 대하는 학생들에게 이론이나 원칙에 더 많은 맞춤된 교육내용이 필요하다. 그리고 후자의 경우에는 교정행정 경험이 있거나 교정윤리 강좌를 이미 들은 학생들이기 때문에 (실제로 정식 교과목으로 교정윤리 강좌를 한 학기 이수한 교정직 근무자는 없겠지만, 앞으로 그런 강좌를 들은 학생들이 배출되어 있다는 것을 가정한 상태에서) 경험에 근거한 사례별 대처와 관련한 교육이 더 많이 강조되어야 할 것이다. 교육과정에서 위 이론과 실제 둘 다가 동시에 이루어지는 것이 바람직하며 어느 것 하나도 소홀히 다룰 수는 없다. 다만 강조점의 차이만 있을 뿐이다. 이론에 대한 이해와 실제적 경험 사례에 대한 분석은 교정윤리를 비롯하여 응용윤리 영역에서 공통으로 갖는 기본사항이다.

교정윤리가 뚜렷한 교육목적과 가치를 담은 내용으로, 효과적인 교육으로 진행되기 위해서는 소박한 도덕적 태도를 기준으로 해서는 안 된다. 즉 도덕적으로 훌륭한 교도관이 있다고 해서 재소자들과의 윤리적 관계를 적절하고 올바르게 수행할 수 있는 것은 아니기 때문이다. 실제 교정 현장에서 일어나는 교도관과 재소자의 구체적인 관계는 다른 일반 인간관계만큼이나 복잡하고 다양하다. 윤리교육은 그것이 교육인 한에서 우연성을 없애고 예측할 수 있어야 한다. 그래야 일정 정도의 교육을 통해 주어진 근무 조건에서 맡은 임무를 수행할 수 있다. 그러므로 윤리교육은 의도적이어야 한다는 말에는 단순히 착한 교도관을 만든다는 개인의 인격에 초점을 두는 것이 아닌 재소자와의 관계 속에서 발생할 수 있는 윤리적인 사안들을 지혜롭고 합리적으로 해결할 수 있는 능력을 키우는 것을 의미한다.

이런 의미에서 교정윤리의 교육과 관련해서 다음과 같은 사항들을 고려해볼 필요가 있다. 1) 교정윤리의 교육적 의미, 2) 교정윤리 교육의 이론적 접근, 3) 교정윤리 교육의 필요성, 4) 교정윤리의 교육 목표, 5) 교정윤리의 교육과정, 6) 교정윤리의 교육 내용과 방법, 7) 윤리적 결정 과정의 주요 원칙, 8) 교정윤리 의사결정 모형, 9) 교정윤리 교육과정 시안, 10) 교정학과 교육과정 편성 및 운영, 11) 교정학과의 교육과정, 12) 교정윤리 학습 목표의 설정, 13) 주별 학습 목표 등이다. 또 한 가지 논의되어야 할 것은 '교도관의 도덕지수'의 표준화이다. 교도관의 도덕성 문제를 리서치 형식으로 만들어, 미국처럼 국내의 구치소와 교도소를 집중 대상으로 하여 질적 양적 조사를 할 수 있다. 교도관의 도덕성의 기준이나 도덕적 행동은 교정 전반에 걸쳐 필요하다. 교도관의 도덕지수를 알아볼 수 있는 질문 모형이 있다면 그들의 현재 도덕 기준과 행동양식을 확인할 수 있다.

이제 이 책을 끝내면서 '교도소라는 개방공간에도 숨을 곳이 없을까?'라는 희망 하나를 제안해 본다. 교도소에서는 경계감호 사각지대를 제거하는 것을 높이 산다. 교도관들로서는 이러한 사각지대를 없애는 것이 중요할지 몰라도 재소자들 처지에서는 말 그대로 '숨을 곳'이 없다는 뜻이 되고 숨을 곳이 없는 데에서는 개인의 프라이버시는 물론이고 제대로 된 휴식이 없다는 뜻도 된다. 일상생활에서 사람은 하루에도 몇 번이고 자기만을 위한 숨을 곳을 찾는다. 배설행위, 잠자리는 물론이고 일상적인 삶에서도 숨는 행위는 너무나 자연스러운 것이다. 비록 교도소 공간이지만 자신만의 숨을 곳이 필요하다. 자신만의 비밀스러움을 교도소라는 개방 공간에 던져둔다는 것은 괴로운 일이 될 수 있다. 적정 정도의 숨김을 유지할 수 있다는 것은 자기를 찾고 자신이 살아 있음을 의미하기도 한다. 적정한 숨김에서 삶의 두터움이 나오고 즐거움도 나온다. 교도소의 통제, 억압, 징벌, 체벌의 강압적 유지관리는 이러한 최소한 숨김을 허락하지 않는다. 이 숨김은 한 인간이 자기 삶의 의미를 숨 고르기를 할 수 있고 최소한의 여유를 가질 수 있는 시간이다. 재소자들의 공포감, 적대적 감정은 이러한 숨김의 시간을 주지 않는 데 있기도 하다. 이러한 '숨김의 휴식'의 제공도 재소자들과 관계윤리의 큰 덕목 중 하나일 것이다.

나는 이 책을 읽는 교도관들에게 너무 많은 짐을 주었는지도 모른다. 현실적으로 많은 교정직 공무원들의 중요한 관심사는 여느 일반직 공무원들처럼 승진이다. 어떻게 보면 재소자들을 윤리적으로 대할 것인가의 문제는 이차적인 관심 사항일 수도 있다. 그러나 승진함으로써 업무 역량이 커지고 생활이 나아지고 남들에게 자신을 보여주고 싶은 욕구도 상승한다. 즉 그것이 어떤 식이든 자신이 할 수 있는 일의 역량을 키운다는 데는 예외가 없다.

교정이라는 직업에 종사하는 한 교도관은 재소자는 누구인가, 그들은 어떤 상태에 있으며 무슨 생각을 하고 있는가에 대한 질문을 끊임없이 던질 수밖에 없다. 직급이 올라가면 자연스럽게 자신이 하는 일의 의미를 더 생각하게 될 것이다. 재소자들의 사람에 대한 불신의 감정이 어디에서 일어나고 왜 그들은 갇히고 구금되고 수감된 존재가 되었는가를 질문해야 할 것이다. 재소자들을 윤리적으로 대하는 일은 멀리 있지 않다. 그들에게 관심을 갖고 개입하는 것이 윤리적이 되는 것이다. 윤리는 궁극적으로 타인에 대한 염려이고 그들의 얼굴을 읽어내어 보살펴주는 일에 있다고 할 것이다.

참고문헌

도서

강신익,《몸의 역사: 의학은 몸을 어떻게 바라보았나》, 살림출판사, 2013.

강영안,《타인의 얼굴 : 레비나스의 철학》, 문학과 지성사, 2005.

강은영,《노인 재소자의 특성 및 처우실태에 관한 연구》, 한국형사정책연구원, 2001.

김기덕,《사회복지윤리학》, 나눔의 집, 2005.

김상봉,《서로주체성의 이념: 철학의 혁신을 위한 서론》, 길, 2007.

김연숙,《레비나스 타자윤리학》, 인간사랑, 2001.

김종갑,《타자로서의 몸, 몸의 공동체》, 건국대학교출판부, 2004.

김종갑,《근대적 몸과 탈근대적 증상》, 나남, 2008.

박재윤,《재소자의 권리와 권리구제 제도》, 국민대학교 출판부, 1996.

박재홍,《어느 교도소장의 하루: 33년 矯正 공직 인생의 자전적 수필집》, 좋은 땅, 2016.

변순용,《책임의 윤리학》, 철학과 현실사, 2007.

신영복,《감옥으로부터의 사색》, 돌베개, 2010.

심귀연,《신체와 자유》, 그린비, 2012.

양옥경 외,《사회복지 윤리와 철학》, 나눔의 집, 2004.

연규홍,《(함세웅 권오경) 감옥의 자유》, 바이블리더스, 2012.

오혜경,《사회복지 윤리와 철학》, 창지사, 2005.

오혜경,《사회복지사의 윤리적인 의사결정》, 북카페, 2005.

윤대선,《레비나스의 타자철학》, 문예출판사, 2009.

이백철,《교정학》, 교육과학사, 2015.

이순길,《교도소 사람들》, 찬섬, 2003.

이언담,《2014 신경향 교정관계법령 판례집》, 가람북스, 2013.

이윤호,《교정학》, 박영사, 2007.

정상규,《교도소 25시》, 책과나무, 2015. 사회복지실천윤리

조철옥,《경찰윤리학》, 대영문화사, 2005.

천규석,《돌아갈 때가 되면 돌아가는 것이 '진보'다》, 실천문학사, 1999.

천주교인권위원회,《재소자를 위한 감옥법령집》, 경계, 2013.

최옥채,《얕은 욕망과 깊은 열등감; 범죄에 관한 인문학적 이해》, 양서원, 2012.

최원호,《상담윤리의 이론과 실제》, 학지사, 2008.

최해림 외,《전문적 상담현장의 윤리》, 학지사, 2010.

탁희성,《출소 전 재소자의 의식조사》, 한국형사정책연구원, 2001.

허주옥,《교정보호학》, 박영사, 2010.

황대권,《야생초 편지》, 도솔, 2012.

자크 데리다, 남수인 옮김,《환대에 대하여》, 동문선, 2004.

에마누엘 레비나스, 서동욱 옮김,《존재에서 존재자로》, 민음사, (7쇄), 2009.

에마누엘 레비나스, 강영안 옮김,《시간과 타자》, 문예출판사, (12쇄), 2009.

에마누엘 레비나스, 양명수 옮김,《윤리와 무한》, 다산글방, 2000.

에마누엘 레비나스, 김동규 옮김,《탈출에 관해서》, 지식을만드는지식, 2012.

에마누엘 레비나스, 김연숙, 박한표 옮김,《존재와 다르게: 본질의 저편》, 인간사랑, 2010.

마리 안느 레스쿠레, 변광배, 김모세 옮김,《레비나스 평전》, 살림, 2006.

케네스 레이너드, 에릭 L. 샌트너, 슬라보예 지젝, 정혁현 옮김,《이웃》, 도서출판 b, 2010.

프랭크 M. 로웬버그, 돌고프, 서미경, 김영란, 박미은 옮김,《사회복지실천윤리》, 양서원, (3판 2쇄), 2008.

대니얼 맥닐, 안정희 옮김,《얼굴》, 사이언스북스, 2003.

로라 베이츠, 박진재 옮김,《감옥에서 만난 자유, 세익스피어》, 덴스토리, 2014.

체사레 백카리아, 한인섭 옮김,《체사레 벡카리아의 범죄와 형벌》, 박영사, 2010.

제러미 벤담, 신건수 옮김,《파놉티콘》, 책세상, 2007.

마르틴 부버, 김천배 옮김,《나와 너》, 대한기독교서회, 2000.

미카엘 드 생 쉐롱, 김웅권 옮김,《엠마누엘 레비나스와의 대담. 1992-1994》, 동문선, 2008.

아비 스타인버그, 한유주 옮김,《교도소 도서관》, 이음, 2012.

찰스 콜슨, 홍병룡 옮김,《사람과 공동체를 회복시키는 정의》, IVP, 2002.

테오도르 아도르노, 홍승용 옮김,《부정변증법》, 한길사, 1999.

폴 에크먼, 이민아 옮김,《얼굴의 심리학》, 바다출판사, 2006.

하워드 제어, 손진 옮김,《회복적 정의란 무엇인가?》, KAP, 2011.

하워드 제어, 조균석, 김성돈, 한영선 외 옮김,《회복적 정의 실현을 위한 사법의 이념과 실천》, KAP, 2015

잭 자페, 한영선 옮김,《어느날 당신이 눈을 뜬 곳이 교도소라면》, 푸른나무, 2012
데이비드, 존 스튼(정명진 옮김),《정의의 역사》, 부글, 2011
질케 폰, 베르스보르트-발라베(이수영 옮김)《이우환: 타자자와의 만남》, 학고재, 2008
쇠얀 키에르케고어, 임춘갑 옮김,《불안의 개념》, 치우, 2011
미셸 푸코, 오생근 옮김,《감시와 처벌: 감옥의 탄생》, 나남출판, 2003
데이비드 헬펀, 제현주 옮김,《국가의 숨겨진 부》, 북돋움, 2012

AVP/USA Education Committee,《AVP: Manual for Second level (Advanced) course》, Alternatives to Violence Project Inc, 2005.
Braswell, Michael, Belinda Rodgers McCarthy, Bernard J. McCarthy,《Justice, Crime, and Ethics. 3rd edition》, Routledge, 1998.
Burton-Rose, Daniel - Wright, Paul,《The Celling of America: An Inside Look at the US Prison Industry》, Common Courage Pr, 1998.
Claassen, Ron, Roxanne Claassen,《Discipline that Restores: Strategies to Create Respect, Cooperation, and Responsibility in the Classroom》, BookSurge Publishing, 2008.
Felkenes, George T.《Ethics in the Graduate Criminal Justice Curriculum》, Teaching Philosophy 10:1, 1987.
Fuller, John R.《Criminal justice: A peacemaking perspective》, Allyn & Bacon, 1997.
Gill, Frances E.《Moral Benefit of Punishment: Self-Determination as a Goal of Correctional Counseling》, Lexington Books, 2003.
Henry, Mark A.《Making Ethical Choices: A Guide for Staff》, Amer Correctional Assn, 1999.
Kleinig, John,《Correctional Ethics (The International Library of Essays in Public and Professional Ethics)》, Routledge, 2006.
Kleinig, John, Margaret Leland Smith,《Discretion, Community, and Correctional Ethics》, Rowman & Littlefield Publishers, 2001.
Levinas, Emmanuel,《Totality and Infinity: An Essay on Exteriority (Martinus Nijhoff Philosophy Texts)》Springer, 1980.
Magnani, Lauraet, Harmon L. Wray,《Beyond prisons: A new interfaith paradigm for our failed prison system》. Augsburg Fortress Publishers, 2006.
Pepinsky, Harold E.《Peacemaking: Reflections of a Radical Criminologist (Alternative Perspectives in Criminology)》, University of Ottawa Press, 2006.

Pepinsky, Harold E. Richard Quinney, 《Criminology as Peacemaking》, Indiana University Press, 1991.

Zehr, Howard J. 《Changing Lenses: A New Focus for Crime and Justice (Christian Peace Shelf)》, Herald Pr, 2005.

논문

강영안, 〈얼굴과 일상〉, 《프랑스문화예술연구 제39집》, 2012.

강영철, 〈행형의 목적과 처우의 인격화〉, 《교정연구 제28호》, 2005.

금명자, 〈상담자의 가치와 윤리〉, 《전문적 상담현장의 윤리》, 학지사, 2010.

김도형, 〈레비나스 철학의 사회철학적 함의- 레비나스의 윤리와 정치〉, 《대동철학 제50집》, 2010.

김도형, 〈레비나스의 정의론 연구- 정의의 아포리, 코나투스를 넘어 타인의 선으로〉, 《대동철학 제 55집》, 2011.

김모세, 〈프랑수아 모리악과 타자의 문제- 시선과 얼굴의 개념을 중심으로〉, 《프랑스학연구 제36권》, 2006.상담자의 가치와 윤리

김민영, 〈'분리s?paration'를 통한 레비나스의 주체성 이해〉《철학연구 제104집》, 2007.

김연숙, 〈레비나스 타자윤리에서 "대면적 관계윤리"에 관한 연구〉, 《동서철학연구 제19호》, 2000.

김연숙, 〈가족의 타자윤리적 이해: 엠마누엘 레비나스의 사상을 중심으로〉, 《동아시아 문화와 사상 제5호》, 2000.

김연숙, 〈타자를 위한 책임으로 구현되는 레비나스의 양심〉, 《윤리교육연구 제25집》, 2011.

김용세, 〈회복적 사법: 일본의 전망〉, 《비교형사법연구 제4권 제2호》, 2002.

김용세, 〈회복적 사법의 개념과 활용가능성에 관한 소고〉, 《피해자학연구, 제12권 제2호》, 2004.

김용세, 류병관, 〈교정단계에서 회복적 사법의 가능성〉, 《형사정책연구원 연구총서, 06-43》, 2006.

김영식, 〈교정단계 회복적 사법 적용 사례에 관한 연구〉, 《교정담론, 제7권 제1호》, 2013.

김종환, 〈회복적 사법의 교정 복지 적용에 관한 연구〉, 《법학연구, 제30집》, 2008.

김진택, 〈시선의 현상학적 경험과 봄의 나르시시즘〉, 《프랑스문화연구, 제16집》, 2009.

김태명, 〈행형법 개정과 재소자의 권리구제제도〉, 《교정연구, 제35호》, 2007.

김혜정, 〈범죄피해자보호의 영역에서 "被害者-加害者 和解制度"의 의미에 관한 고찰 -"피해자-가해자 화해제도"와 "회복적 사법"의 개념을 중심으로-〉, 《법조, 제55권 제4호》, 2006.

김호섭, 〈경찰조직의 윤리성 제고를 위한 인사관리 방안〉, 《한국사회와 행정연구, 제14권 제14호》,

2004.

김화수, 〈범죄자 처우의 유형과 동향〉, 《교정연구, 제25호》, 2004.

노성호, 〈호주와 뉴질랜드의 회복적 사법프로그램〉, 《사회과학논총, 제19권 제2호》, 2004.

문영희, 〈회복적 사법제도 고찰을 통한 교정복지 개선방안〉, 《교정복지연구, 제12호》, 2008.

민영성, 〈회복적 사법의 의의와 그 수용가능성〉, 《법학연구, 제44권 제1호》, 2003.

박광민, 강지명, 〈교정단계에서의 회복적 사법의 실현〉, 《피해자학연구, 제15권 제2호》, 2007.

박광섭, 김성돈, 〈각국의 회복적 사법 실무운용 자료집〉, 《형사정책연구원연구총서, 06-42》, 2006.

박광섭, 〈북미의 회복적 사법에 대한 고찰〉, 《피해자학연구, 제15권 제2호》, 2007.

박기석, 〈행형의 이념과 실천방안- 대화모델의 제시〉, 《교정연구, 제18호》, 2003.

박상식, 〈회복적 사법의 이론적 모델과 실천모델〉, 《법학연구, 제12권》, 2004.

박상식, 〈교정단계에서의 회복적 사법의 실천가능성〉, 《교정복지연구, 제10호》, 2007.

박상열, 〈행형법 전부개정 법률안에 대한 비판적 검토〉, 《교정연구, 제34호》, 2007.

박연규, 〈유가적 몸과 관계적 자아〉, 《양명학, 제28호》, 2011.

박연규, 〈시민인문학에서의 자율과 자유, 그리고 공동체성〉, 《철학사상문화, 제12호》, 2011.

박연규, 〈《성학십도》를 통한 청소년 인성교육 프로그램〉, 《인문학연구, 제23호》, 2013.

박연규, 〈유가의 관계자아에서 타자와의 거리두기와 낯설게 하기〉, 《공자학, 제28권》, 2015.

박영옥, 〈에마뉘엘 레비나스-분리와 회귀로서의 현상학적 방법에 대하여〉, 《철학과 현상학 연구 제39집》, 2008.

박준상, 〈이름 없는 공동체 : 레비나스와 블랑쇼에 대해〉, 《철학과 현상학 연구, 제18집》, 2001.

박치완, 〈레비나스의 "얼굴", 윤리학적 해석이 가능한가?〉, 《범한철학, 제64권》, 2012.

배임호, 〈회복적 사법정의(Restorative Justice)의 배경, 발전과정, 주요프로그램 그리고 선진교정복지〉, 《교정연구, 제37호》, 2007.

손영창, 〈레비나스의 타자성의 관점에서 본 가까이 있음(proximit?)과 책임성의 의미〉, 《대동철학, 제45집》, 2008.

심상우, 〈레비나스 사상에서 윤리적 정치의 조건〉, 《해석학연구, 제25권》, 2010.

오태호, 〈감옥소설에 나타난 폭력적 광기의 양상 연구《태형》, 《인간동물원초》, 《선생과 황태자》, 《오래된 정원》을 중심으로〉, 《인문학연구, 제20권》, 2011.

윤대선, 〈레비나스의 타자철학과 예술적 상상력- 시간, 공간, 타자의 이미지를 중심으로〉, 《대동철학, 제57집》, 2011.

이백철, 〈교정시설에서의 인권교육의 방향정립을 위한 거시적 모색〉, 《한국보호관찰학회지, 제6호》, 2006.

이백철, 〈회복적 사법: 대안적 형벌체제로서의 이론적 정당성〉, 《한국공안행정학회보, 제13권》, 2002.
이백철, 〈교정학 담론의 인문학적 모색: 평화주의 범죄학과 회복적 사법〉, 《교정담론, 제1호》, 2007.
이백철, 〈'철학적 범죄학'의 정착을 위한 시론- 교정학의 지향점〉, 《교정연구, 41호》, 2008.
이백철, 〈'철학적 범죄학'의 연구 범주와 그 탐구 지평에 대한 소고〉, 《형사정책연구, 제78호》, 2009.
이백철, 〈미국 교정에 있어 재소자 인권 문제의 변화양상에 대한 고찰〉, 《교정연구 제46호》, 2010.
이백철, 〈문화범죄학: 범죄학의 새로운 지평〉, 《교정담론, 제5권 제2호》, 2011.
이백철, 〈200년 구금형제도의 재조명과 인본주의 형별체계의 탐구: 평화 교정학〉, 《교정담론, 제7권 제2호》, 2013.
이진국, 오영근, 〈형사사법체계상 회복적 사법이념의 실천방안〉, 《연구총서, 06-40》, 2006.
이호중, 〈회복적 사법(Restorative Justice): 이념과 법이론적 쟁점들〉, 《피해자학연구, 제9권 제1호》, 2001.
장중식, 〈행형법 전부개정법률안의 수용과 관련한 보완적 고찰〉, 《교정연구, 제33호》, 2006.
적소화, 〈감옥관리의 정보화: 도전과 대응〉, 《교정담론 제6권 제1호》, 2012.
전석환, 〈교정과 로봇(robert) 사용의 연관 문제-소통 안에서 '구술적 감성(an orally constituted sensibility)'의 변모 과정을 중심으로〉, 《교정담론, 제6권 제2호》, 2012.
정기명, 〈레비나스의 타자의 윤리학을 통한 노숙인 문제의 해법 찾기〉, 《생명연구 제24집》, 2012.
정진연, 〈행형법 개정과 헌법원칙.〉《교정연구, 제31호》, 2006.
조극훈, 〈교정행정에서의 전자기술 사용에 대한 인문학적 성찰〉, 《교정담론, 제6권 제2호》, 2012.
조준현, 〈재소자의 인권과 그 한계〉, 《교정연구, 제25호》, 2004.
조준현, 〈행형의 이념ㆍ목적과 행형법 개정방향〉, 《교정연구, 제29호》, 2005.
최상욱, 〈하이데거와 레비나스에 있어서 '이웃' 개념에 대하여〉, 《철학연구 제62집》, 2003.
최정기, 〈감옥; 규율권력의 길들이기와 욕망의 탈주〉, 《진보평론, Vol.-, No.4》, 2000.
Marc Groenhuijsen, 한영선 번역, 〈정의와 범죄피해자 지원을 위한 "UN 협약" 초안: 회복적 사법 조항과 관련하여〉, 《피해자학연구, 제16권 제2호》, 2008.
한영선, 〈박탈공간으로서의 교정시설: 박탈에서 회복으로〉, 〈인문학과 더불어 2016, 교정을 생각하다〉, (사)아시아교정포럼, 천주교사회교정사목위원회 공동춘계학술대회 발표집, 2016.
홍성열, 〈재소자와 교정공무원의 심리 역동적 관계〉, 《교정연구, 제31호》, 2006.
홍창수, 〈감옥 소재 희곡의 공간 의미 연구〉, 《민족문학사 연구, 제44권》, 2010.
McCarthy, Bernard J. 〈Keeping an Eye on the Keeper: Prison Corruption and Its Control〉, Ch. 15 in 《Justice, Crime, and Ethics (2nd edition)》, Routledge, 1996.

MacKenzie, Doris L. 〈Corrections and Sentencing in the 21st Century: Evidence-Based Corrections and Sentencing〉, 《The Prison Journal, Vol.81, Issue.3》, 2001.

Myers, Laura B. 〈Meeting Correctional Offender Needs: An Ethical Response to Cultural Differences〉, 《The Prison Journal, Vol.80, Issue.2》, 2000.

Reisig, Michael D. Travis C. Pratt, 〈The Ethics of Correctional Privatization: A Critical Examination of the Delegation of Coercive Authority〉, 《The Prison Journal, Vol.80, Issue.2》, 2000.

Self, Pete, Robert D'Amico, 〈Philosophy, Prisons, and Prisoners〉, 《Teaching Philosophy, Vol.6, Issue.3》, 1983.

Stohr, Mary K. Craig Hemmens, Robert L. Marsh, Gary Barrier, Dan Palhegyi, 〈Can't Scale This? The Ethical Parameters of Correctional Work〉, 《The Prison Journal, Vol.80, Issue.1》, 2000.

Stohr, Mary K. Craig Hemmens, Misty Kifer, Mary Sshoeler, 〈We Know it, We Just Have to Do it: Perceptions of Ethical Work in Prisons and Jails〉, 《The Prison Journal, Vol.80, Issue.2》, 2000.

Whitehead, John T. 〈Ethical issues in probation, parole, and Community Corrections〉, Ch. 16 in 《Justice, Crime, and Ethics(3rd edition).》, Routledge, 1998.

Whitehead, John T. 〈Ethics and Prison: Selected Issues〉, Ch. 17 in 《Justice, Crime, and Ethics (3rd edition).》, Routledge, 1998.

Ferrell, Jeff, 〈Against the law: Anarchist criminology〉, 1988.

기타자료

법무부, 〈형의 집행 및 재소자의 처우에 관한 법률〉, [시행 2010.12.30; 법률 제9847호, 2009.12.29 , 타법개정]

법무부 교정국, 〈국민의 정부 교정행정 개선; 1998-2002〉, 법무부, 2003

안양교도소, 《사례별 교정 실무》, 열린 기획, 2001

미국구치소연합(American Jail Association : AJA), http://www.americanjail.org

미국교정연합(The American Correctional Association : ACA), www.aca.org

찾아보기

ㄱ

간힘, 51-57

감시, 53-54

관계, 75-81; 짜임 관계, 78-81; 관계 유형, 294; 관계윤리, 176-210

계호감호, 185

거리두기, 38-45

경찰윤리, 253

고통, 103-105; 갇힘의 고통, 149; 고통의 현상학, 191

공무원 행동 강령, 297

공동체, 82-92, 201; 교정 공동체, 82-92

교도관의 윤리, 148-153; 교도관의 문화의식, 156-175; 교도관의 자율성, 284-292; 교도관의 재량권, 151; 교도관의 직무규칙, 290-291; 교도관의 책임, 284-292

교도소 민영화, 151

교정, 10-16; 교정가족, 119-141; 교정의 과학기술과 윤리, 123-133; 교정로봇, 124-133; 한국적 교정, 278

교정윤리, 12, 116, 142-148, 219-223, 225, 279-281; 교정윤리 교육, 312-315; 교정 처우, 11

교화, 155

구금형, 47

금명자, 230

ㄴ

낯설게 하기, 37-45

낯섦, 42

ㄷ

대면성, 120-123; 직접 대면, 121, 193; 직접적인 대면 관계, 137

독방, 72-73
동정관찰, 121-123

ㄹ

에마누엘 레비나스, 92-106; 레비나스의 가족, 134-139; 레비나스의 윤리학, 246; 레비나스의 책임 정의, 203-210

ㅁ

로라 마이어스, 157; 문화학습, 169; 문화의식, 172-173
버나드 매카시, 149
몸, 26-37; 사회적 몸, 32; 강신익의 몸, 26-28; 신영복의 몸, 63-71; 황대권의 몸, 71-74; 몸의 겹 구조, 34-37, 112-113
문화적 지체, 124
미국교정연합(ACA), 253; 미국교정연합 윤리규정 전문, 258-260
미국구치소연합(AJA), 253; 미국구치소연합 윤리규정 전문, 257-258

ㅂ

베카리아, 154
벤담의 파놉티콘, 51-54
보호관찰, 256
부패, 148-153
분리, 38, 41
불안, 44-45
벽, 69
비대칭 관계, 76
비정상성, 49

ㅅ

사회적 전환, 89
상호성, 111
셀프와 다미코, 153

소망적 윤리 의무, 301
수치심, 57-62
메리 스토어, 264-273
시선, 100-101
신체, 54; 신체형, 54

ㅇ

테오도르 아도르노, 77-81
약자의 권리, 280
얼굴, 95-97; 재소자의 얼굴, 92-106, 122; 레비나스의 얼굴, 95-106
열등 처우의 원칙, 48
욕구, 59
욕설, 66-67
윤리강령, 교정윤리 강령, 277-307; 교정윤리 강령 제작 방법과 강령의 요소, 293-302; 교정윤리 강령의 요건, 302-307; 교정윤리 규정, 252-276
윤리 도구, 265-270; 도덕지수, 271-272
윤리원칙, 231-239; 교정의 윤리원칙, 218-252; 상담에서의 윤리원칙, 231-235; 사회복지에서의 윤리원칙, 235-237; 윤리원칙의 우선순위, 238; 리머의 윤리원칙심사, 239-240
윤리의식과 전문성, 225, 283-284, 288-292
윤리적 갈등, 241, 243
윤리적 고통, 136
윤리적 사건, 98
윤리적 사정심사, 237-238
윤리적 의사결정, 223-227, 231; 윤리적 의사결정 모형, 229; 상담에서의 윤리적 의사결정, 231-235; 사회복지에서의 윤리적 의사결정, 235-241; 교정의 윤리의사결정, 241-251; 교정의 윤리적 의사결정 모형, 243-251
이기심, 85-89
이백철, 187-189; 좋은 사람 vs 나쁜 사람, 안과 밖, 187
이순길. 11-15
인간관계, 158; 인간관계적 접근 프로그램, 158-175; 콜버그의 도덕발달이론, 160; 피아제의 인지학습이론, 161; 인지학습 모델, 168

인권, 242, 273
인본주의적 행정, 275

ㅈ

자존감 회복, 281
자아, 26-45; 개인적 자아, 31; 공동체적 자아와 이기적 자아, 90; 대중적 자아, 90; 관계 자아, 75-113; 사회적 자아, 29-33
재소자, 144, 280; 재소자의 몸, 24, 46-51; 재소자의 가족, 304; 재소자의 자율성, 184-186, 243, 309; 재소자의 재사회화, 184; 재소자의 재교육화, 153-156
적소화, 126-133
집단, 303-304
전석환, 132
정상성, 189-190; 관계의 정상성, 310
정의, 204-210, 311-312
하워드 제어, 190-203
조극훈, 133
조준현, 273
조철옥, 298
죄수, 22; 죄수의 몸, 23; 죄수의 가둠, 51
지루함, 71-72

ㅊ

책임, 105-106, 181; 도덕적 책임, 192; 책임 정의, 203-210
최소한의 윤리, 286
최원호, 231-235
최옥채, 139-141, 310; 동네 사람, 140
처벌, 51-57,
친밀함, 64-65
친숙성, 39

ㅋ

쾌락, 60

찰스 콜슨, 190-203

탈출, 6, 57-62

ㅍ

푸코, 53-56

평화 교정학, 187

평화창출학, 145

폐쇄성, 49

ㅎ

한영선, 188

회복 정의, 176-203; 피해자, 180; 가해자, 180; 회복 정의 프로그램, 195

화이트헤드, 147

마크 헨리, 299

데이비드 핼펀, 203